Dit is een foto zoals
ik me zou wensen,
altijd zo te zijn.
Dan' had ik nog wel
een kans om naar
Holywood te komen.

Anne Frank
10 Oct. 1942

ŒUVRES D'ANNE FRANK

DANS PRESSES POCKET :

JOURNAL.
CONTES.

JOURNAL
DE
ANNE FRANK

(HET ACHTERHUIS)

Préface de Daniel-Rops
de l'Académie française

CALMANN-LÉVY

LE JOURNAL D'ANNE FRANK
a été traduit du hollandais par
Tylia Caren et Suzanne Lombard

L'édition originale de cet ouvrage
a paru chez « CONTACT » à Amsterdam.

© Calmann-Lévy, 1950.

ISBN : 2-266-02309-8

HET ACHTERHUIS – titre hollandais de ce livre – représente la partie de la maison ayant servi de cachette aux deux familles qui s'y abritèrent de 1942 à 1944. « Achter » signifie : derrière, ou arrière; « huis » : maison. Dans les vieilles maisons d'Amsterdam, les appartements donnant sur le jardin ou la cour peuvent être séparés des appartements donnant sur la rue, et rendus indépendants, tout en faisant partie du même immeuble. Celui-ci est situé sur le Prinsengracht, l'un des canaux de la ville.

Pour simplifier le texte français, nous avons appelé cette partie de la maison : « l'Annexe », sans que ce soit une annexe proprement dite.

N. D. T.

PRÉFACE

Je viens de tourner la dernière page de ce livre et je ne puis retenir mon émotion. Que serait-elle devenue, la merveilleuse enfant qui, sans le savoir, a écrit cette manière de chef-d'œuvre? Elle aurait vingt et un ans ces jours-ci... On ne pense pas sans déchirement à tout ce que cette sensibilité et cette intelligence si bien harmonisées eussent pu donner si l'affreuse machine aux masques nombreux qui est en train de broyer notre civilisation entière ne les avait, il y a cinq ans, dévorées, anéanties. On n'évoque pas sans chagrin ce fin visage livré aux ombres...

C'était une petite Juive de treize ans, fille de commerçants allemands qui, au moment des premières persécutions nazies, avaient cru en Hollande trouver un salut définitif. Mais le monstre a maints tours dans son sac : qui peut être sûr de lui échapper? L'invasion des Pays-Bas derechef les mit à sa merci. Quand, en juillet 1942, les Frank durent choisir entre deux décisions : se soumettre à l'appel de la Gestapo ou se cacher coûte que coûte, des deux termes de l'alternative ils préférèrent le second, oubliant, les pauvres gens, quelle est la puissance du Léviathan et sa patience anthropophage. Dans un pavillon d'arrière-cour, tel qu'en comportent tant de maisons d'Amsterdam, ils s'installèrent comme des rats dans un trou. Mille précautions étaient à prendre : ne pas se montrer, ne point faire de bruit. On imagine quels problèmes de tous ordres se poseraient à ces prisonniers volontaires : les moindres n'étaient sans doute pas

9

ceux dont l'intolérable cohabitation de huit êtres, sans une seconde de solitude, renouvelait quotidiennement les termes.

C'est là, dans ce cadre paradoxal, qu'Anne découvrit à la fois sa propre existence et celle des autres. A l'heure où un enfant commence à s'affronter au monde extérieur et retire des multiples contacts un enrichissement infini, cette fille n'eut devant elle que le spectacle de l'abri humide, de la cour du jardin et des sept colocataires-parents, amis, relations, dont elle devait partager le sort. L'étonnant est que sa sensibilité ne se soit pas, en peu de temps, faussée, qu'elle ait su garder sa liberté, sa fantaisie et cette joie jusque dans les pires dangers sous-entendue qui sonne, tout au long de son journal, le son même de la vertu d'enfance.

Un journal donc, tel est ce livre, et j'entends bien qu'à ce seul mot toutes les défiances les plus légitimes s'éveillent. Une enfant de treize ans écrivant son journal. Puérilité? Précocité monstrueuse? Ni l'une ni l'autre. Et même pas ce vague cabotinage (inconscient peut-être) qui affleure en tant de pages du journal d'une autre enfant célèbre : Marie Bashkirtseff. Les notes quotidiennes d'Anne Frank sont si justes de ton, si vraies que l'idée ne vient même pas à l'esprit qu'elle ait pu les écrire dans une intention de « littérature », et encore moins qu'aucune « grande personne » ait pu les retoucher. D'un bout à l'autre l'impression qu'on éprouve est celle d'une authenticité indiscutable. Si le mot ne comportait je ne sais quoi de poussiéreux et de décoloré on dirait volontiers qu'il s'agit là d'un document.

Anne Frank avait donc treize ans. Elle était jolie, le savait, sans attacher au fait une excessive importance. On l'imagine si bien, pour peu qu'on ait connu de ces très jeunes filles juives, en qui l'intelligence pétille avec une vivacité que n'ont pas souvent à leur âge les petites « Aryennes » : piquante, délibérée, sensible au point d'être impressionnable, déjà femme par maints côtés et cependant encore si véritablement enfant. C'est là, ce mélange de maturité et de fraîcheur, ce qui donne à ce livre son charme unique. A toute page, on est frappé par une remarque d'une pertinence, d'une justesse psychologique singulière; et tout de suite après, un mot candide, une allusion suffit à rappeler que la petite fille qui écrit ne connaissait encore pas grand-chose de la vie et, en tout cas, n'en avait point été encore touchée au cœur par ses tristesses et ses laideurs.

Dans ce petit monde que constituait la communauté de huit reclus, que pouvait-elle faire? Lire. Enormément, au hasard (les livres n'étaient pas abondants en cet abri), avec la voracité des êtres jeunes. Mais surtout observer. Et c'est à cette tâche, en définitive, qu'elle se consacra, oh! sans aucun propos délibéré, mais seulement parce que cela lui était proposé par les circonstances et qu'elle avait un sens aigu de l'observation.

Observer qui? D'abord soi-même. Et c'est, à mon sens, l'élément le plus original de tout le journal, que cette analyse de son propre être menée par une enfant. Anne Frank n'en était pas encore à l'âge où, écrivant un journal, un adulte (surtout s'il est homme de lettres) pose devant la glace et pense à la postérité. Elle s'en fichait bien, de la postérité! Elle écrivait pour soi, rien que pour soi, sans complaisance d'aucune sorte, sans nul souci d'améliorer le portrait non plus que d'étonner. Le résultat est un dessin si exact, si pur, d'une conscience de très jeune fille, que devant telles de ses remarques on a envie de s'arrêter et de se dire à soi-même : « Comme cela doit être vrai! » Ce mélange, comme elle dirait, « de joie céleste et de mortelle tristesse », qui est bien la dominante de la jeunesse, rarement on en a lu l'expression si juste, si simple, si dénuée d'emphase. Sur les rapports de l'enfant-femme avec les grands problèmes de la féminité, de l'amour, même justesse de ton, même tranquille transparence. Ces pages si vraies n'éveillent à aucun instant la moindre pensée équivoque : on ne se retient pas d'aimer, d'admirer cette pureté.

Il va de soi que cette formation, si facile à repérer au cours des deux ans que dura le journal, emprunta des éléments aux êtres humains qu'Anne pouvait observer. D'eux tous elle parle avec la même lucidité paisible. Peu dupe des sentiments tout faits (même de sentiments familiaux), sachant percer à jour les attitudes d'autrui, elle garde cependant une confiance dans les êtres qui confirme en elle ce que nous appelions tout à l'heure la vertu d'enfance. Elle n'avait pas encore atteint l'âge où l'on n'a que trop tendance à deviner dans l'autre la trace de l'universelle souillure. Même des Allemands, même des nazis, elle parle sur un ton qui montre qu'elle n'avait point désespéré des hommes. « Amoralisme », a-t-on écrit d'elle. Aucun mot ne me paraît plus inexact. J'y vois bien davantage un cœur intact.

Un des aspects les plus intéressants de ce témoignage tient à la place à la fois singulièrement réduite et cependant essentielle qu'y tient le sentiment religieux. Il est plus que certain que les parents d'Anne Frank devaient appartenir à ces milieux juifs où l'antique fidélité mosaïque se réduit à de vagues pratiques traditionnelles, à de pauvres formules. Dans l'extrême péril où cette enfant se trouve, c'est bien rarement qu'elle se tourne vers le Dieu de ses pères et ce n'est jamais pour lui demander une immédiate protection. Au cours du journal, on la voit lire la Bible, mais, très certainement, sans enthousiasme extrême et avec pas mal de lenteur. Jamais les commandements de Dieu, ceux des tables du Sinaï, ne viennent confirmer ou dicter un jugement moral. De toute évidence, Anne Frank n'était pas ce qu'on entend par une âme religieuse.

Et, cependant, il lui arrive de parler de Dieu. Et quand cela se produit, c'est avec une tranquillité et une confiance vraiment admirables. Quand elle écrit, par exemple : « Pour celui qui a peur, qui se sent seul ou malheureux, le meilleur remède, c'est de sortir au grand air, de trouver un endroit isolé où il sera en communion avec le ciel, la nature et Dieu. Alors seulement l'on sent que tout est bien ainsi et que Dieu *veut voir les hommes heureux dans la nature simple mais belle... »,* quand cette enfant écrit de telles phrases, il serait absurde de n'y trouver que l'écho d'un vague panthéisme, et il y a là l'expression d'un sentiment si pur de confiance qu'on ne peut s'empêcher de penser que Dieu lui aura répondu. D'ailleurs, peu de temps avant le drame où le Journal devait se clore, elle écrivait encore, au lendemain d'une sorte de crise de conscience qu'elle avait traversée : *« Dieu ne m'a pas abandonnée, et ne m'abandonnera jamais... »* N'y aurait-il que ces quelques mots dans tout ce livre qu'on en voudrait retenir le message.

Et dans ce camp de Bergen-Belsen où, en mai 1945, alors que nous, Français, respirions déjà l'air de la délivrance, Anne Frank mourait de privations et de détresse après huit mois de détention, faut-il douter que, malgré les apparences horribles, malgré l'acharnement des forces hostiles, ce Dieu qu'elle définissait si peu mais dont elle portait au cœur l'exacte image, Dieu ne l'aura point abandonnée?

DANIEL-ROPS

de l'Académie française.

Ik zal hoop ik aan jou alles kunnen
toevertrouwen, zoals ik het nog aan
niemand gekunt heb, en ik hoop dat
je een grote steun voor me zult zijn.
                Anne Frank. 12 Juni 1942.

J'espère pouvoir tout te confier comme je n'ai encore pu le faire à personne; j'espère aussi que tu seras pour moi un grand soutien.

Anne Frank.
Le 12 juin 1942.

Dimanche 14 juin 1942.

Le vendredi 12 juin, je me réveillai avant le coup de six heures, chose compréhensible puisque c'était le jour de mon anniversaire. Seulement, on ne me permet pas d'être aussi matinale. Il me fallut donc contenir ma curiosité pendant une heure encore. Au bout de trois quarts d'heure, je n'en pouvais plus. Je me rendis à la salle à manger, où Mauret, le chat, m'accueillit en se frottant la tête contre moi et me faisant mille grâces.

Dès sept heures, j'allai voir Papa et Maman, et je pus enfin déballer mes cadeaux au salon. La toute première surprise ce fut *toi*, un de mes plus beaux cadeaux probablement. Un bouquet de roses, une petite plante, deux branches de pivoines, voilà comment je vis ce matin-là la table ornée d'enfants de Flore, suivis de beaucoup d'autres dans la journée.

Papa et Maman m'ont comblée, sans parler de nos nombreux amis et connaissances qui m'ont beaucoup gâtée. J'ai reçu entre autres un jeu de société, beaucoup de bonbons, du chocolat, un puzzle, une broche, *Mythes et Légendes Néerlandais* de Joseph Cohen, le *Camera Obscura* de Hildebrand, *Daisy's Bergvacantie*, un livre épatant, et un peu d'argent qui me permettra d'acheter *Les Mythes Grecs et Romains*. Magnifique!

Plus tard, Lies (1) est venue me chercher pour

(1) Le ie « hollandais » se prononce « i » en français.

aller à l'école. Pendant la récréation, j'ai offert des petits-beurre aux professeurs et aux élèves, et puis il a fallu retourner au travail.

Je termine pour aujourd'hui. Salut, *Journal*, je te trouve merveilleux!

Lundi 15 juin 1942.

C'est hier après-midi que j'ai eu ma petite réception d'anniversaire. La projection d'un film *Le Gardien du Phare*, avec Rintintin, a beaucoup plu à mes camarades d'école. C'était très réussi, et nous nous sommes bien amusés. Nous étions très nombreux. Mère veut toujours savoir qui j'aimerais épouser plus tard. Elle ne pensera plus jamais à Peter Wessel. Car, dans le temps, je me suis donné beaucoup de mal pour lui enlever cette idée fixe, tant j'en ai parlé sans jamais sourciller ni rougir. Pendant des années, j'ai été très liée avec Lies Goosens et Sanne Houtman. Entre-temps, j'ai fait la connaissance de Jopie de Waal au lycée juif; nous sommes toujours ensemble, et elle est devenue ma meilleure amie. Lies, bien que je la voie encore souvent, s'est attachée à une autre jeune fille, tandis que Sanne, transférée dans une autre école, s'y est fait aussi des amies.

Samedi 20 juin 1942.

Il y a plusieurs jours que je n'ai plus écrit; il me fallait réfléchir une fois pour toutes à ce que signifie un Journal. C'est pour moi une sensation bien singulière que d'exprimer mes pensées, non seulement parce que je n'ai jamais écrit encore, mais parce qu'il me semble que, plus tard, ni moi, ni qui que ce soit d'autre ne s'intéresserait aux confidences d'une écolière de treize ans. Enfin, cela n'a aucune importance. J'ai envie d'écrire, et bien plus encore de sonder mon cœur à propos de toutes sortes de choses.

« Le papier est plus patient que les hommes. » Ce dicton me traversa l'esprit alors qu'un jour de légère mélancolie je m'ennuyais à cent sous l'heure, la tête appuyée sur les mains, trop cafardeuse pour me décider à sortir ou à rester chez moi. Oui, en effet, le papier est patient, et, comme je présume que personne ne se souciera de ce cahier cartonné dignement intitulé *Journal*, je n'ai aucune intention de jamais le faire lire, à moins que je ne rencontre dans ma vie l'*Ami* ou l'*Amie* à qui le montrer. Me voilà arrivée au point de départ, à l'idée de commencer un Journal : je n'ai pas d'amie.

Afin d'être plus claire, je m'explique encore. Personne ne voudra croire qu'une fillette de treize ans se trouve seule au monde. D'ailleurs, ce n'est pas tout à fait vrai : j'ai des parents que j'aime beaucoup et une sœur de seize ans; j'ai, tout compte fait, une trentaine de camarades parmi lesquels de soi-disant amies; j'ai des admirateurs à la pelle qui me suivent du regard, tandis que ceux qui, en classe, sont mal placés pour me voir tentent de saisir mon image à l'aide d'une petite glace de poche. J'ai de la famille, d'aimables oncles et tantes, un foyer agréable, non, il ne me manque rien apparemment, sauf l'Amie. Avec mes camarades, je ne puis que m'amuser, rien de plus. Je ne parviens jamais à parler avec eux d'autre chose que de banalités, même avec une de mes amies, car il nous est impossible de devenir plus intimes, c'est là le hic. Ce manque de confiance est peut-être mon défaut à moi. En tout cas, je me trouve devant un fait accompli, et c'est assez dommage de ne pas pouvoir l'ignorer.

C'est là la raison d'être de ce Journal. Afin de mieux évoquer l'image que je me fais d'une amie longuement attendue, je ne veux pas me limiter à de simples faits, comme le font tant d'autres, mais je désire que ce Journal personnifie l'Amie. Et cette amie s'appellera Kitty.

Kitty ignore encore tout de moi. Il me faut donc raconter brièvement l'histoire de ma vie. Mon père avait déjà trente-six ans lorsqu'il épousa ma mère, qui en avait vingt-cinq. Ma sœur Margot naquit en 1926 à Francfort-sur-le-Main. Et moi, le 12 juin 1929. Etant des juifs 100 %, nous émigrâmes en Hollande en 1933, où mon père fut nommé directeur de la Travies N. V., firme associée avec Kolen et C° à Amsterdam. Le même immeuble hébergeait les deux sociétés, dont mon père était actionnaire.

Bien sûr, la vie n'était pas sans émotions pour nous, puisque le restant de notre famille était encore aux prises avec les mesures hitlériennes contre les juifs. A la suite des persécutions de 1938, mes deux oncles maternels s'enfuirent, et arrivèrent sains et saufs aux Etats-Unis. Ma grand-mère, âgée alors de soixante-treize ans, nous rejoignit. Après 1940, notre bon temps allait rapidement prendre fin : d'abord la guerre, la capitulation, et l'invasion des Allemands nous amenant la misère. Mesure sur mesure contre les juifs. Les juifs obligés de porter l'étoile, de céder leurs bicyclettes. Interdiction pour les juifs de monter dans un tramway, de conduire une voiture. Obligation pour les juifs de faire leurs achats exclusivement dans les magasins marqués « boutique juive », et de quinze à dix-sept heures seulement. Interdiction pour les juifs de sortir après huit heures du soir, même dans leurs jardins, ou encore de rester chez leurs amis. Interdiction pour les juifs d'aller au théâtre, au cinéma ou dans tout autre lieu de divertissement. Interdiction pour les juifs d'exercer tout sport public : défense d'accéder à la piscine, au court de tennis et de hockey ou à d'autres lieux d'entraînement. Interdiction pour les juifs de fréquenter des chrétiens. Obligation pour les juifs d'aller dans des écoles juives, et bien d'autres restrictions semblables...

Ainsi on continue à vivoter, à ne pas faire ceci, à ne pas faire cela. Jopie me dit toujours : « Je n'ose plus rien faire, de peur que ça ne soit défendu. » Notre liberté est donc devenue très restreinte; cependant, la vie est encore supportable.

Grand-mère mourut en janvier 1942. Personne ne sait combien je pense à elle, et combien je l'aime encore.

J'étais à l'école Montessori dès le jardin d'enfants, c'est-à-dire depuis 1934. En 6B j'ai eu comme maîtresse la directrice, Mme K. A la fin de l'année, ce furent des adieux déchirants, nous avons pleuré toutes les deux. En 1941, ma sœur Margot et moi entrâmes au lycée juif.

Notre petite famille de quatre n'a pas encore trop à se plaindre, et me voici arrivée à la date d'aujourd'hui.

Samedi 20 juin 1942.

Chère Kitty,

Je suis fin prête : il fait bon et le calme règne, Père et Mère étant sortis, et Margot étant allée jouer au ping-pong avec des copains chez une de ses amies.

Moi aussi, je joue beaucoup au ping-pong ces derniers temps. Comme tous les joueurs autour de moi adorent les glaces, surtout en été lorsque le ping-pong met tout le monde en nage, la partie se termine également par une visite à la pâtisserie la plus proche et autorisée aux juifs, chez Delphes ou à l'Oasis. Inutile de penser à l'argent; il y a tant de monde à l'Oasis qu'il se trouve toujours un monsieur ou un admirateur de notre grand cercle d'amis pour nous offrir plus de glaces que nous ne pourrions manger en une semaine.

Tu dois être un peu surprise de m'entendre parler, moi, à mon âge, d'admirateurs. Hélas! il faut croire que c'est un mal inévitable dans notre école. Aussitôt qu'un copain demande de m'accompagner chez moi à vélo, la conversation s'engage et, neuf fois sur dix, il s'agit d'un jeune homme ayant l'habitude empoisonnante de devenir tout feu tout flammes; il ne va plus cesser de me regarder. Au bout d'un moment, le béguin commence à diminuer, pour la bonne raison que je ne fais pas trop attention aux regards ardents, et que je continue à pédaler à toute allure. Si par hasard il commence à travailler du chapeau en parlant de « permission à demander à votre père », je me balance un peu sur mon vélo, mon sac tombe, le jeune homme est bien obligé de descendre pour me le remettre, après quoi j'ai vite fait de changer de sujet.

Ceci est un exemple des plus innocents. Il y en a, naturellement, qui vous envoient des baisers, ou qui essaient de s'emparer de votre bras, mais ceux-là se trompent d'adresse. Je descends en disant que je peux me passer de leur compagnie, ou bien je suis soi-disant offensée, les priant rondement de faire demi-tour.

Ceci dit, la base de notre amitié est établie. A demain!

> A toi,
>
> ANNE.

Dimanche 21 juin 1942.

Chère Kitty,

Toute la cinquième tremble dans l'attente du conseil des professeurs. La moitié des élèves passent leur temps à faire des paris sur ceux ou celles qui vont passer. Nos deux voisins, Wim et Jacques, qui ont parié l'un contre l'autre tout leur capital des vacances, nous rendent malades de rire, Miep de Jong et moi. Du matin au soir, c'est : « Tu passeras. » « Non. » « Si. » Même les regards de Miep (1), implorant le silence, et mes accès de colère ne peuvent calmer ces deux énergumènes.

A mon avis, le quart de notre classe devrait doubler, vu le nombre d'ânes qui s'y trouvent, mais les professeurs sont les gens les plus capricieux du monde; peut-être seront-ils, pour une fois, capricieux du côté coulant.

Pour mes amies et moi, je n'ai pas grand-peur, nous nous en tirerons, je crois. Je ne suis pas très sûre de moi en mathématiques. Enfin, il n'y a qu'à attendre. Entre-temps, nous avons l'occasion de nous encourager mutuellement.

---

(1) Même prononciation que « Lies ».

Je m'entends assez bien avec mes professeurs, neuf en tout, sept hommes et deux femmes. Le vieux M. Kepler, professeur de mathématiques, a été très fâché contre moi pendant assez longtemps, parce que je bavardais trop pendant la leçon : avertissement sur avertissement jusqu'à ce que je fusse punie. J'ai dû écrire un essai sur le sujet *une bavarde*. Une bavarde! que pouvait-on bien écrire là-dessus? On verrait plus tard; après l'avoir noté dans mon carnet, j'essayai de me tenir tranquille.

Le soir, à la maison, tous mes devoirs finis, mon regard tomba sur la note de l'essai. Je me mis à réfléchir en mordant le bout de mon stylo. Evidemment, je pouvais, d'une grande écriture, écartant les mots le plus possible, tirer en longueur quelques idées sur les pages imposées – c'était l'enfance de l'art; mais avoir le dernier mot en prouvant la nécessité de parler, ça c'était le truc à trouver. Je réfléchis encore et, tout d'un coup – *eurêka!* Quelle satisfaction de remplir trois pages sans trop de mal! Argument : le bavardage est un défaut féminin que je m'appliquerais bien à corriger un peu, sans toutefois pouvoir m'en défaire tout à fait, puisque ma mère parle autant que moi, si ce n'est plus; par conséquent il n'y a pas grand-chose à faire, étant donné qu'il s'agit de défauts héréditaires.

Mon argument fit bien rire M. Kepler, mais, lorsque au cours suivant je repris mon bavardage, il m'imposa un second essai. Sujet : *Une bavarde incorrigible*. Je m'en acquittai, après quoi M. Kepler n'eut pas à se plaindre de moi pendant deux leçons. A la troisième, j'ai dû exagérer. « Anne, encore un pensum pour votre bavardage, sujet : *Coin Coin Coin, dit Madame Decoin.* » Eclat de rire général. Je me mis à rire avec eux, j'étais bien obligée, mais je savais mon imagination épuisée à ce sujet. Il me fallait trouver quelque chose, quelque chose d'original. Le hasard me vint en aide. Mon amie Sanne, bon poète, m'offrit ses services pour rédiger l'essai en vers d'un bout à l'autre. Je jubilais. Kepler voulait se payer ma tête? J'allais donc me venger en me payant sa tête à lui.

L'essai en vers était très réussi et magnifique. Il s'agissait d'une cane-mère et d'un cygne-père, avec leurs trois petits canards; ceux-ci pour avoir trop fait coin-coin, furent mordus à mort par leur père. Par bonheur, la plaisanterie eut l'heur de plaire au fin Kepler. Il en fit la lecture devant notre classe et dans plusieurs autres, avec commentaires à l'appui.

Depuis cet événement, je n'ai plus été punie pour bavardage. Au contraire, Kepler est toujours le premier à dire une plaisanterie à ce sujet.

A toi,

ANNE.

Mercredi 24 juin 1942.

Chère Kitty,

Quelle canicule! On étouffe, tout le monde est essoufflé, recuit. Par cette chaleur, je couvre toutes les distances à pied. Je commence maintenant à comprendre combien un tramway est une chose merveilleuse, mais ce plaisir ne nous est plus accordé, à nous, juifs. Il faut nous contenter de nos jambes comme seul moyen de locomotion. Hier après-midi, j'ai dû aller chez le dentiste qui habite Jan Luykenstraat, c'est très loin de l'école. Revenue, je me suis presque endormie en classe. Heureusement que de nos jours les gens vous offrent tout naturellement à boire; l'assistante du dentiste est vraiment gentille.

Nous avons encore accès au bac de passage. Quai Joseph-Israëls il y a un petit bateau qui fait le service. Le passeur a consenti immédiatement à nous faire traverser. Ce n'est vraiment pas la faute des Hollandais si les juifs passent par tant de misère.

J'aimerais autant ne pas aller à l'école depuis que mon vélo a été volé à Pâques et que celui de Mère a été confié à des chrétiens. Les vacances approchent, heureusement, encore une semaine de souffrance qui sera bientôt oubliée.

Hier matin, j'ai eu une surprise assez agréable. En passant devant un garage à bicyclettes, j'entendis quelqu'un m'appeler. Me retournant, je vis un charmant garçon que j'ai remarqué la veille chez Eva, une de mes amies. Il s'approcha, un peu timide, et se présenta : Harry Goldman. J'ai été légèrement surprise, ne sachant pas très bien ce qu'il voulait. C'était très simple : Harry voulait m'accompagner à l'école. « Si vous prenez le même chemin, je veux bien », dis-je, et en route tous les deux. Harry a déjà seize ans, il parle de toutes sortes de choses de façon amusante. Ce matin, il était de nouveau à son poste. Et je ne vois pas pourquoi ça changerait.

A toi,

ANNE.

Mardi 30 juin 1942.

Chère Kitty,
Je n'ai vraiment pas eu le temps d'écrire jusqu'à ce jour. J'ai passé le jeudi après-midi chez des amis. Le vendredi, nous avons eu des visites, et ainsi de suite jusqu'à aujourd'hui. Harry et moi avons appris à mieux nous connaître durant la semaine. Il m'a raconté une bonne partie de sa vie : il est arrivé en Hollande sans ses parents, et vit chez ses grands-parents. Ses parents sont restés en Belgique.

Harry avait un flirt, Fanny. Je la connais : c'est un modèle de douceur et d'ennui. Depuis qu'il m'a rencontrée, Harry s'est rendu compte que la présence de Fanny lui donnait envie de dormir. Je lui sers donc de réveil-jazz ou de stimulant, comme tu voudras. On ne sait jamais à quoi on peut être utile dans la vie.

Samedi soir, Jopie est restée coucher chez moi, mais dimanche après-midi elle est allée rejoindre Lies, alors je me suis ennuyée à mourir. Harry devait venir me voir dans la soirée, mais il m'a téléphoné vers six heures. Je répondis au téléphone pour l'entendre dire : « Ici Harry Goldman, puis-je parler à Anne, s'il vous plaît ? »

« Oui, Harry, c'est moi. »

« Bonjour, Anne, comment vas-tu? »

« Je vais bien, merci. »

« Je regrette de ne pouvoir venir chez toi ce soir, mais j'ai quelque chose à te dire. Ça te va, si je me trouve devant ta porte dans dix minutes? »

« Oui, ça va. Au revoir. »

« Au revoir, à tout de suite. »

Je raccrochai.

J'ai vite changé de robe et arrangé un peu mes cheveux. Ensuite je me suis penchée par la fenêtre, les nerfs en boule. Enfin, je l'ai aperçu. Par miracle, je ne me suis pas précipitée en bas. Je me suis forcée à patienter jusqu'à son coup de sonnette. Je descendis lui ouvrir la porte, et il alla droit au but.

« Dis donc, Anne, Grand-mère te trouve trop jeune pour être mon amie, et elle me dit d'aller retrouver Fanny Leurs. Mais tu sais bien que j'ai rompu avec Fanny! »

« Non, je ne savais pas. Vous vous êtes chamaillés? »

« Non, au contraire, j'avais dit à Fanny que, puisque nous ne nous entendions pas très bien, il était inutile de se voir tout le temps; qu'elle pouvait toujours venir chez nous quand elle voulait et que j'espérais pouvoir aller chez eux, en camarades. J'avais l'impression qu'elle fréquentait, comme on dit, un autre garçon, c'est pourquoi j'ai traité tout ça avec détachement. Or, ce n'était pas vrai du tout. Mon oncle me dit que je dois des excuses à Fanny, mais il n'en est naturellement pas question, c'est pourquoi j'ai rompu. D'ailleurs, ce n'est qu'une raison parmi d'autres. Grand-mère insiste pour que je me promène avec Fanny et pas avec toi, mais je n'y songe pas. Les vieilles gens sont parfois tellement vieux jeu, que veux-tu que j'y fasse? J'ai besoin de mes grands-parents, c'est entendu, mais en un sens, ils ont tout autant besoin de moi.

« J'aurai toujours le mercredi soir de libre, parce que mes grands-parents me croient alors à une leçon de sculpture sur bois; en réalité je vais dans un club du mouvement sioniste. Ils ne me le permettraient pas, mes grands-parents, parce qu'ils sont contre le sionisme. Je ne suis pas fanatiquement pour, moi non plus, mais le mouvement me dit quelque chose, en tout cas je m'y intéresse. Seulement, les derniers temps, il y a un tel fouillis dans ce club que j'ai l'intention de les plaquer. J'y vais pour la dernière fois mercredi prochain. Dans ce cas, je pourrai toujours te voir mercredi soir, samedi après-midi et soir, dimanche après-midi, et même plus souvent peut-être. »

« Mais si tes grands-parents s'y opposent, tu fais des cachotteries. »

« L'amour ne se commande pas, c'est comme ça. »

Nous avons fait un bout de chemin ensemble. En passant devant la librairie du coin, je vis Peter Wessel en train de bavarder avec deux copains. C'était la première fois depuis très, très longtemps qu'il me saluait de nouveau. Cela m'a vraiment fait plaisir.

On continuait à longer et contourner des rues, Harry et moi, et, en fin de compte, on se mit d'accord pour un rendez-vous : je devais me trouver devant sa porte le lendemain soir à sept heures moins cinq.

A toi,

ANNE.

Vendredi 3 juillet 1942.

Chère Kitty,

Hier, Harry est venu à la maison pour faire la connaissance de mes parents. J'avais acheté une tarte, des biscuits, et des bonbons pour le thé, il y avait un peu de tout, mais ni Harry ni moi ne pouvions tenir longtemps sur une chaise l'un à côté de l'autre, aussi sommes-nous partis nous promener. Il était déjà huit heures dix quand il m'a ramenée chez moi. Père était très fâché, disant que je n'avais pas le droit de rentrer aussi tard, vu le danger pour les juifs de se trouver dehors après huit heures. Je devais promettre d'être rentrée dorénavant à huit heures moins dix.

Demain, je suis invitée chez lui. Mon amie Jopie me taquine toujours au sujet de Harry. Je ne suis vraiment pas amoureuse, mais non. J'ai bien le droit d'avoir des amis. Personne ne trouve rien d'extraordinaire à ce que j'aie un copain ou, comme s'exprime Mère, un cavalier.

Eva m'a raconté qu'un soir, alors que Harry se trouvait chez eux, elle lui demanda : « Qui préfères-tu, Fanny ou Anne ? » Il répondit : « Ça ne te regarde pas. » Pendant tout le reste de la soirée, ils n'eurent plus l'occasion de bavarder ensemble, mais en partant il lui dit : « Si tu veux le savoir, c'est bien Anne, mais ne le dis à personne. Au revoir. » Ouf ! il était parti.

On peut s'apercevoir à mille choses que Harry est devenu amoureux de moi. Je trouve ça amusant, ça me change. Margot dirait de lui : « Harry est un bon gars. » Je trouve aussi, et même bien plus que ça. Mère n'a pas fini de le louer : beau garçon, garçon bien élevé, et si gentil. Je suis ravie que tout le monde à la maison le trouve à son goût. Lui, il les aime aussi. Il trouve mes amies trop enfants, et il ne se trompe pas.

A toi,

ANNE.

Dimanche matin 5 juillet 1942.

Chère Kitty,

La proclamation, qui a eu lieu vendredi dernier au Théâtre juif, s'est fort bien passée. Mes notes ne sont pas tellement mauvaises : j'en ai une insuffisante, un 5 en algèbre, un 6 pour deux matières, pour les autres, des 7, et deux fois 8. Ils étaient bien contents à la maison, mais, à propos de points, mes parents ne sont pas comme les autres. Les notes, bonnes ou mauvaises, on dirait qu'ils s'en fichent. Pour eux, il suffit que je sois en bonne santé, il ne faut pas que je sois insolente bien que j'aie le droit de m'amuser; tout le reste s'arrangera tout seul, trouvent-ils. Quant à moi, c'est le contraire : je ne veux pas être mauvaise élève après avoir été provisoirement admise au lycée, étant donné que j'ai sauté un an en venant de l'école Montessori. Mais avec le transfert de tous les enfants juifs dans les écoles juives, le directeur du lycée, après quelques palabres, a bien voulu m'admettre, ainsi que Lies, à titre d'essai. Je ne voudrais pas décevoir la confiance du directeur. Le bulletin de Margot est brillant, comme toujours. Si « la plus grande distinction » existait au lycée, elle l'aurait obtenue. Quelle caboche!

Père reste souvent à la maison les derniers temps. Officiellement, il s'est retiré des affaires. Quelle sensation désagréable pour lui que de se sentir inutile! M. Koophuis a repris la maison Travies et M. Kraler la firme Kolen & Co. L'autre jour, quand nous nous sommes promenés autour de notre square, Père a commencé à parler d'une cachette. Ça allait être difficile pour nous de vivre complètement séparés du monde extérieur, disait-il. « Pourquoi en parler déjà? » lui demandai-je. « Ecoute, Anne », répondit-il, « tu sais bien que depuis plus d'un an nous transportons meubles, vêtements et ravitaillement chez des gens. Nous ne voulons pas laisser tomber notre bien aux mains des Allemands, et nous voulons encore moins être pris nous-mêmes. Nous ne les attendrons pas pour partir, ils pourraient venir nous chercher. »

« Mais, Père, ce sera pour quand? » Les paroles et le sérieux de Père m'avaient angoissée.

« Ne t'inquiète pas de ça, nous nous occupons de tout. Amuse-toi et profite de ton insouciance tant que tu en as l'occasion encore. » C'était tout. Oh! pourvu que ces sombres projets ne se réalisent pas... pas encore...

A toi,

ANNE.

Chère Kitty,

Il me semble que des années se sont passées
entre dimanche matin et aujourd'hui. Que d'événements! Comme si le monde entier s'était mis tout à
coup sens dessus dessous. Cependant, tu vois bien,
Kitty, je suis encore en vie et c'est le principal, dit
Père.

Oui, en effet, je vis encore, mais ne me demande
pas où ni comment. Tu ne comprends rien à rien
aujourd'hui, n'est-ce pas? C'est pourquoi il me faut
tout d'abord te raconter ce qui s'est passé depuis
dimanche après-midi.

A trois heures (Harry venait de partir pour revenir plus tard) on sonna à notre porte. Je ne l'ai pas
entendu, car j'étais en train de lire dans la véranda,
paresseusement étendue au soleil sur une chaise
longue. Soudain, Margot parut à la porte de la
cuisine, visiblement troublée. « Père a reçu une
convocation des SS », chuchota-t-elle, « Mère vient
de sortir pour aller trouver M. Van Daan. » (Van
Daan est un collègue de papa et l'un de nos amis.)
J'étais épouvantée : une convocation, tout le monde
sait que ça signifie; je vis surgir dans mon imagination les camps de concentration et les cellules
solitaires. Allions-nous laisser Père partir là-bas?
« Il ne se déclarera pas, naturellement », dit Margot, pendant que, toutes les deux, nous attendions
dans la chambre le retour de Mère.

« Mère est allée chez Van Daan pour savoir si
nous allons pouvoir dès demain aménager notre
cachette. Les Van Daan s'y cacheront avec nous,
nous serons sept. » Silence. Nous ne pouvions plus
prononcer un mot en pensant à Père, qui ne se
doutait de rien. Il était allé faire une visite chez de
vieilles gens à l'hospice juif. L'attente, la tension, la
chaleur, tout cela nous fit taire.

Tout à coup on sonna. « C'est Harry », dis-je.
« N'ouvre pas », dit Margot en me retenant, mais ce

n'était pas la peine; nous entendîmes Mère et M. Van Daan parler avec Harry avant d'entrer, puis fermer la porte derrière eux. A chaque coup de sonnette, très doucement, Margot descendait, ou bien moi, pour voir si c'était Père. Personne d'autre ne devait être admis.

Van Daan tenait à parler seul avec Mère, et nous fûmes obligés, Margot et moi, de quitter la pièce. Dans notre chambre, Margot m'avoua que la convocation n'était pas pour Père, mais bien pour elle. Prise de peur une fois de plus, je commençai à pleurer. Margot a seize ans. Ils veulent donc faire partir seules des jeunes filles de son âge! Elle ne partira pas, heureusement, c'est Mère qui l'a dit. Père, en me parlant de notre cachette, devait sans doute faire allusion à cette éventualité.

Se cacher – où irions-nous nous cacher, en ville, à la campagne, dans une maison, dans une chaumière, quand, comment, où...? Je ne pouvais poser ces questions qui ne faisaient que revenir une à une. On se mit à emballer le strict nécessaire dans nos cartables, Margot et moi. J'ai commencé par y fourrer ce cahier cartonné, ensuite mes bigoudis, mes mouchoirs, mes livres de classe, mes peignes, de vieilles lettres. J'étais hantée par l'idée de notre cachette, et j'ai emballé les choses les plus invraisemblables. Je ne regrette rien, je tiens à mes souvenirs plus qu'à mes robes.

A cinq heures Père rentra enfin. Nous avons téléphoné à M. Koophuis pour lui demander s'il pouvait venir chez nous le soir même. Van Daan partit chercher Miep. Miep est employée au bureau de Père depuis 1933, et est devenue notre grande amie, ainsi que Henk, son tout récent époux. Miep est arrivée pour emporter un sac rempli de souliers, de robes, de vestes, de bas, de sous-vêtements, promettant de revenir dans la soirée. Ensuite, ce fut le calme dans notre demeure; aucun de nous quatre n'avait envie de manger, il faisait chaud, et tout semblait étrange. Notre grand salon du premier étage avait été sous-loué à un certain M. Goudsmit, homme divorcé, dépassant la trentaine, qui vraisemblablement n'avait rien à faire ce soir-là, car on ne parvint pas à se débarrasser de lui avant dix heures; toutes les bonnes paroles pour le faire partir plus tôt avaient semblé vaines. Miep et Henk Van Santen arrivèrent à onze heures, pour repartir à minuit avec des bas, des souliers, des livres et des dessous, le tout fourré dans un sac à Miep et dans les poches profondes de Henk. J'étais fourbue et, tout en me rendant compte que c'était la dernière nuit à passer dans mon lit, je m'étais endormie immédiatement. Le lendemain matin à cinq heures et demie, Mère me réveilla. Par bonheur, il faisait un peu plus frais que dimanche, grâce à une pluie tiède qui allait persister toute la journée. Chacun de nous s'était habillé comme pour une expédition au pôle Nord afin d'emporter le plus de vêtements possible. Aucun juif, dans ces circonstances, n'aurait pu se permettre de sortir de chez lui avec une valise pleine. Je portais sur moi deux chemises, trois culottes, une robe, là-dessus une jupe, une veste, un manteau d'été, deux paires de bas, des souliers montants, un béret, un foulard et d'autres choses encore. J'étouffais avant de partir, mais personne ne s'en souciait.

Margot, avec son cartable plein de livres de classe, avait sorti son vélo du garage pour suivre Miep vers la destination lointaine et inconnue de nous deux. Je ne savais toujours pas où se trouvait le lieu mystérieux de notre havre. A sept heures et demie, nous fermâmes la porte de notre maison. Le seul être vivant à qui j'aie pu faire mes adieux était Mauret, mon petit chat, qui allait trouver un bon refuge chez des voisins, suivant nos dernières instructions dans une petite lettre à M. Goudsmit.

Nous avons laissé dans la cuisine une livre de viande pour le chat, et la vaisselle du petit déjeuner; nous avons enlevé des lits draps et couvertures; tout cela devait donner l'impression d'un départ précipité. Mais les impressions, on ne savait qu'en faire. Il nous fallait partir à tout prix, et il s'agissait d'arriver à bon port. Rien d'autre ne comptait plus pour nous.

La suite à demain.

A toi,

ANNE.

Jeudi 9 juillet 1942.

Chère Kitty,

On se mit donc en route sous une pluie battante, Papa et Maman portant chacun un sac à provisions bourré de Dieu sait quoi, et moi avec mon cartable plein à craquer.

Les ouvriers matinaux nous regardaient avec un air de pitié; leurs visages exprimaient visiblement le regret de ne pouvoir nous offrir un moyen de transport quelconque; notre étoile jaune était suffisamment éloquente.

Chemin faisant, Père et Mère me dévoilaient par bribes et morceaux toute l'histoire de notre cachette. Depuis des mois et des mois, ils avaient fait transporter pièce par pièce une partie de nos meubles, ainsi que linge et vêtements; la date prévue pour notre disparition volontaire avait été fixée au 16 juillet. A la suite de la convocation, il avait fallu avancer notre départ de dix jours, de sorte que nous allions devoir nous contenter d'une installation plutôt rudimentaire. La cachette se trouvait dans l'immeuble des bureaux de Père. C'est un peu difficile à comprendre quand on ne connaît pas les circonstances, c'est pourquoi je vais me lancer dans des explications. Le personnel de Père n'était pas nombreux : MM. Kraler et Koophuis, puis Miep, et enfin Elli Vossen, la sténodactylo de vingt-trois ans, qui tous étaient au courant de notre arrivée. M. Vossen, le père d'Elli, et les deux hommes qui le secondaient dans le magasin n'avaient pas été mis au courant de notre secret.

L'immeuble se compose comme suit : au rez-de-chaussée, un grand magasin tenant lieu également d'entrepôt. A côté de la porte du magasin se trouve la porte d'entrée de la maison, derrière laquelle une seconde porte donne accès à un petit escalier (A). Montant cet escalier, on se trouve devant une porte à demi vitrée de verre dépoli où se lisait autrefois *Bureau* en lettres noires. C'est le bureau donnant sur le canal; il est très grand, très clair, avec des classeurs bordant les murs et surmeublé pour un personnel actuellement réduit à trois : c'est là que travaillent, pendant la journée, Elli, Miep et M. Koophuis. Traversant une sorte de vestiaire, où se trouvent un coffre et un grand placard contenant les réserves de papiers, enveloppes, etc., on aboutit à la petite pièce assez sombre donnant sur la cour; autrefois c'était le bureau de M. Kraler et de M. Van Daan, devenu maintenant le royaume du premier. On peut encore avoir accès au bureau de M. Kraler par une porte vitrée au bout du vestibule, qui s'ouvre de l'intérieur du bureau et non de l'extérieur.

D'une autre sortie du bureau de M. Kraler, on longe un couloir étroit, on passe ensuite devant le réduit à charbon et, montant quatre marches, on arrive enfin au digne sanctuaire, orgueil de l'immeuble, sur la porte duquel se lit : *Privé*. On y voit des meubles sombres et imposants, le linoléum recouvert de quelques beaux tapis, une lampe magnifique, un poste de radio, le tout de premier choix. A côté de cette pièce, une grande cuisine spacieuse, avec un réchaud à gaz à deux flammes et un petit chauffe-bain. A côté de la cuisine, les w.-c. Voilà pour le premier étage.

Du corridor du rez-de-chaussée, on peut monter un escalier de bois blanc (B), au bout duquel se trouve un palier formant aussi couloir. On y voit des portes à droite et à gauche; celles de gauche mènent au-devant de la maison – grandes pièces servant d'entrepôt et de magasin, avec un grenier et une mansarde sur le devant. On peut aussi atteindre les appartements de devant par la deuxième porte d'entrée (C), en grimpant un escalier tenant presque de l'échelle, bien hollandais, à se casser bras et jambes.

La porte de droite mène à l'Annexe, donnant sur les jardins. Personne au monde ne se douterait que cette simple porte peinte en gris dissimule tant de pièces. On atteint la porte d'entrée en montant quelques marches; en l'ouvrant, on entre dans l'Annexe.

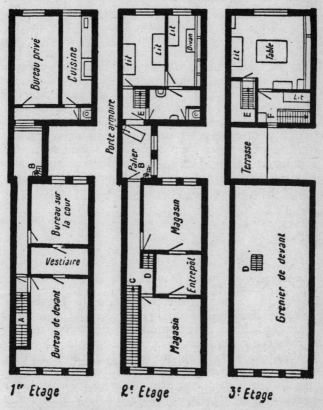

1ᵉʳ Etage   2ᵉ Etage   3ᵉ Etage

Au 2ᵉ étage, la porte-armoire du palier fait communiquer la maison avec l'Annexe.

Face à cette porte d'entrée, un escalier raide; à gauche, un petit couloir menant à une pièce, devenue le foyer de la famille ainsi que la chambre à

37

coucher de M. et Mme Frank; à côté de celle-ci une pièce plus petite, transformée en étude et chambre à coucher des demoiselles Frank. A droite de l'escalier se trouve une chambrc sans fenêtre avec table de toilette pour les ablutions; il y a aussi un petit réduit où est installé le w.-c.; de même qu'une porte donnant accès à la chambre que je partage avec Margot.

En ouvrant la porte du palier du troisième étage, on s'étonne de trouver tant d'espace et tant de lumière dans l'Annexe d'une si vieille maison; les maisons bordant les canaux d'Amsterdam sont les plus anciennes de la ville. Ayant jusque-là servi de laboratoire, cette grande pièce, équipée d'un fourneau à gaz et d'un évier, est destinée à devenir chambre à coucher des époux Van Daan, aussi bien que cuisine, salon, salle à manger, étude ou atelier.

Une petite pièce tenant du couloir servira d'appartement à Peter Van Daan. Il y a également un grenier et une mansarde, exactement comme dans la maison de devant. Voilà, j'ai l'honneur de t'introduire dans notre somptueuse Annexe.

A toi,

ANNE.

Vendredi 10 juillet 1942.

Chère Kitty,
J'ai dû t'ennuyer ferme avec cette longue et lassante description de notre nouvelle demeure, mais j'attache la plus haute importance à ce que tu saches où je perche.

Maintenant, la suite de mon récit, car je n'avais pas terminé, n'est-ce pas? Aussitôt arrivés à la maison sur le Prinsengracht, Miep nous fit monter à l'Annexe. Elle referma la porte derrière nous; nous étions seuls. Arrivée à vélo bien avant nous, Margot nous attendait déjà. Notre grande chambre et toutes les autres se trouvaient dans un désordre inimaginable. Tous les cartons, transportés au bureau au cours des mois précédents, gisaient par terre, sur les lits, partout. Dans la petite chambre, literies, couvertures, etc., s'empilaient jusqu'au plafond. Il fallait retrousser nos manches et nous mettre au boulot immédiatement, si nous voulions dormir cette nuit dans des lits convenables. Ni Mère, ni Margot n'étaient en état de lever le petit doigt, elles se laissèrent choir sur des matelas, épuisées, malheureuses, et ainsi de suite. Tandis que Père et moi, les seuls ordonnés de la famille, étions d'avis qu'il fallait s'y mettre, et tout de suite.

Du matin au soir, nous avons déballé des boîtes, rangé les armoires, mis de l'ordre, pour enfin tomber morts de fatigue dans des lits convenablement faits et tout frais. Nous n'avions pas mangé chaud de la journée, ce qui ne nous avait nullement gênés; Mère et Margot avaient été trop lasses et trop énervées pour manger, et Père aussi bien que moi avions trop à faire.

Mardi matin, on a repris le travail inachevé. Elli et Miep, qui s'occupent de notre ravitaillement, étaient allés chercher nos rations. Père s'était mis à perfectionner le camouflage des lumières pour la défense passive; nous avions brossé et lavé le plancher de la cuisine, bref, nous n'avions pas arrêté de la journée. Jusqu'à mercredi, je n'avais pas eu une minute pour réfléchir au bouleversement qui du jour au lendemain changeait complètement ma vie. Enfin j'ai trouvé un moment de répit pour te raconter tout ça et pour me rendre compte aussi de ce qui m'est arrivé et de ce qui peut arriver encore.

A toi,

ANNE.

Samedi 11 juillet 1942.

Chère Kitty,

Ni Père, ni Mère, ni Margot ne sont capables de s'habituer au carillon de la Westertoren, qui sonne tous les quarts d'heure. Moi, je l'ai tout de suite trouvé merveilleux, surtout la nuit, alors qu'un son familier donne confiance. Cela t'intéresse peut-être de savoir si je me plais dans ma cachette? Je dois te dire que je ne le sais pas encore moi-même. Je crois bien ne jamais pouvoir me sentir chez moi dans cette maison, ce qui ne veut pas dire que j'y sois malheureuse. J'ai plutôt l'impression de passer des vacances dans une pension très curieuse. Une telle opinion à propos d'une cachette peut te sembler bizarre, mais je ne le vois pas autrement. Notre Annexe est idéale comme abri. Bien qu'humide et biscornue, c'est un endroit suffisamment confortable, et unique en son genre, que l'on chercherait vainement dans tout Amsterdam, et peut-être dans la Hollande entière.

Notre petite chambre à coucher, avec ses murs unis, semblait bien dénudée; grâce à Père qui, auparavant, avait déjà apporté toutes mes photos de vedettes de cinéma et mes cartes postales, j'ai pu me mettre au travail avec colle et pinceaux et j'ai transformé ma chambre en une vaste illustration. C'est beaucoup plus gai, et lorsque les Van Daan arriveront, nous allons voir ce que nous pourrons fabriquer avec le bois du grenier; peut-être pourrat-on en tirer des étagères et autres charmantes bricoles.

Margot et Mère se sont un peu remises. Hier, pour la première fois, Mère a eu l'idée de faire de la soupe aux pois, mais, tout en bavardant, elle l'a oubliée, si bien qu'il a été impossible d'arracher de la casserole les pois carbonisés.

M. Koophuis m'a apporté un livre, *Boek voor de Jeugd*. Hier soir, nous sommes allés tous les quatre au Bureau privé pour écouter la radio de Londres. J'étais tellement effrayée à l'idée que quelqu'un pût l'entendre, que j'ai littéralement supplié Père de remonter à l'Annexe. Comprenant mon angoisse, Mère est remontée avec moi. Pour d'autres choses aussi, nous avons très peur d'être entendus ou vus par des voisins. Nous avons confectionné les rideaux le premier jour de notre arrivée. Ce ne sont pas des rideaux proprement dits, composés qu'ils sont de bouts d'étoffe dont aucun n'est pareil à l'autre, ni de forme, ni de couleur, ni de qualité, ni de dessin, Père et moi ayant cousu tous ces chiffons avec la maladresse des profanes du métier. Ces ornements bigarrés tiennent aux fenêtres par des punaises, et ils y resteront jusqu'à la fin de notre séjour.

L'immeuble de droite est occupé par une grande maison de grossistes, celui de gauche par un fabricant de meubles; seraient-ils capables de nous entendre? Personne ne reste dans ces immeubles après les heures de travail, mais on ne sait jamais. Nous avons défendu à Margot de tousser la nuit, bien qu'elle ait attrapé un mauvais rhume, et nous la bourrons de codéine.

Je me réjouis de l'arrivée des Van Daan qui est fixée pour mardi; nous serons plus nombreux, ce sera plus gai, et il y aura moins de silence. C'est surtout le silence qui m'énerve le soir et la nuit. Je donnerais gros pour que l'un de nos protecteurs vienne dormir ici.

Je me sens oppressée, indiciblement oppressée par le fait de ne jamais pouvoir sortir, et j'ai grand-peur que nous ne soyons découverts et fusillés. Voilà naturellement une perspective moins réjouissante.

Pendant la journée, nous sommes obligés de marcher doucement et de parler doucement, car il ne faudrait pas nous entendre du magasin. On m'appelle.

     A toi,

ANNE.

Vendredi 14 août 1942.

Chère Kitty,

Voici un mois que je t'ai plaquée, mais il n'y avait vraiment pas assez de nouvelles pour, chaque jour, te raconter quelque chose d'amusant. Les Van Daan sont arrivés le 13 juillet. Nous les attendions pour le 14, mais, les Allemands ayant commencé à inquiéter quantité de gens entre le 13 et le 16, avec des convocations à droite et à gauche, les Van Daan ont préféré arriver un jour plus tôt, pour toute sécurité. Le premier à paraître à neuf heures et demie du matin, alors que nous étions encore au petit déjeuner, fut Peter, le fils des Van Daan, à peine âgé de seize ans, un grand diable assez raseur et timide, apportant avec lui son chat, Mouschi. Comme copain, je ne m'attends pas à grand-chose de lui. Monsieur et Madame arrivèrent une demi-heure plus tard. Madame a causé pas mal d'hilarité en sortant de sa boîte à chapeaux un grand pot de chambre. « Sans pot de chambre, je ne me sens chez moi nulle part », déclara-t-elle. C'était le premier objet qui trouvât sa place fixe, sous son lit-divan. Monsieur n'avait pas apporté de pot de chambre, mais sa table pliante pour le thé.

Les trois premiers jours, nous avons pris tous les repas ensemble dans une atmosphère de cordialité. Après ces trois jours, nous savions que, tous, nous étions devenus une seule grande famille. Il allait de soi que, ayant fait partie toute la semaine encore des habitants du monde extérieur, les Van Daan avaient beaucoup de choses à nous raconter. Entre autres, ce qui nous intéressait prodigieusement, c'était de savoir ce qu'étaient devenus notre maison et M. Goudsmit.

M. Van Daan parla :

« Lundi matin, M. Goudsmit me téléphona pour demander si je pouvais passer chez lui, ce que je fis immédiatement. Il était dans tous ses états. Il me montra une petite lettre laissée par les Frank, et me demanda s'il fallait porter le chat chez les voisins. J'ai dit oui, bien sûr. M. Goudsmit avait peur d'une perquisition, c'est pourquoi nous avons *grosso modo* examiné toutes les chambres, en y mettant un peu d'ordre; on a aussi débarrassé la table.

« Tout à coup, j'aperçus sur le secrétaire de Mme Frank un bloc-notes sur lequel était inscrite une adresse à Maestricht. Tout en sachant qu'on l'avait laissée intentionnellement, j'ai simulé la surprise et l'effroi en priant M. Goudsmit de brûler ce papier de malheur sans tarder.

« J'ai tout le temps maintenu que j'ignorais tout de votre disparition et, après avoir vu ce chiffon de papier, une idée m'est venue. « M. Goudsmit », dis-je, « il me semble me souvenir d'une chose qui « pourrait avoir un rapport avec cette adresse. Je « me rappelle tout à coup qu'un officier haut placé « était venu un jour au bureau, il y a environ six « mois. Cet officier était affecté à la région de « Maestricht, et semblait être un ami de jeunesse « de M. Frank, auquel il avait promis aide et assis- « tance en cas de détresse. » Je dis que, selon toutes probabilités, cet officier avait dû tenir parole, en facilitant d'une façon ou d'une autre le passage de la famille Frank en Suisse, *via* la Belgique. Je lui recommandai de raconter cela aux amis des Frank qui demanderaient de leurs nouvelles, sans toute- fois parler nécessairement de Maestricht.

« Ensuite je suis parti. La plupart de vos amis ont été mis au courant, je l'ai appris de plusieurs côtés. »

Nous avons trouvé cette histoire très amusante, et nous avons ri plus encore de la force d'imagination des gens, dont d'autres histoires de M. Van Daan nous donnaient la preuve. Ainsi, il y en a qui nous auraient vus à l'aube, tous les quatre à vélo; et une dame qui prétendait savoir pertinemment que nous avions été embarqués dans une auto militaire en pleine nuit.

A toi,

ANNE.

Vendredi 21 août 1942.

Chère Kitty,

Notre « cachette » peut dorénavant prétendre à ce nom. M. Kraler était d'avis de placer une armoire devant notre porte d'entrée (il y a beau- coup de perquisitions à cause des vélos cachés), mais alors une armoire tournante qui s'ouvre comme une porte.

M. Vossen s'est dévoué comme menuisier pour la fabrication de cette trouvaille. Entre temps, il a été mis au courant des sept pauvres âmes cachées dans l'Annexe, et il se montre on ne peut plus serviable.

En ce moment, pour pouvoir gagner les bureaux, on est prié de se courber d'abord puis de sauter, car les marches ont disparu. Au bout de trois jours, chaque front s'ornait d'une belle bosse, car on se cognait aveuglément à la porte rabaissée. Alors, on a cloué sur le bord un pare-chocs : un chiffon rempli de paille de bois. On va voir ce que ça va donner!

Je ne fais pas grand-chose comme études; j'ai décidé d'être en vacances jusqu'en septembre. Ensuite, Père sera mon professeur, car je crains d'avoir oublié pas mal de ce que j'ai appris à l'école.

Il ne faut pas compter sur des changements dans notre vie. Je ne m'entends pas du tout avec M. Van Daan; par contre, il aime beaucoup Margot. Maman me traite parfois comme un bébé; je trouve ça insupportable. Autrement, ça peut aller. Peter ne gagne pas à être connu, c'est un raseur, un paresseux étendu sur son lit toute la journée; parfois il bricole, joue au menuisier, et retourne faire un somme. Quel imbécile!

Il fait beau dehors, et il fait chaud. En dépit de tout, nous en profitons le plus possible en nous prélassant sur le lit-cage au grenier, où le soleil entre à flots par la fenêtre ouverte.

A toi,

ANNE.

Mercredi 2 septembre 1942.

M. et Mme Van Daan se sont chamaillés de façon inouïe. Je n'ai jamais entendu chose pareille, car Père et Mère ne songeraient pas à crier comme ça en se parlant. La cause : une petite mesquinerie, pas la peine de s'essouffler pour ça. Que veux-tu, chacun son goût.

C'est naturellement moins drôle pour Peter, qui est toujours coincé entre l'un et l'autre. Mais paresseux comme il l'est, et douillet par-dessus le marché, personne ne le prend au sérieux. Hier il était insupportable parce que sa langue était bleue au lieu de rouge; cette singularité disparut d'ailleurs en un rien de temps. Aujourd'hui il a un torticolis et il se promène avec un cache-nez autour de son cou; Monsieur se plaint aussi d'un lumbago. Il s'y connaît également pour ce qui est des douleurs entre le cœur, les reins et les poumons. C'est un véritable hypocondriaque (c'est bien le mot, n'est-ce pas?)!

Entre Mère et Mme Van Daan, ça ne gaze pas très fort; il y a d'ailleurs assez de raisons de se plaindre. Pour te donner un petit exemple : Mme Van Daan a enlevé de l'armoire où se trouve notre linge en commun tous ses draps, sauf trois. Elle trouve naturel que le linge de Mère doive servir à tout le monde. Elle va être bigrement déçue quand elle s'apercevra que Mère a suivi son exemple.

Ensuite – Madame a beau rouspéter – on se sert de son service de table et pas du nôtre pour la communauté. Elle essaye de savoir par tous les moyens ce que nous avons fait de nos assiettes, qui ne sont pas loin, même plus près qu'elle ne pense : elles sont au grenier, rangées dans des cartons, derrière un tas de pancartes. Les assiettes sont introuvables, aussi il va sans dire que nous prenons des précautions pour la durée de notre séjour. Moi, par exemple, il m'arrive tout le temps des accidents; hier, j'ai laissé tomber une assiette à soupe appartenant à Madame; elle était en miettes. « Oh! » s'écria-t-elle furieuse, « tu ne peux donc pas faire attention, c'est tout ce que je possède. » Ces derniers jours, M. Van Daan est aux petits soins pour moi. Si ça lui plaît... Ce matin, Mère m'a de nouveau accablée de ses sermons; ça m'horripile. Nos opinions sont exactement aux antipodes. Papa est un chou, même s'il lui arrive quelquefois de se fâcher contre moi pour cinq minutes.

La semaine dernière, notre vie monotone a été interrompue par un petit incident : il s'agissait d'un livre sur les femmes – et de Peter. A titre d'information, on permet à Margot et à Peter de lire presque tous les livres qui nous sont prêtés par

M. Koophuis. Mais on jugeait qu'un livre sur un sujet aussi spécial devait rester entre les mains des grandes personnes. Cela suffit à éveiller la curiosité de Peter – que pouvait-il y avoir de défendu dans ce livre? En douce, il l'a chipé à sa mère, alors qu'elle bavardait avec nous, et il s'est sauvé à la mansarde avec son butin. Ça alla bien pendant plusieurs jours. Mme Van Daan avait bien remarqué les manèges de son fiston, mais n'en disait rien à son mari; jusqu'à ce que celui-ci en eût vent lui-même. Quelle colère il a piquée! En reprenant le livre, il crut l'incident clos. Mais il avait compté sans la curiosité de son fils qui ne s'est pas laissé intimider par la fermeté de son père, pas le moins du monde.

Peter cherchait par tous les moyens à lire jusqu'au bout ce bouquin fort intéressant. Entre temps, Mme Van Daan est venue demander l'avis de Mère. Mère trouvait qu'en effet ce livre n'était pas indiqué pour Margot, alors que la plupart des autres, elle les lui accordait.

« Il y a une grande différence, madame Van Daan », dit Mère, « une très grande différence entre Margot et Peter. Tout d'abord, Margot est une fille, et les filles sont toujours plus avancées que les garçons. Ensuite, Margot a déjà lu pas mal de livres pour grandes personnes et n'est pas à la recherche de lecture défendue; et enfin, Margot est plus avisée et plus intelligente, avec ses quatre ans de lycée derrière elle. » Madame était bien d'accord avec Mère, quoiqu'elle déconseillât d'accorder aux jeunes les livres d'adultes.

Toujours est-il que Peter guettait les moments propices pour s'emparer du bouquin, quand personne n'y songeait. L'autre soir, à sept heures et demie, alors que tout le monde écoutait la radio au Bureau privé, il emporta son trésor à la mansarde. Il aurait dû redescendre à huit heures et demie, mais son livre était si palpitant qu'il n'avait pas fait attention à l'heure, et il apparut au moment où son père regagnait sa chambre. Tu devines la suite! Une tape, une gifle, un coup – en l'espace d'une minute, le livre était sur la table, et Peter à la mansarde.

Telles étaient les circonstances au moment du dîner. Peter restait où il était, personne ne s'en souciait; il était puni. Le repas se poursuivit, tout le monde était de bonne humeur, on bavardait, on riait. Tout à coup, un sifflement perçant nous fit pâlir. Tous posèrent couteaux et fourchettes et se regardèrent avec effroi. Et puis, on entendit la voix de Peter criant par le tuyau du poêle : « Si vous pensez que je vais descendre, vous vous trompez. » M. Van Daan sursauta, sa serviette s'envola et, le visage en feu, il hurla : « Ça suffit, tu entends. » Craignant du grabuge, Père le prit par le bras et le suivit à la mansarde. Encore des coups – une dispute, Peter regagna sa chambre, la porte claqua, et les messieurs revinrent à table. Madame aurait voulu garder un sandwich pour son cher fiston, mais Monsieur était inflexible. « S'il ne fait pas immédiatement des excuses, je l'obligerai à passer la nuit à la mansarde. »

On se mit à protester, disant que le priver de dîner était punition suffisante. Et si Peter s'enrhumait, où irait-on chercher un médecin?

Peter ne fit pas d'excuses et retourna à la mansarde. M. Van Daan décida de ne plus se mêler de cette histoire; pourtant, le lendemain matin, il put constater que son fils avait dormi dans son lit. N'empêche que dès sept heures celui-ci avait regagné la mansarde. Il a fallu les persuasions amicales de Père pour le faire descendre. Pendant trois jours, regards hargneux, silence obstiné, ensuite tout rentra dans l'ordre.

A toi,

ANNE.

Lundi 21 septembre 1942.

Chère Kitty,

Aujourd'hui je me limite aux nouvelles courantes de l'Annexe.

Mme Van Daan est insupportable; je me fais attraper sans cesse à cause de mon bavardage interminable. Elle ne rate jamais l'occasion de nous taper sur les nerfs. Sa dernière manie, c'est d'éviter de laver les casseroles; les petits restes qu'elle y trouve, elle les laisse dedans, au lieu de les mettre dans un plat en verre comme nous avons l'habitude de le faire, et tout ça se gâte. Et quand c'est au tour de Margot de faire la vaisselle, et qu'elle en trouve sept à récurer, Madame lui dit, mine de rien : « Margot, Margot, tu en as du travail! »

Père m'aide à établir notre arbre généalogique paternel. Il me raconte sur chacun une petite histoire et ça m'intéresse prodigieusement.

M. Koophuis m'apporte des livres tous les quinze jours. Je suis très enthousiaste de la série *Joop ter Heul*. Tout ce qu'écrit Cissy van Marxveldt me plaît particulièrement. J'ai lu *Een Zomerzotheid* au moins quatre fois; et les situations cocasses me font toujours rire à chaque fois.

J'ai repris mes études. Je travaille beaucoup le français, et chaque jour j'emmagasine cinq verbes irréguliers. Peter s'est mis à l'anglais avec force soupirs. Quelques livres de classe viennent d'arriver. J'avais apporté une provision de cahiers, de crayons, de gommes et d'étiquettes. J'écoute parfois la Hollande d'outre-mer. Le Prince Bernard vient de parler. Il aura un autre enfant en janvier environ, a-t-il dit. Je m'en réjouis. On s'étonne ici que je sois tellement royaliste.

Il y a quelques jours, les grands trouvaient qu'après tout j'étais encore assez bête. Le lendemain même, j'ai pris la ferme résolution de me mettre immédiatement au travail. Je n'ai aucune envie de me trouver dans la même classe à quatorze ou quinze ans.

Ensuite on a parlé de livres, mais presque tous les livres des grands me sont interdits. Mère lit en ce moment *Heeren, Vrouwen en Knechten* que Margot a le droit de lire, mais pas moi; il me faudra d'abord devenir plus calée, comme ma sœur si douée. On a aussi parlé de mon ignorance; j'ignore tout de la philosophie, de la physiologie et de la psychologie. Peut-être serai-je moins ignorante l'année prochaine. Je viens de copier du dictionnaire ces mots difficiles.

Je constate une chose désastreuse : je n'ai qu'une seule robe à manches longues et trois petits gilets pour l'hiver. Père m'a permis de tricoter un pull blanc en laine de mouton; la laine n'est pas très jolie, c'est vrai, mais sa chaleur sera une compensation. Nous avons encore des vêtements à nous chez d'autres personnes; quel dommage de ne pouvoir les chercher avant la fin de la guerre, et encore, savoir si on nous les gardera.

Tout à l'heure, à peine finissais-je d'écrire sur Mme Van Daan qu'elle eut le chic d'entrer dans la chambre. Toc! Journal fermé.

« Alors, Anne, tu ne me permets pas de voir ton Journal? »

« Non, madame. »

« Seulement la dernière page, allons? »

« Non, madame, même pas la dernière page. »

J'ai eu une sainte frousse. Sur cette page-là, elle n'est vraiment pas photogénique.

> A toi,
>
> ANNE.

Vendredi 25 septembre 1942.

Chère Kitty,

Hier soir j'ai été « en visite » chez les Van Daan pour bavarder un peu, ça m'arrive de temps en temps. Parfois on y passe un moment agréable. Alors, on mange des biscuits antimites (la boîte de fer est rangée dans la penderie puant l'antimite), et nous buvons de la limonade.

On a parlé de Peter. J'ai dit que Peter me caressait souvent la joue, que je trouvais ça insupportable, et que je n'aimais pas du tout ces démonstrations.

D'un ton paternel, ils me demandèrent si je ne pouvais vraiment pas avoir d'affection pour Peter; car lui m'aimait beaucoup, ajoutèrent-ils. « Oh!

Dieu! » pensai-je, et je dis : « Oh! non! » Quelle idée!

J'ai dit aussi que je trouvais Peter un peu gauche et timide, comme tous les garçons qui n'ont pas l'habitude de voir des jeunes filles.

Je dois dire que le comité de nos protecteurs, je parle des messieurs, montre beaucoup d'ingéniosité. Ecoute donc ce qu'ils ont inventé pour donner de nos nouvelles au fondé de pouvoir de la Travies, M. Van Dijck, qui est responsable des marchandises clandestines, et qui est un de nos amis. Nos protecteurs expédient une lettre dactylographiée à un pharmacien, client de la maison, qui habite la Zélande Méridionale; celui-ci trouve dans sa lettre une enveloppe écrite par Père; le pharmacien se sert alors de cette enveloppe pour envoyer sa réponse. Aussitôt arrivée, nos protecteurs substituent à la lettre du pharmacien un mot préparé par Père, donnant signe de vie; la lettre de Père, qu'ils montrent alors à M. Van Dijck, semble passée en fraude par la Belgique et envoyée via Zélande; celui-ci peut la lire sans se méfier de quoi que ce soit. On a choisi la Zélande parce qu'elle est limitrophe de la Belgique où la fraude est chose courante, et aussi parce qu'on ne peut y aller sans permission spéciale.

A toi,

ANNE.

Dimanche 27 septembre 1942.

Chère Kitty,

Mère s'en prend de nouveau à moi, ça se répète ces derniers temps; nous ne nous entendons pas très bien, c'est regrettable. Avec Margot, ça ne va pas non plus. Il n'y a jamais chez nous les éclats que nous entendons quelquefois chez nos voisins du dessus; quand même, ce n'est pas toujours drôle pour moi, loin de là. Ces deux natures, celles de Mère et de Margot, me sont tellement étrangères –

j'arrivais à mieux comprendre mes amies que ma propre mère. C'est bien dommage!

Mme Van Daan est une fois de plus d'humeur massacrante; elle est très capricieuse et met son bien sous clé avec de plus en plus d'acharnement. Mère pourrait répondre à la disparition d'un objet Frank par celle d'un objet Van Daan – ça lui apprendrait.

Il y a de ces gens qui prennent plaisir à élever non seulement leurs propres enfants, mais aussi ceux des autres. Les Van Daan appartiennent à cette catégorie. On ne s'occupe pas de Margot, elle est la sagesse, la gentillesse et l'intelligence mêmes! Or, il faut absolument aux grands quelqu'un de dissipé et d'insupportable et, bien entendu, je deviens le bouc émissaire. Alors, ce qui ne tombe pas sur Margot retombe automatiquement sur moi. Plus d'une fois, il arrive qu'à table les paroles de blâme et les réponses insolentes fassent feu. Père et Mère me défendent chaleureusement; sans eux je ne pourrais soutenir cette lutte, et garder quelque amour-propre. Bien que mes parents ne cessent de me reprocher mes bavardages, me recommandent de ne me mêler de rien et de me montrer plus modeste, j'échoue plus souvent que je ne réussis. Et si Père ne montrait pas tant de patience envers moi, il y a longtemps que j'aurais abandonné tout espoir de pouvoir contenter mes parents, dont les exigences ne sont pourtant pas tellement difficiles à satisfaire.

S'il m'arrive de me servir peu d'un légume et de prendre plus de pommes de terre, les Van Daan, surtout Madame, n'en reviennent pas : je suis bien trop gâtée, disent-ils.

« Encore un peu de légumes, Anne, allons. »

« Non, madame, merci, dis-je, les pommes de terre me suffisent. »

« Les légumes verts, c'est bon pour la santé, ta mère le dit aussi, alors, encore un peu » insiste-t-elle, jusqu'à ce que Père intervienne en approuvant mon refus.

Alors Madame éclate : « Il fallait voir comme ça

se passait chez nous! Chez nous, au moins, on savait dresser les enfants! Vous appelez ça une éducation! Anne est terriblement gâtée. Je ne le permettrais jamais, si Anne était ma fille... »

C'est toujours le commencement et la fin de ses tirades : « Si Anne était ma fille. » Dieu merci, je ne le suis pas.

Pour en revenir à cette question d'éducation, un silence suivit les derniers mots de Madame. Puis Père répondit : « Je trouve qu'Anne est très bien élevée. Elle a même appris à ne plus répondre à vos longs sermons. En ce qui concerne les légumes, ce reproche venant de vous est particulièrement déplacé. »

Madame était battue, et comment! Par « reproche déplacé », Père faisait allusion à la portion minime de légumes dont elle s'était elle-même servie. Madame prétend au droit de se dorloter un peu, parce qu'elle souffre de l'estomac : elle serait dérangée si elle mangeait trop de légumes avant de se coucher. En tout cas, qu'elle me fiche la paix et qu'elle la boucle. C'est tordant de la voir rougir à la moindre occasion. Pas moi, na, ça l'horripile, d'ailleurs, mais elle garde ça pour elle.

A toi,

ANNE.

Lundi 28 septembre 1942.

Chère Kitty,

Ma lettre d'hier était loin d'être terminée, mais j'ai été obligée de cesser. Je ne puis m'empêcher de te mettre au courant d'un nouveau malentendu, mais avant cela autre chose :

Je trouve très bizarre que les grandes personnes se disputent aussi facilement à propos de n'importe quel détail; jusque-là j'étais persuadée que se chamailler était une habitude d'enfants, dont on se débarrassait avec l'âge. Il peut se produire une « vraie dispute », pour une raison sérieuse, mais les mots vexants lancés perpétuellement ici n'ont aucune raison d'être et sont maintenant à l'ordre du jour; je devrais donc m'y habituer à la longue. Or, ce n'est pas le cas, et je ne m'y ferai jamais tant que ces discussions (on se sert de ce mot au lieu de « disputes ») auront lieu à cause de moi. Ils ne m'accordent aucune qualité, je n'ai rien de bien, strictement rien : mon apparence, mon caractère, mes manières sont condamnés l'un après l'autre, et minutieusement critiqués, à en juger leurs discussions interminables. Or, il y a une chose à laquelle je n'ai jamais été habituée, ce sont ces cris et ces paroles dures que je suis obligée de ravaler en faisant belle figure. C'est plus fort que moi! Ça ne peut pas durer. Je refuse d'encaisser toutes ces humiliations, je leur montrerai qu'Anne Frank n'est pas née d'hier; et quand je leur dirai, une fois pour toutes, de commencer par faire leur propre éducation avant de s'occuper de la mienne, ils n'en reviendront pas, et finiront bien par le fermer, leur grand bec. En voilà des manières! Ce sont des barbares! Chaque fois que ça se produit, je reste interdite devant un tel sans-gêne et surtout... devant une telle stupidité (Mme Van Daan), mais aussitôt que je m'y ferai – et ça ne tardera pas – je leur répondrai du tac au tac, et sans chichis! Ça va changer de musique!

Suis-je donc vraiment si mal élevée, si prétentieuse, si butée, si insolente, si bête, si paresseuse, etc., qu'ils le prétendent? Oh! je sais bien, j'ai beaucoup de défauts, mais ils exagèrent à un tel point! Si tu savais, Kitty, combien ces injures et ces insultes me font bouillir le sang! Ça ne sera plus long, bientôt ma rage va éclater!

Cela suffit, je t'ai assez ennuyée avec mes disputes. Pourtant, il y avait une conversation fort intéressante à table, j'ai bien envie de te la rapporter.

Je ne me souviens plus comment, mais on a fini par parler de la modestie légendaire de Pim (Pim est le sobriquet qu'on donne à Papa). Les gens les plus idiots ne pourraient contester ce fait. Soudain, Madame, qui ne peut suivre une conversation sans la ramener à elle-même, dit : « Moi aussi, je suis modeste, et même plus que mon mari. »

Quel toupet! Rien qu'à le dire, elle se montre d'un modeste! M. Van Daan, qui trouvait nécessaire d'éclaircir le « même plus que mon mari », répondit, très calme : « Je ne tiens pas à être modeste, je sais par expérience que les gens modestes ne vont jamais très loin dans la vie. » Et se tournant vers moi : « Ne sois jamais modeste, Anne, ça ne t'avancera à rien! »

Mère approuva ce point de vue. Mais Mme Van Daan avait naturellement son mot à dire sur un sujet aussi intéressant que l'éducation. Cette fois, elle s'adressa non directement à moi, mais à mes parents : « Vous avez une singulière conception de la vie en disant une chose pareille à Anne. Dans ma jeunesse... mais, ah, quelle différence! Et je suis sûre que de nos jours cette différence existe encore, sauf dans les familles modernes comme la vôtre. » Ces derniers mots étaient destinés à la méthode moderne de l'éducation, maintes fois proclamée par Mère.

Madame était devenue cramoisie d'émotion; Mère, par contre, était restée impassible. La personne qui rougit est de plus en plus emportée par ses émotions et risque de perdre plus vite la partie. La mère aux joues pâles voulut se débarrasser de ce sujet le plus rapidement possible, et réfléchit à peine avant de répondre : « Madame Van Daan, je suis en effet d'avis qu'il vaut mieux être un peu moins modeste dans la vie. Mon mari, Margot et Peter montrent tous trois trop de modestie. Votre mari, Anne, vous et moi, nous ne sommes pas ce que l'on peut appeler modestes, mais nous ne nous laissons pas marcher sur les pieds. »

Madame : « Chère madame, je ne vous comprends pas, je suis vraiment la modestie personnifiée. Qu'est-ce qui vous en fait douter? »

Mère : « Rien de spécial. Mais personne ne dira que vous brillez par la modestie! »

Madame : « J'aimerais bien savoir en quoi je manque de modestie! Si je ne m'occupais pas de moi-même, personne ici ne le ferait, on me laisserait mourir de faim – mais ce n'est pas une raison pour ne pas admettre que je suis aussi modeste que votre mari. »

Cette autodéfense ridicule fit rire Mère malgré elle. Madame, de plus en plus agacée, continua son discours d'une jolie prose farcie de mots interminables, dans un magnifique allemand-néerlandais et néerlandais-allemand, jusqu'à ce que cette oratrice-née se fût si bien perdue dans ses propres paroles qu'elle prit la résolution de quitter la chambre. S'étant levée, elle se retourna pour laisser tomber son regard sur moi. Il fallait voir ça! Au moment où elle eut le dos tourné, j'eus le malheur de hocher la tête, presque inconsciemment, d'un air de pitié mélangée d'ironie sans doute, tant j'étais fascinée par le flot de ses paroles. Madame rappliqua, se mit à lancer des injures en allemand, se servant d'un langage peu joli et fort vulgaire, exactement comme une grosse poissonnière rouge écrevisse – c'était un beau spectacle! Si j'avais pu dessiner, je l'aurais croquée de préférence dans cette attitude, tant elle était drôle, trop drôle, cette sotte et stupide petite femme!

Après cette scène, je suis en tout cas certaine d'une chose : c'est en se chamaillant une bonne fois qu'on apprend à connaître quelqu'un à fond. C'est alors qu'on peut vraiment juger de son caractère!

A toi,

ANNE.

Mardi 29 septembre 1942.

Chère Kitty,
Les gens cachés font des expériences bizarres! Nous n'avons pas de baignoire, figure-toi, alors nous nous lavons dans un tub. Et comme il y a de l'eau chaude au bureau (je veux dire par là tout l'étage inférieur), tous les sept, nous profitons de cet avantage à tour de rôle.

Mais étant très différents l'un de l'autre – certains d'entre nous posent le problème de la pudeur, plus prononcée chez les uns que chez les autres – chaque membre de la famille s'est réservé son coin personnel en guise de salle de bains. Peter prend le sien dans la cuisine en dépit de la porte vitrée. Quand il a l'intention de prendre son bain, il vient annoncer que pendant une demi-heure il ne faudra surtout pas passer devant la cuisine. Cette mesure lui paraît suffisante. M. Van Daan prend le sien dans sa chambre; la sécurité de se laver chez lui compense la corvée de monter l'eau au deuxième étage. Père a choisi le Bureau privé comme salle de bains, et Mère la cuisine derrière l'écran du poêle; Margot et moi nous nous sommes réservé le bureau de devant pour y patauger. On y tire les rideaux tous les samedis après-midi; celle qui attend son tour épie, par une fente étroite, tous ces gens curieux du dehors qui vont et viennent.

Depuis la semaine dernière, ma salle de bains ne me plaît plus, je suis donc allée à la recherche d'une installation plus confortable. Peter m'a donné une bonne idée : celle de planter mon petit tub dans le spacieux w.-c. du bureau. Là, je peux m'asseoir, même allumer l'électricité, verrouiller la porte, faire écouler l'eau sale sans l'aide d'un tiers, et j'y suis à l'abri des regards indiscrets. Dimanche, je me suis servie pour la première fois de ma nouvelle salle de bains et, c'est drôle à dire, je la trouve la plus pratique de toutes.

La semaine dernière, les plombiers ont travaillé à l'étage inférieur à la conduite d'eau qui devait être ramenée du w.-c. des bureaux au couloir. Cette transformation n'est qu'une précaution contre un hiver rigoureux, destinée à empêcher le gel dans les tuyaux extérieurs. Cette visite des plombiers nous était fort désagréable. Non seulement il ne fallait pas toucher aux robinets d'eau de la journée, mais ordre aussi de ne pas se servir des w.-c. Ce n'est peut-être pas très comme il faut de te raconter ce que nous avons fait dans ce cas-là, mais je ne suis pas assez prude pour me taire sur ce sujet.

Dès l'aménagement de notre Annexe, Père et moi, nous étions chacun munis d'un pot de chambre improvisé, à défaut d'un véritable, en sacrifiant dans ce but deux grands bocaux en verre du laboratoire. Durant les travaux, nous avons mis les bocaux dans la chambre où, forcément, on a été obligé de les garder. Cependant, je trouvais ça moins affreux que d'être forcée, comme je l'étais, de rester enfermée dans une chambre, immobile sur une chaise, sans avoir le droit de parler de toute la journée. Tu ne peux t'imaginer le supplice de Mlle Coin-Coin. Déjà pendant les heures de travail, on ne fait que chuchoter; mais ne pas parler du tout et ne pas bouger est cent fois plus terrible. Après trois jours de ce régime, j'étais pleine de courbatures et je ne sentais plus mon derrière. Heureusement la culture physique du soir soulage.

A toi,

ANNE.

Jeudi 1er octobre 1942.

Chère Kitty,

Hier, j'ai eu une peur terrible. A huit heures : sonnerie très persistante. Je n'avais qu'une idée, c'étaient eux – tu piges. Mais tout le monde affirma que ce n'étaient que de petits voyous, ou le facteur, et je me suis calmée.

Le silence grandit autour de nous de jour en jour. Lewin, un petit chimiste et pharmacien juif, travaille dans la cuisine du bureau pour M. Kraler. Il connaît l'immeuble comme sa poche, c'est pourquoi nous craignons qu'un jour l'idée ne lui vienne de monter voir son ancien laboratoire. Nous sommes sages comme des images. Qui aurait pu se douter, il y a trois mois, qu'Anne vif-argent serait capable de se tenir immobile sur une chaise pendant des heures, sans bouger?

Le 29, c'était l'anniversaire de Mme Van Daan. Bien qu'on ne pût la fêter somptueusement, on l'a tout de même honorée de fleurs, de petits cadeaux et de mets délicieux. Les œillets rouges de son époux semblent être une tradition de famille. En parlant de Madame, je te dirai que son flirt constant avec Papa ne cesse de m'agacer prodigieusement. Elle lui caresse la joue et les cheveux, lève sa jupe au-dessus du genou, fait soi-disant de l'esprit – tout ça pour attirer l'attention de Pim. Par bonheur, Pim ne la trouve ni jolie ni amusante, et ne se prête pas à ce jeu. Au cas où tu l'ignorerais, je suis de nature assez jalouse, alors je ne peux pas supporter ça. Mère ne cherche pas à flirter avec M. Van Daan, et je ne me suis pas gênée pour le dire à Madame.

Peter est capable d'être drôle de temps à autre, on ne l'aurait jamais cru. Nous avons tous les deux une prédilection pour le déguisement, et cela a été la cause d'une grande hilarité l'autre jour. Il est apparu dans une robe collante appartenant à sa mère, et moi dans un costume à lui; lui, avec un chapeau de femme, et moi avec une casquette. Les grands ont ri aux larmes, nous aussi, on s'est bien amusé.

Elli a acheté chez « De Bijenkorf » des jupes pour Margot et pour moi. C'est de la camelote de la pire espèce, de véritables sacs de jute, et ça coûte respectivement 24 et 7.50 florins. Quelle différence avec autrefois!

Je t'annonce notre dernier divertissement. Elli s'est arrangée pour nous faire suivre, à Margot, Peter et moi, des leçons de sténographie par correspondance. L'année prochaine, nous comptons être des sténographes parfaits, tu verras. En tout cas, je me sens très importante à l'idée d'apprendre sérieusement cette espèce de code secret.

A toi,

ANNE.

Samedi 3 octobre 1942.

Chère Kitty,
Hier, il y a eu du grabuge une fois de plus. Mère a fait une scène terrible en racontant à Pappie tous mes péchés. Elle s'est mise à sangloter, moi aussi, et j'avais déjà des maux de tête épouvantables. J'ai fini par dire à Pappie que je l'aimais beaucoup plus que

Mère; il m'a répondu que ça passerait, mais il aura du mal à me faire croire ça. Il faut que je me force à rester calme avec Mère. Papie voudrait me voir prévenante lorsque Mère a mal à la tête ou ne se sent pas bien; par exemple, je devrais lui porter quelque chose sans me faire prier, mais je ne le fais jamais.

Je travaille beaucoup mon français, et je suis en train de lire *la Belle Nivernaise*.

A toi,

ANNE

Vendredi 9 octobre 1942.

Chère Kitty,

Aujourd'hui je n'ai que des nouvelles déprimantes à t'annoncer. Beaucoup de nos amis juifs sont petit à petit embarqués par la Gestapo, qui ne les ménage pas, loin de là; ils sont transportés dans des fourgons à bétail à Westerbork, au grand camp pour les juifs, dans la Drente. Westerbork doit être un cauchemar; des centaines et des centaines sont obligés de se laver dans une seule pièce, et les w.-c. manquent. On dort sens dessus dessous, pêle-mêle, question de trouver un coin. Hommes, femmes et enfants dorment ensemble. Les mœurs, on n'en parle pas – beaucoup de femmes et de jeunes filles sont enceintes.

Impossible de fuir; la plupart sont marqués par leur crâne rasé, et d'autres encore par leur type juif.

Si cela se produit déjà en Hollande, qu'est-ce que ce doit être dans les régions lointaines et barbares dont Westerbork n'est que l'antichambre? Nous n'ignorons pas que ces pauvres gens seront massacrés. La radio anglaise parle de chambres à gaz. Peut-être est-ce encore le meilleur moyen de mourir rapidement. J'en suis malade. Miep raconte toutes ces horreurs de façon si saisissante, elle en est bouleversée elle-même. Un exemple récent : elle a trouvé devant sa porte une vieille juive paralysée, attendant la Gestapo, qui était allée chercher une auto pour la transporter. La pauvre vieille mourait de peur sous les bombardements des avions anglais et tremblait en voyant les faisceaux lumineux se croiser dans le ciel comme des flèches. Miep n'a pas eu le courage de la faire entrer chez elle, personne ne l'aurait risqué. Les Allemands sont prodigues en punitions.

Elli aussi est touchée; son fiancé doit partir pour l'Allemagne. Elle a peur que les aviateurs qui survolent nos maisons ne laissent tomber leur chargement de bombes, souvent des milliers de kilos, sur la tête de Dirk. Des plaisanteries, telles que « il n'en aura jamais mille », et « une seule bombe suffit », me semblent assez déplacées. Dirk n'est pas le seul qui soit obligé de partir, c'est vrai, tous les jours il y a des trains bondés de jeunes gens destinés au travail obligatoire en Allemagne. Lorsqu'ils s'arrêtent en route, dans un patelin, il y en a qui essayent de s'échapper; ça réussit quelquefois, mais à un bien faible pourcentage.

Je ne suis pas encore au bout de mon oraison funèbre. As-tu jamais entendu parler d'otages? C'est leur dernière invention pour punir les saboteurs. C'est la chose la plus atroce qu'on puisse imaginer. Des citoyens innocents et parfaitement respectables sont arrêtés, et attendent en prison leur condamnation. Si le saboteur reste introuvable, la Gestapo fusille cinq otages, tout simplement. Les journaux publient souvent les avis de décès de ces hommes, sous le titre : « Accident fatal! » Beau peuple, les Allemands. Et dire que j'y appartenais! Mais non, il y a longtemps que Hitler a fait de nous des apatrides. D'ailleurs, il n'y a pas plus grands ennemis que les Allemands et les juifs.

A toi,

ANNE.

Vendredi 16 octobre 1942.

Chère Kitty,

Je suis très occupée. Je viens de traduire un chapitre de *la Belle Nivernaise*, en notant les mots que j'ignore. J'ai résolu aussi un problème exécrable, et j'ai fait trois pages de grammaire française. Des problèmes tous les jours – je ne marche plus. Pappie les déteste aussi, je m'en tire presque mieux que lui, mais, à vrai dire, nous ne sommes pas très forts, ni l'un ni l'autre, de sorte qu'il faut souvent avoir recours à Margot. Je suis la plus forte de nous trois en sténo.

Hier, j'ai fini de lire *De Stormers*. C'est charmant, mais à cent coudées de *Joop ter Heul*. En général, je trouve Cissy van Marxveldt un auteur formidable. J'ai la ferme intention de faire lire tous ses livres à mes enfants.

Mère, Margot et moi sommes de nouveau les meilleures amies du monde, c'est beaucoup plus agréable. Hier soir, Margot est venue s'étendre à côté de moi. Toutes les deux sur mon lit tellement minuscule, tu n'as pas idée comme c'était amusant. Elle a demandé si, un jour, elle pourra lire mon Journal. J'ai dit oui, pour certains passages; je lui ai demandé la même chose pour le sien, et elle est d'accord. De fil en aiguille, nous avons parlé de l'avenir. Je lui ai demandé ce qu'elle voulait devenir, mais elle ne veut pas en parler et en fait un grand secret. Il a été vaguement question de l'enseignement; je ne sais si elle en fera quelque chose, mais je pense que oui. Au fond, je ne devrais pas être si curieuse...

Ce matin, je me suis étendue sur le lit de Peter, après l'en avoir chassé! Il a été furieux, ce dont je me fiche et contre-fiche. Il est temps qu'il se montre un peu plus aimable vis-à-vis de moi; pas plus tard qu'hier soir, je lui ai fait cadeau d'une pomme. J'ai demandé à Margot si elle me trouvait très laide. Elle a dit que j'avais un air amusant et des yeux charmants. Assez vague, tu ne trouves pas?

A la prochaine.

A toi,

Anne.

Chère Kitty,

J'ai encore la main qui tremble, quoique l'effroi d'il y a deux heures devrait être oublié. Il se trouve dans l'immeuble cinq appareils Minimax contre l'incendie. Le menuisier, ou un quelconque ouvrier, j'ignore comment on l'appelle, devait venir remplir ces appareils; nous étions au courant, mais personne ne nous avait avertis que c'était pour aujourd'hui.

Il s'ensuivit qu'aucun d'entre nous n'a tout à fait observé les règles de silence imposées en pareille circonstance. A un moment donné, j'entendis du palier des coups de marteau de l'autre côté de notre porte-armoire. J'ai immédiatement pensé au menuisier, et je suis allée dire à Elli, qui mangeait chez nous, de ne pas descendre. Père et moi, nous avons monté la garde à la porte pour guetter le départ de l'ouvrier. Après avoir travaillé un quart d'heure, il posa son marteau et ses autres outils sur notre armoire (avons-nous pensé), et il frappa à notre porte. Chacun de nous pâlit. Avait-il entendu quelque chose, et voulait-il examiner cet échafaudage mystérieux? On l'aurait juré – il frappait, tirait, poussait sans arrêt. Terrifiée, je me suis presque évanouie à la pensée que cet homme, qui nous était totalement étranger, allait réussir à découvrir notre belle cachette. C'est au moment où je croyais rendre l'âme que j'entendis la voix de M. Koophuis, qui disait : « Ouvrez-moi, voulez-vous, c'est moi! » On a immédiatement ouvert la porte. Il avait coincé le crochet qui attache la porte à l'armoire et dont les initiés se servent du dehors; c'est pourquoi personne n'avait pu nous prévenir de l'heure des travaux. L'ouvrier était parti, et M. Koophuis, venant chercher Elli, ne parvenait pas à ouvrir la porte-armoire.

Quel soulagement, et pas des moindres! Dans mon imagination, ce type prêt à entrer chez nous prenait des proportions de plus en plus formidables; à la longue, il était devenu un véritable géant, et le fasciste le plus fanatique par-dessus le marché.

Eh bien, Dieu merci, cette fois-ci, nous en sommes quittes pour la peur.

Mais lundi, on s'est bien amusé. Miep et Henk Van Santen ont passé la nuit chez nous. Margot et moi avons dormi chez Papa et Maman, afin de céder notre place aux jeunes époux. On a délicieusement bien mangé. Le festin fut interrompu par un court-circuit causé par une des lampes. Que faire? Il y avait bien d'autres plombs dans la maison, mais le tableau électrique se trouve au fond du magasin; alors, de le trouver dans le noir, c'est toute une corvée. Les messieurs décidèrent cependant de risquer le coup, et après dix minutes on pouvait éteindre l'illumination gracieuse des bougies.

Aujourd'hui, j'ai été très matinale. Henk devait partir à huit heures et demie. Miep descendit au bureau après un bon petit déjeuner en famille, ravie d'échapper au trajet à vélo, car il pleuvait à torrents.

La semaine prochaine, Elli viendra à son tour passer une nuit chez nous.

A toi,

ANNE.

Jeudi 29 octobre 1942.

Chère Kitty,

Père est malade, et son état m'inquiète terriblement. Il a de l'eczéma et une forte fièvre, on dirait que c'est la rougeole. Tu t'imagines, nous ne pouvons même pas aller chercher le médecin! Mère fait tout pour le faire transpirer. Peut-être sa fièvre baissera-t-elle.

Ce matin, Miep a raconté que l'appartement des Van Daan a été pillé. Nous ne l'avons pas encore dit à Madame, déjà si nerveuse ces derniers temps; nous n'avons pas envie d'écouter ses jérémiades à propos de son beau service de table et de ses belles petites chaises qu'elle y avait laissés. Nous aussi, nous avons été obligés d'abandonner presque tout ce qui était joli; ça ne sert à rien de se lamenter.

On me permet depuis peu de lire quelques livres de grandes personnes. Je me suis plongée dans *Eva's Jeugd* de Nico van Suchtelen. Je ne vois pas une si grande différence entre les livres pour jeunes filles et celui-ci. On y parle de femmes exigeant un tas d'argent pour vendre leur corps à des hommes inconnus dans des rues douteuses. J'en mourrais de honte. Puis j'ai lu qu'Eva était indisposée, comme ça! Oh! j'ai tellement envie de l'être, moi aussi, on doit se sentir très important.

Père a sorti de la bibliothèque les tragédies de Goethe et de Schiller; il va m'en lire quelques pages chaque soir. Nous avons déjà commencé *Don Carlos*.

Pour suivre le bon exemple de Père, Mère m'a fourré entre les mains son livre de prières. J'ai lu quelques prières en allemand par acquit de conscience; c'est bien beau, mais ça ne me dit pas grand-chose. Pourquoi me force-t-elle à afficher des sentiments religieux?

Demain, on fait du feu pour la première fois; qu'est-ce qu'on va être enfumé! Il y a si longtemps qu'on n'a pas ramoné. Espérons que ce machin va tirer!

A toi,

ANNE.

Samedi 7 novembre 1942.

Chère Kitty,

Mère est terriblement énervée, ce qui me met rudement en péril. Est-ce vraiment un hasard que ce soit toujours moi qui encaisse et jamais Margot? Hier soir par exemple : Margot était en train de lire un livre illustré de dessins magnifiques; s'étant levée pour quitter la chambre, elle laissa son livre afin de reprendre sa lecture aussitôt revenue. N'ayant rien de spécial à faire à ce moment-là, je l'avais pris pour regarder les images. A son retour, Margot, voyant son livre entre mes mains, fronça les sourcils et me pria de le lui rendre. J'aurais voulu le garder encore un instant. Margot se fâcha pour de bon, et Mère s'en mêla, disant : « Margot est en train de lire ce livre, il faut le lui donner. » Entrant dans la chambre et ignorant pourtant de quoi il s'agissait, Père s'aperçut de l'air victime de Margot et éclata : « Je voudrais bien t'y voir si Margot se mettait à feuilleter un de tes livres! »

J'ai cédé immédiatement et, après avoir posé le bouquin, j'ai quitté la chambre – vexée, selon les dires de Père. Il ne s'agissait pas d'être vexée, ni fâchée. J'avais du chagrin.

En toute justice, Père n'avait pas à me blâmer sans demander la cause de notre contrariété. J'aurais moi-même rendu le livre à Margot, et bien plus vite, si Père et Mère ne s'en étaient pas mêlés; au lieu de cela, ils se sont rangés incontinent du côté de ma sœur, comme si je lui avais fait un tort considérable.

Mère protège Margot, ça va sans dire; elles se protègent toujours mutuellement. J'y suis tellement habituée, que je suis devenue totalement indifférente aux reproches de Mère et à l'humeur irritable de Margot.

Je ne les aime que parce qu'elles sont ma mère et ma sœur. Pour Père, c'est autre chose. Je me ronge chaque fois qu'il montre sa préférence pour Margot, qu'il approuve ses actes, qu'il la comble d'éloges et de caresses, car je suis folle de Pim. Il est mon grand idéal. Je n'aime personne au monde autant que Père.

Il ne se rend pas compte qu'il ne se conduit pas avec Margot de la même façon qu'avec moi. Margot est incontestablement la plus intelligente, la plus gentille, la plus belle et la meilleure! Mais j'ai tout de même un peu le droit d'être prise au sérieux. J'ai toujours été le clown de la famille, toujours traitée d'insupportable, toujours le bouc émissaire : c'est toujours moi qui expie et qui paie, soit en encaissant les blâmes, soit en gardant pour moi seule mon désespoir. Les gentillesses passagères ne peuvent plus me faire plaisir, pas plus que les conversations soi-disant sérieuses. J'attends de Père une chose qu'il n'est pas capable de me donner.

Je ne suis pas jalouse de Margot, je ne l'ai jamais été, je n'envie ni sa beauté ni son intelligence; tout ce que je demande, c'est l'amour de Père, son affection véritable non seulement pour son enfant, mais pour Anne telle qu'elle est.

Je m'accroche à Père parce qu'il est le seul à maintenir en moi les derniers restes du sentiment familial. Père ne veut pas comprendre que parfois j'ai un besoin irrésistible de me soulager, de lui parler de Mère; il refuse de m'écouter, évite tout ce qui peut avoir rapport à ses défauts.

Plus que tout le reste, c'est Mère, avec son caractère et ses fautes, qui me pèse lourdement sur le cœur. Je ne sais plus quelle attitude prendre; je ne peux pas lui dire brutalement qu'elle est désordonnée, sarcastique et dure – et pourtant je ne peux pas supporter d'être toujours accusée.

En tout, je suis son strict opposé, et nous nous heurtons fatalement. Je ne juge pas le caractère de Mère, car ce n'est pas à moi de la juger; seulement, je la compare à celle dont je me fais l'image. Pour moi, Mère n'est pas « la » mère; et il me faut donc remplir ce rôle moi-même. Je me suis détachée de mes parents, je vogue un peu à la dérive, et j'ignore quel sera mon port d'attache. Tout ça parce que j'ai dans l'esprit un exemple idéal : l'idéal de la femme qui est mère, et dont je ne retrouve rien en celle que je suis obligée d'appeler Mère.

J'ai toujours l'intention de ne pas m'arrêter aux défauts de Maman, de ne voir que ses qualités, et d'essayer de trouver en moi ce que je recherche vainement en elle. Mais je n'y réussis pas, et ce qui est désespérant, c'est que ni Père ni Mère ne se doutent qu'ils me manquent dans la vie et que je les réprouve pour cette raison. Existent-ils, les parents capables de donner entière satisfaction à leurs enfants?

Quelquefois il m'arrive de penser que Dieu veut

me mettre à l'épreuve, non seulement maintenant mais aussi plus tard; le principal, c'est de devenir sage, sans exemples et sans paroles inutiles, afin d'être plus tard la plus forte.

Qui d'autre lira jamais ces lettres, si ce n'est moi-même?

Qui d'autre me consolera? Car j'ai souvent besoin de consolation; si souvent je manque de force, ce que je fais n'est pas assez, et je n'accomplis rien. Je ne l'ignore pas; j'essaie de me corriger, et tous les jours, c'est à recommencer.

On me traite de la façon la plus inattendue. Un jour, Anne est l'intelligence même et l'on peut parler de tout devant elle; le lendemain, Anne n'est qu'une petite bécasse qui ne comprend rien à rien, s'imaginant avoir puisé dans les livres des choses formidables. Or je ne suis plus le bébé et le chou-chou dont on rit avec bienveillance à tout propos. J'ai mon idéal, j'en ai même plusieurs, j'ai mes idées et mes projets, bien que je ne puisse encore les exprimer. Ah! toutes les choses qui se présentent à mon esprit le soir, lorsque je suis seule, et même le jour, alors que je suis obligée de supporter ceux qui m'ennuient et qui se méprennent sur tout ce que je veux dire! En fin de compte, je retourne toujours automatiquement à mon Journal, qui est pour moi le commencement et la fin, car Kitty ne manque jamais de patience; je lui promets qu'en dépit de tout je tiendrai le coup, je ferai mon chemin, et je ravale mes larmes. Seulement, j'aimerais tant voir un résultat, j'aimerais tant être encouragée, ne serait-ce qu'une fois, par quelqu'un qui m'aime.

Ne me juge pas, mais considère-moi simplement comme un être qui sent parfois que la coupe déborde.

A toi,

ANNE.

Chère Kitty,

Hier, on a fêté le seizième anniversaire de Peter. Il a reçu des cadeaux charmants, entre autres, un jeu de roulette, un nécessaire à raser et un briquet. Il ne fume pas beaucoup, rarement même, mais c'est pour l'élégance.

C'est M. Van Daan qui nous apporta la plus grande surprise en nous annonçant, à une heure, que les Anglais avaient débarqué en Tunisie, à Alger, à Casablanca et à Oran. L'avis de tout le monde était : « C'est le commencement de la fin », mais Churchill, le premier ministre anglais, qui vraisemblablement avait entendu les mêmes exclamations, dit : « Ce débarquement est un très grand événement, mais il ne faut pas l'appeler le commencement de la fin. Je dirais plutôt que cela signifie la fin du commencement. » Tu saisis la différence ? Il y a tout de même de quoi être optimiste. Stalingrad, que les Russes défendent depuis trois mois, n'est toujours pas tombée aux mains des Allemands.

Pour parler le langage de l'Annexe, je vais te décrire comment nous nous approvisionnons. Notre pain nous est fourni par un très gentil boulanger que M. Koophuis connaît bien. Nous n'en avons pas autant qu'autrefois à la maison, mais c'est suffisant. On achète clandestinement des cartes d'alimentation, dont les prix ne cessent de monter : de 27 florins à 33 à l'heure actuelle – pour un chiffon de papier imprimé !

Nos convives de l'étage supérieur sont très gourmands. En dehors de nos 150 boîtes de légumes, nous avons acheté 270 livres de légumes secs, qui ne sont pas destinés à nous seuls, mais aussi au personnel du bureau. Ces légumes étaient emballés dans des sacs qui pendaient dans notre petit couloir, derrière la porte-armoire; le poids a fait craquer quelques coutures. Nous avons donc décidé de ranger nos provisions d'hiver au grenier, et confié à Peter la corvée de les monter. Cinq des six sacs étaient arrivés à destination sans accident; Peter était en train de hisser le sixième, lorsque la couture du bas s'ouvrit et laissa tomber du haut de l'escalier une pluie, ou mieux une grêle, de haricots rouges. Ce sac, contenant environ 50 livres, déversa son contenu avec un fracas de jugement dernier; au bureau, on s'imaginait déjà que la maison allait s'effondrer (Dieu merci, il n'y avait là que les initiés). Effrayé pendant un instant, Peter éclata bientôt de rire en me voyant au pied de l'escalier, telle une île engloutie par les vagues de haricots rouges montant jusqu'à mes chevilles. On se mit à les ramasser, mais les haricots sont si petits et si lisses qu'il en reste dans tous les coins possibles et impossibles. A la suite de cet accident, on ne passe plus par l'escalier sans récupérer avec force courbettes les restes de haricots que l'on apporte à Mme Van Daan.

J'ai presque oublié de te dire que Père est complètement rétabli.

A toi,

ANNE.

P.-S. – L'émission de la radio vient d'annoncer qu'Alger est tombée. Le Maroc, Casablanca et Oran sont depuis quelques jours aux mains des Anglais. Au tour de la Tunisie – nous l'attendons.

Mardi 10 novembre 1942.

Chère Kitty,

Une nouvelle formidable – nous allons accueillir une personne supplémentaire dans notre cachette! Oui, vraiment, nous avons d'ailleurs toujours été d'avis de pouvoir caser et nourrir une huitième personne. Seulement, nous avons craint d'abuser de la responsabilité de Koophuis et Kraler. A la suite de la Terreur grandissante, Père s'est décidé à tâter le terrain; nos deux protecteurs étaient immédiatement d'accord : « Le danger pour huit est le même que pour sept », dirent-ils avec beaucoup de logique.

On se mit alors à délibérer : nous avons passé en revue le cercle de nos amis. Qui d'entre eux était isolé et pouvait s'accorder avec nous? Ce n'était pas difficile d'en dénicher un. Au cours d'un conseil de guerre, où Père rejeta certaines propositions des Van Daan en faveur des membres de leur famille, on se mit d'accord sur l'élu : un dentiste, nommé Albert Dussel, dont la femme était en sécurité à l'étranger. Nous n'avions eu avec lui que des rapports superficiels, mais sa réputation d'homme rangé nous le rendait sympathique, aussi bien qu'aux Van Daan. Puisque Miep le connaissait, elle a été chargée de faire part à Albert Dussel de notre proposition, et d'organiser le reste. Au cas où il accepte, Margot ira dormir dans le lit-cage, et il partagera la chambre avec moi.

A toi,

ANNE.

Jeudi le 12 novembre 1942.

Chère Kitty,

Nous savons par Miep que Dussel était aux anges. Elle a insisté pour qu'il se prépare le plus vite possible, de préférence pour samedi. Cela lui parut peu probable; il devait mettre ses fiches en ordre et la caisse à jour; et il avait encore deux clients à soigner. Miep est venue ce matin pour nous mettre au courant de ce retard éventuel. Nous n'aimions pas prolonger le délai; tous ces préparatifs exigent de la part de Dussel des explications à des gens que nous préférons laisser dans l'ignorance de quoi que ce soit. Miep va tenter de décider Dussel à arriver samedi.

Eh! non, Dussel a refusé en disant qu'il viendra lundi. Je trouve idiot qu'il ne se soumette pas immédiatement à une proposition sensée. S'il se fait ramasser dans la rue, il ne pourra ni mettre ses fiches en ordre, ni sa caisse à jour, ni soigner ses clients. Pourquoi retarder ? Quant à moi, je trouve bête que Père ait consenti. Pas d'autres nouvelles.

A toi,

ANNE.

Mardi 17 novembre 1942.

Chère Kitty,

Dussel est arrivé, tout s'est passé sans accrocs. Miep lui avait dit qu'il devait se trouver à onze heures du matin devant le bureau de poste où, à un endroit convenu, un monsieur devait l'attendre pour le conduire. Etant exact au rendez-vous, Dussel vit venir à lui M. Koophuis, qu'il connaissait également, et qui le pria de passer au bureau voir Miep, le monsieur ayant eu un empêchement. Koophuis prit le tramway pour rentrer au bureau, tandis que Dussel suivait le même chemin à pied, pour y arriver à onze heures vingt. Il frappa à la porte. Miep l'aida à ôter son pardessus, de sorte que l'étoile fût invisible, et l'introduisit au Bureau privé, où Koophuis l'a retenu jusqu'à ce que la femme de ménage fût partie. Avançant comme prétexte que l'on avait besoin du Bureau privé, Miep fit monter Dussel, ouvrit l'armoire tournante et franchit le haut seuil de l'Annexe devant l'homme abasourdi.

Nous étions chez les Van Daan, faisant cercle autour de leur table, en attendant notre convive avec du café et du cognac. Miep l'avait d'abord fait entrer chez nous; il reconnut tout de suite nos meubles, mais de là à penser que nous n'étions séparés que par un plafond... Lorsque Miep le lui dit, il faillit s'évanouir, mais elle ne lui en laissa pas le temps et lui montra le chemin.

Dussel se laissa choir sur une chaise, nous regarda à tour de rôle sans pouvoir prononcer une syllabe, comme s'il cherchait à lire la vérité sur nos visages. Puis, il bégaya : « Mais... *aber*, vous *sind* pas en Belgique ? *Der Militär* n'est-il pas venu, dans l'auto, la fuite, *nicht* réussie ? » Nous lui avons expliqué toute l'histoire de l'officier et de l'auto, ce bruit que nous avions laissé courir exprès pour dérouter les curieux, et surtout les Allemands qui nous auraient recherchés tôt ou tard. Dussel resta interdit devant tant d'ingéniosité, et son regard se promena encore une fois de l'un à l'autre, jusqu'à ce qu'il nous priât de lui laisser voir de plus près notre somptueuse petite Annexe, merveilleusement pratique.

Après avoir terminé le repas avec nous, il alla dormir un peu et, après une tasse de thé, il s'occupa de mettre de l'ordre dans ses affaires – que Miep avait apportées avant son arrivée – commençant à se sentir un peu chez lui, surtout lorsqu'on lui remit les Règlements de l'Annexe (produit Van Daan) :

Prospectus et Guide de l'Annexe.

Installation spéciale pour le séjour provisoire de juifs et de sympathisants.

Ouvert toute l'année.

Site isolé, entouré de verdure, au cœur d'Amsterdam. Voisins exclus. A atteindre avec les tramways 13 et 17, ou bien avec une voiture ou un vélo. En cas d'interdiction par les Allemands de ces moyens de transport, on peut y arriver à pied.

Loyer : gratuit.

Régime : sans matières grasses.

Salle de bains avec eau courante (hélas! sans baignoire).

Large espace réservé aux marchandises de n'importe quelle nature.

En possession d'un poste de radio, avec émissions directes de Londres, New York, Tel-Aviv, et nombreux autres endroits. A partir de dix-huit heures, cet appareil est exclusivement mis à la disposition des habitants de la maison, qui ne tiennent pas compte des interdictions et qui, par exception, peuvent écouter une émission allemande, par exemple, celle de la musique classique.

Les heures de repos : de vingt-deux heures à huit heures du matin. Le dimanche jusqu'à dix heures un quart. En raison des circonstances, on observe aussi les heures de repos diurnes indiquées par la direction. Dans l'intérêt de tous, chacun doit strictement observer les heures de repos prescrites.

Langues étrangères : Quelle qu'elle soit, vous êtes prié de parler doucement et d'employer une langue civilisée, donc, pas l'allemand.

Culture physique : tous les jours.

Vacances : Interdiction de quitter les lieux jusqu'à nouvel ordre.

Leçons : Une leçon de sténographie par semaine. L'anglais, le français, les mathématiques et l'histoire à toutes les heures.

Département spécial pour les petits animaux : soins assurés (sauf à la vermine, pour laquelle il faut demander une autorisation spéciale).

Heures des repas : le petit déjeuner, tous les jours sauf les jours fériés, à neuf heures le matin. Dimanche et fêtes : jusqu'à onze heures et demie.

Déjeuner : partiel ou complet, de treize heures quinze à treize heures quarante-cinq.

Dîner : Chaud ou froid, pas d'heure fixe, en raison des émissions de la radio.

Obligations envers le Comité du ravitaillement : toujours prêt à seconder nos protecteurs.

Bains : Le tub est à la disposition de chacun tous les dimanches à partir de neuf heures du matin. L'on peut prendre un bain dans le w.-c., la cuisine, le Bureau privé, ou le bureau de devant, à votre choix.

Boissons alcoolisées : sur ordre du médecin seulement.

Fin.

     A toi,

                         ANNE.

                Jeudi 19 novembre 1942.

    Chère Kitty,

Nous ne nous sommes pas trompés sur Dussel, c'est une personne très bien. Il a consenti à partager avec moi la petite chambre; à vrai dire je n'en suis pas exactement enchantée – un étranger qui va se servir de mes affaires, ce n'est pas mon genre, mais il faut bien que chacun y mette du sien, et je fais de grand cœur ce petit sacrifice. « Toutes ces choses sont négligeables si nous pouvons sauver quelqu'un », dit Père, et il a parfaitement raison.

Dès le premier jour, Dussel m'a demandé toutes sortes de renseignements, tels que : quelles étaient les heures de la femme de ménage, comment on s'arrangeait pour le bain, et les heures d'accès du w.-c. Il n'y a pas de quoi rire, tout n'est pas si simple que ça dans une cachette. Pendant la journée, il s'agit de ne pas nous faire remarquer, afin d'éviter de nous faire entendre du bureau, surtout s'il y a quelqu'un du dehors, comme la femme de ménage; dans ce cas, on ne peut prendre assez de précautions. Je lui ai expliqué le tout le plus clairement possible, mais j'ai eu la surprise de le trouver un peu lent d'esprit; il répète chaque question deux fois, et ne retient pas les réponses. Ça passera, j'espère; peut-être ne s'est-il pas encore fait à ce brusque changement.

Pour le reste, ça a l'air d'aller. Dussel avait beaucoup à nous raconter à propos du monde extérieur, dont nous ne faisons plus partie depuis si longtemps. Ses histoires sont tristes. Nombre d'amis ont disparu; leur destin nous fait trembler. Il n'est pas de soir que des voitures militaires vertes ou grises ne sillonnent la ville; les Allemands sonnent à toutes les portes pour faire la chasse aux juifs. S'ils en trouvent, ils embarquent immédiatement toute la famille, sinon ils frappent à la porte suivante. Ceux qui ne se cachent pas n'échappent pas à leur sort. Les Allemands s'y prennent parfois systématiquement, liste à la main, frappant à la porte derrière laquelle un riche butin les attend. Parfois on leur paye une rançon, autant par tête; on dirait le marché aux esclaves d'autrefois. C'est trop tragique pour que tu prennes ça comme une plaisanterie. Le soir, je les vois souvent défiler, ces hordes d'innocents, avec leurs enfants en larmes, se traînant sous le commandement de quelques brutes qui les fouettent et les torturent jusqu'à les faire tomber. Ils ne ménagent personne, ni les vieillards, ni les bébés, ni les femmes enceintes, ni les malades – tous sont bons pour le voyage vers la mort.

Comme nous sommes bien ici, à l'abri et au calme.

Nous pourrions fermer les yeux devant toute cette misère, mais il y a ceux qui nous étaient chers, et pour lesquels nous craignons le pire, sans pouvoir les secourir.

Dans mon lit, au chaud, je me sens moins que rien, en pensant à mes amies les plus chères, arrachées à leurs foyers et tombées dans cet enfer. Je suis prise de peur à l'idée que ceux qui m'étaient si proches sont maintenant livrés aux mains des bourreaux les plus cruels du monde.

Pour la seule raison qu'ils sont juifs.

A toi,

ANNE.

Vendredi 20 novembre 1942.

Chère Kitty,

Aucun de nous ne sait plus comment prendre les choses. Jusque-là, les nouvelles à propos de la Terreur nous sont arrivées au compte-gouttes, et nous avons pris le parti de maintenir notre moral en gardant autant que possible notre bonne humeur. Lorsqu'il arrivait à Miep de laisser échapper une mauvaise nouvelle touchant l'un de nos amis, Mère et Mme Van Daan se mettaient à pleurer à chaque fois, de sorte que Miep a préféré ne plus rien raconter du tout. Mais Dussel, pris d'assaut, nous a raconté tant d'horreurs épouvantables et barbares qu'il ne nous est pas possible de les oublier de sitôt. Cependant, ça finira par se tasser, ça aussi, et nous allons forcément revenir aux plaisanteries et aux taquineries. Il ne sert à rien de rester sombres comme nous le sommes maintenant, ni à nous-mêmes, ni à ceux qui sont en danger. Rendre toute l'Annexe mélancolique n'a aucun sens.

Je ne peux rien faire sans penser à ceux qui sont partis. S'il m'arrive de rire, je m'interromps avec effroi, me disant qu'être gaie est scandaleux. Mais faut-il donc que je pleure toute la journée? Non, je n'en suis pas capable; cette tristesse est passagère, je le sens.

A tout cela s'ajoute encore une autre misère, mais qui est de nature tout à fait personnelle, et dont je ne devrais pas tenir compte à côté de celles que je viens de te raconter. Pourtant je ne puis m'empêcher de te dire que je me sens de plus en plus abandonnée; je sens le vide grandir autour de moi. Autrefois, les divertissements et les amis ne me laissaient pas le temps de réfléchir à fond. Ces jours-ci, j'ai la tête pleine de choses tristes, soit à propos des événements, soit à propos de moi-même. Plus je vais, plus je me rends compte que, aussi cher qu'il me soit, Père ne pourra jamais remplacer mes amis de jadis – tout mon petit domaine. Mais pourquoi t'importuner de choses qui ne tiennent pas debout? Je suis terriblement ingrate, Kitty, je le sais, mais en m'attrapant sans arrêt, on me joue vraiment de drôles de tours, et puis, il y a toute cette autre misère par-dessus le marché.

A toi,

ANNE.

Samedi 28 novembre 1942.

Chère Kitty,

Nous avons consommé beaucoup trop d'électricité, nous avons même franchi les limites. Résultat : la plus grande économie, et la perspective d'être coupés de courant pendant quinze jours; c'est réjouissant, n'est-ce pas? Mais qui sait? Avec un peu de chance... Il fait trop sombre pour lire à partir de quatre heures, ou quatre heures et demie. On tue le temps avec toutes sortes de bêtises, telles que devinettes, culture physique, parler anglais ou français, critiquer des livres – on s'en lasse à la longue.

Depuis hier soir, j'ai trouvé quelque chose de nouveau : je prends les jumelles et je regarde dans les chambres éclairées de nos voisins. Pendant la journée, il ne nous est pas permis d'écarter les rideaux d'un centimètre, mais le soir, je n'y vois pas de mal.

Je ne m'étais jamais rendu compte, autrefois, que les voisins pouvaient être des gens aussi intéressants – du moins les nôtres. Il y en a que j'ai surpris au moment de leur repas, ailleurs toute une famille était en train de filmer, et le dentiste d'en face de soigner une vieille dame peureuse.

M. Dussel, qui avait la réputation d'aimer les enfants et de s'entendre merveilleusement avec eux, se révèle un éducateur on ne peut plus vieux jeu, et il prêche à longueur de journée.

Comme j'ai cette rare chance (!) de partager ma chambre, très étroite, hélas! avec l'honorable pédagogue, et comme je passe pour la plus mal élevée des trois gosses, je ne sais comment esquiver ses réprimandes et ses sermons, et je finis par prétendre être dure d'oreille.

En rester là serait supportable, mais Monsieur se montre un mouchard de premier ordre, et fait de Mère une autre moucharde, je te demande un peu!

D'abord, je me fais attraper par lui, ensuite Mère y met un petit vernis. Avec un peu de chance, Mme Van Daan m'appelle cinq minutes plus tard pour me faire répondre de telle et telle chose. A droite, à gauche, au-dessus de ma tête, partout l'orage éclate.

Vraiment ce n'est pas chose facile d'être le symbole de tous les défauts dans une famille autoritaire. Le soir, au lit, passant en revue les nombreux péchés et fautes qui me sont attribués, je me perds tellement dans cette masse d'accusations, que je me mets ou bien à rire, ou bien à pleurer, ça dépend de mon humeur.

Ensuite, je m'endors avec cette sensation bizarre de vouloir être autre que je ne suis, ou encore de ne pas être comme je le veux, peut-être d'agir autrement que je ne veux ou que je ne suis. Ciel, je n'y vois pas clair, toi non plus d'ailleurs; je m'excuse de cette confusion, mais je n'aime pas faire des ratures, et de nos jours, le manque de papier nous défend de le déchirer. Je ne peux que te conseiller de ne pas relire la phrase précédente et surtout de ne pas essayer de l'approfondir, car tu n'en sortiras jamais!

A toi,

ANNE.

Lundi 7 décembre 1942.

Chère Kitty,

A un jour près, notre Chanuka (1) et la Saint-Nicolas sont tombées à la même date cette année. Pour la fête de Chanuka, nous n'avons pas fait beaucoup d'histoires, quelques gourmandises seulement et surtout les petites bougies. A cause du manque de bougies, on ne les a allumées que dix minutes; mais le chant rituel n'a pas été oublié, c'est le principal. M. Van Daan a fabriqué un lustre de bois, de sorte que la cérémonie s'est déroulée comme il faut.

La Saint-Nicolas, samedi soir, était bien plus charmante. Elli et Miep ont excité notre curiosité, en chuchotant tout le temps avec Père; on se doutait bien que quelque chose se préparait.

Et, bien sûr, descente générale à huit heures du soir, par l'escalier de bois, ensuite les ténèbres du long couloir menant au vestiaire. (J'en avais la chair de poule, et la nostalgie de l'Annexe.) Cette pièce n'ayant pas de fenêtre, on pouvait y allumer l'électricité, après quoi Père ouvrit le grand placard. Tout le monde s'exclama : « Oh! que c'est joli! » Au milieu se trouvait une grande corbeille ornée de papiers multicolores et surmontée d'un masque de Pierre le Nègre.

(1) Chanuka : Fête des Macchabées, coïncidant à peu près avec les fêtes de Saint-Nicolas et de Noël et célébrée par les juifs.

On s'empressa de transporter la corbeille chez nous. Chacun y a trouvé son petit cadeau, accompagné d'un compliment de circonstance, suivant la coutume hollandaise.

J'ai reçu un gâteau en forme de poupée, Père un serre-livres, etc. Tous les cadeaux étaient bien ingénieux et c'était très amusant, d'autant plus que nous n'avions jamais encore fêté la Saint-Nicolas. Comme première, c'était réussi.

A toi,

ANNE.

Jeudi 10 décembre 1942.

Chère Kitty,

M. Van Daan était autrefois commerçant en saucissons, charcuteries et autres spécialités. On l'avait engagé au bureau de Père à cause de son expérience des affaires. Ces jours-ci, c'est plutôt son expérience de charcutier que nous avons appréciée.

Nous avons commandé beaucoup de viande (au marché noir, bien entendu), pour faire des conserves en vue des temps difficiles. C'était un bien drôle de spectacle de voir les boyaux se transformer en saucisses, après avoir été bourrés de viande moulue et remoulue, et épicée de tous les ingrédients. Séance tenante, on en a mangé au déjeuner, avec la choucroute. Mais les saucissons vont être mis à sécher au plafond, suspendus à un bâton avec des ficelles. Chacun entrant dans la chambre, et voyant l'exposition des saucissons frais, se mit à rire. Il y avait de quoi.

La chambre était méconnaissable. Vêtu d'un tablier appartenant à sa femme, et qui le rendait encore plus volumineux, M. Van Daan s'affairait avec la viande : ses mains couvertes de sang, sa tête rouge sang et son tablier taché de rouge lui donnaient l'aspect d'un vrai boucher. Madame s'occupait de tout à la fois : apprendre sa leçon de néerlandais, surveiller la soupe, regarder son mari, soupirant et gémissant de douleur en se rappelant sa côte cassée. Ça lui apprendra de faire des excercices idiots de culture physique à son âge! Tout ça pour se débarrasser de son gros derrière!

Assis près du poêle, Dussel mettait des compresses de camomille sur son œil enflammé. Pim avait placé sa chaise dans le mince rayon de soleil qui filtrait par la fenêtre; il était bousculé de temps à autre; il souffrait sans doute de son rhumatisme, car il ressemblait exactement à un vieux petit diacre courbé, tout en regardant les doigts de M. Van Daan d'un air irrité. Peter jouait à la toupie avec son chat; Mère, Margot et moi étions en train de peler les pommes de terre; en somme, personne n'avait la tête à ce qu'il faisait, tant Van Daan attirait l'attention.

Dussel a inauguré son nouveau cabinet de dentiste. Si ça t'amuse, je vais te raconter comment ça s'est passé. Mère était en train de repasser, lorsque Mme Van Daan s'imposa comme première cliente. Elle s'assit au milieu de la chambre. D'un air important, Dussel ouvrit son étui et sortit ses instruments, demanda de l'eau de Cologne comme désinfectant et de la vaseline en guise de cire.

Il regarda l'intérieur de la bouche de Madame, toucha à une dent ou à une molaire, ce qui la fit frémir comme si elle allait mourir de douleur, tandis qu'elle lançait des sons invraisemblables. Après un long examen (dit Madame, ça n'a pas duré deux minutes), Dussel commença à forer un petit trou. Mais pas question, Madame, prise au dépourvu, fit voler bras et jambes jusqu'à ce que Dussel lâchât brusquement son petit crochet... qui resta dans la dent de Madame.

Alors commença le beau spectacle! Madame lança les bras dans toutes les directions, pleurant (pour autant que ce soit possible avec cet instrument dans la bouche), et essayant d'arracher le petit crochet qui s'est enfoncé encore davantage. Resté calme, M. Dussel regarda la scène, les mains sur les hanches. Les autres spectateurs étaient tous pris de fou rire. Ça, c'était vache, je suis sûre que j'aurais hurlé plus fort qu'elle.

Après force courbettes, coups, cris et appels, Madame a fini par arracher le crochet, et M. Dussel continua son travail comme si de rien n'était.

Il s'en acquitta si rapidement, que Madame n'eut pas le temps de recommencer, grâce à la façon dont il fut secondé. Deux assistants en fonction, personnifiés par M. Van Daan et moi-même, ce n'était pas méprisable. Le tout me fit penser à une gravure du Moyen Age, portant la légende : « Charlatan au travail. »

A la fin, Madame se montra impatiente; elle devait surveiller « sa » soupe et tout « son » repas.

Une chose est certaine : elle ne se proposera plus si vite comme cliente au cabinet de notre dentiste!

A toi,

ANNE.

Dimanche 13 décembre 1942.

Chère Kitty,

Je suis confortablement installée dans le bureau de devant, et je peux regarder dehors par la fente de l'épais rideau. Bien que dans la pénombre, j'ai encore assez de lumière pour t'écrire.

C'est bizarre de voir passer les gens. Il me semble qu'ils sont tous très pressés, et qu'à tout instant ils vont buter sur leurs propres pieds.

Quant aux cyclistes, au train où ils vont, je n'arrive même pas à distinguer leurs physionomies.

Les gens de ce quartier ne sont vraiment pas séduisants, surtout les enfants, qui sont si sales : on ne les toucherait pas avec des pincettes. De vrais enfants de taudis, morveux, parlant un petit nègre à peine compréhensible.

Hier après-midi, lorsque Margot et moi avons pris notre bain ici, j'ai dit : « Si nous pouvions repêcher ces enfants qui passent ici, l'un après l'autre, leur donner un bain, les laver, les brosser, raccommoder leurs vêtements et les lâcher ensuite... » Margot m'interrompit : « Tu les verrais demain tout aussi sales, avec les mêmes haillons qu'avant. »

Mais je me laisse aller. Il y a d'autres choses à voir, il y a des autos, des bateaux et la pluie. J'entends le tramway et son mugissement, ça m'amuse.

Nos pensées varient aussi peu que nous-mêmes. Elles forment un carrousel perpétuel, allant des juifs à la nourriture, et de la nourriture à la politique. Entre parenthèses, en parlant des juifs, j'en ai vu passer deux hier, par la fente du rideau; j'en étais toute triste, j'avais la sensation de trahir ces gens et d'espionner leur malheur. Juste en face de nous, il y a une péniche habitée par un batelier et sa famille, avec leur petit chien : nous ne connaissons du petit chien que les aboiements et la petite queue que nous apercevons quand il fait le tour du bateau.

Maintenant que la pluie persiste, la plupart des gens sont cachés sous leur parapluie. Tant pis, je ne vois qu'imperméables, et parfois une nuque coiffée d'un béret. Ce n'est presque plus la peine de les regarder. Je les ai déjà vues assez, ces femmes boursouflées par les pommes de terre, vêtues d'un manteau vert ou rouge, les talons usés, sac au bras. Certaines ont le visage bon enfant, d'autres ont l'air macabre, ça doit dépendre de l'humeur de leurs maris.

A toi,

ANNE.

Mardi 22 décembre 1942.

Chère Kitty,

Tout le monde dans l'Annexe se réjouit de la nouvelle : nous aurons 125 g de beurre pour Noël. Le journal annonce une demi-livre, mais cette ration est réservée aux privilégiés qui obtiennent leurs cartes de l'Etat, et non pas aux juifs cachés qui, par économie, achètent quatre cartes pour huit personnes.

Chacun de nous a voulu faire une petite pâtisserie au beurre. Ce matin, j'ai confectionné des biscuits et deux tartes. On a beaucoup à faire, alors pour obéir à Mère, j'ai dû interrompre mes leçons et ma lecture jusqu'à ce que le travail du ménage soit terminé.

Mme Van Daan garde le lit à cause de sa côte fêlée; elle se plaint toute la journée, fait renouveler ses compresses et ne se contente de rien. J'aimerais la revoir debout et à ses affaires. Il faut lui rendre justice : elle est très active et ordonnée; tant qu'elle est en bonne condition physique et morale, elle se montre même de bonne compagnie.

Parce qu'on me dit : « Chut! chut! » toute la journée quand je fais trop de chahut, mon compagnon de chambre se croit permis de me lancer des « chut! chut! » pendant la nuit – je n'ai donc plus le droit de me retourner dans mon lit? Je refuse d'y faire attention, et j'ai la ferme intention de lui renvoyer un « chut! chut! » la prochaine fois.

Il me fait râler, surtout le dimanche, quand il allume la lumière tôt le matin pour faire sa culture physique. Cela dure, me semble-t-il à moi, pauvre victime, des heures et des heures, car il déplace constamment les chaises servant de rallonge sous ma tête encore endormie. Après avoir terminé ses exercices d'assouplissement, en agitant violemment les bras, Monsieur commence à faire sa toilette, allant d'abord à la patère pour chercher ses caleçons. Aller et retour. La même chose pour sa cravate oubliée sur la table, se cognant comme de juste contre mes chaises à chaque fois.

Mais pourquoi t'ennuyer avec de vieux messieurs assommants? Mes gémissements ne feront pas changer les choses. Quant à mes moyens de vengeance, tels que dévisser la lampe, fermer la porte à clef, cacher les vêtements, j'y renonce pour faire régner la paix.

Oh! je deviens très raisonnable! Ici, il faut du bon sens pour tout : pour apprendre à écouter, pour se taire, pour aider, pour être gentille, et pour Dieu sait quoi encore. Je crains qu'on n'abuse de mon cerveau, déjà pas trop brillant, et qu'il n'en reste rien pour l'après-guerre.

A toi,

ANNE.

Mercredi 13 janvier 1943.

Chère Kitty,

Ce matin, on m'a tout le temps dérangée, je n'ai rien pu achever convenablement.

La terreur règne sur la ville. Nuit et jour, transports incessants de ces pauvres gens, munis uniquement d'un sac au dos et d'un peu d'argent. Ces derniers biens leur sont enlevés en route, dit-on. On sépare les familles, en groupant hommes, femmes et enfants.

Les enfants rentrant de l'école ne retrouvent plus leurs parents. Des femmes, rentrant du marché, trouvent leurs portes sous scellés, leurs familles disparues.

Les chrétiens hollandais sont également touchés, leurs fils étant envoyés obligatoirement en Allemagne. Tout le monde a peur.

Des centaines d'avions survolent la Hollande pour bombarder et mettre en ruine les villes allemandes; et chaque heure, des centaines d'hommes tombent en Russie et en Afrique du Nord. Personne n'est à l'abri, le globe entier est en guerre, et bien que les Alliés gagnent du terrain, on n'en voit pas encore la fin.

Et nous, oui, nous sommes bien, mieux de beaucoup que des millions d'autres, cela va sans dire. Nous sommes encore en sécurité, et nous mangeons soi-disant notre argent. Nous sommes tellement égoïstes que nous nous permettons de parler de « l'après-guerre », en nous réjouissant de la perspective de vêtements neufs et de souliers neufs, tandis que nous devrions économiser chaque sou pour sauver les gens en détresse après la guerre, ou du moins tout ce qui reste à sauver.

On voit les enfants d'ici circuler en petite blouse d'été, sabots aux pieds, sans manteau, ni béret, ni bas, et personne ne leur vient en aide. Ils n'ont rien dans le ventre et, grignotant une carotte, ils abandonnent l'appartement froid pour sortir dans le froid, et pour arriver dans une classe plus froide encore. Maint enfant arrête les passants pour leur demander un morceau de pain – la Hollande en est là.

Je pourrais continuer pendant des heures à parler de la misère amenée par la guerre, mais cela me décourage de plus en plus. Il ne nous reste qu'à tenir, et à attendre la fin de ces malheurs. Juifs aussi bien que chrétiens attendent, le monde entier attend, et beaucoup attendent la mort.

   A toi,

          ANNE.

      Samedi 30 janvier 1943.

  Chère Kitty,
Je me ronge, je râle, sans pouvoir le montrer. J'aimerais crier, frapper des pieds, pleurer, secouer Mère, bien la secouer, je voudrais je ne sais quoi... Comment supporter chaque jour à nouveau ces mots blessants, ces regards moqueurs, ces accusations, telles des flèches tirées d'un arc trop tendu, qui me transpercent et qui sont si difficiles à retirer de mon corps?

A Margot, Van Daan, Dussel, et aussi à Père, je voudrais crier : « Laissez-moi en paix, laissez-moi dormir une seule nuit sans mouiller de larmes mon oreiller, sans ces battements dans ma tête et sans que les yeux me brûlent. Laissez-moi partir, laissez-moi tout quitter, et surtout ce monde! »

Mais j'en suis incapable, je ne peux pas leur montrer mon désespoir, je ne peux exposer à leurs regards les blessures qu'ils me portent, ni souffrir leur pitié ou leur raillerie bienveillante, ce qui me ferait crier tout autant. Je ne peux plus parler sans que l'on me trouve affectée, ni me taire sans être ridicule, je suis traitée d'insolente quand je réponds, de rusée quand j'ai une bonne idée, de paresseuse quand je suis fatiguée, d'égoïste quand je prends une bouchée de trop, de stupide, de lâche, de calculatrice, etc. Toute la journée, je n'entends que ça, je suis une gosse insupportable; j'ai beau rire, et prétendre que je m'en fiche, j'avoue que ça me fait quelque chose. J'aimerais prendre Dieu à témoin et lui demander de me donner une autre nature, une nature qui ne provoque pas la colère des autres.

Mais c'est impossible, je ne peux pas me refaire, et je ne suis pas aussi méchante qu'on le prétend, je le sens bien. Je fais de mon mieux pour contenter tout le monde autour de moi, mes efforts les feraient rêver, je t'assure; quand je suis chez nos voisins, je ris à la moindre chose pour ne pas leur montrer que je suis malheureuse.

Plus d'une fois, après des reproches interminables et peu raisonnables, j'ai jeté à la tête de Mère : « Je me fiche de tout ce que tu dis, ne t'occupe plus de moi, je suis un cas désespéré, c'est entendu. » Là-dessus, il m'a fallu encore entendre que j'étais insolente; on ignore pendant deux jours mon existence ou c'est tout comme, ensuite tout est oublié et tout rentre dans l'ordre... pour les autres.

Il m'est impossible d'être un jour la petite mignonne, alors que la veille j'ai failli leur jeter ma haine à la figure. Je préfère me tenir à un juste milieu, qui n'a d'ailleurs rien de juste, et garder mes pensées pour moi. S'il leur arrive encore de me traiter avec mépris, je vais prendre la même attitude envers eux, une seule fois, pour essayer.

Ah! si j'en étais capable!
   A toi,

ANNE.

Vendredi 5 février 1943.

Chère Kitty,
Ne crois pas qu'il n'y ait plus de querelles parce que je ne t'en parle plus; ça n'a pas changé. Peu

après son arrivée, M. Dussel avait pris notre incompatibilité d'humeur plus ou moins au tragique, mais maintenant il a commencé à s'y faire et il a abandonné tout effort pour essayer d'arranger les choses.

Margot et Peter sont tous deux tellement fades et ennuyeux qu'on ne les compterait pas parmi ceux qu'on appelle « jeunes ». Je tiens lieu de repoussoir, et j'entends à tout moment : « Margot et Peter ne feraient jamais ça! » Ces deux exemples éternels! – Ils me tapent sur les nerfs.

Je t'avoue que je n'ai pas du tout envie de devenir comme Margot; elle est trop indifférente et trop faiblarde à mon goût; elle est toujours la première à céder dans une conversation et toujours d'accord avec celui qui a le dernier mot. Quant à moi, je veux être plus ferme d'esprit. Mais ces théories, je les garde pour moi. Ne s'en moqueraient-ils pas si je les avançais comme défense?

A table, l'atmosphère est très tendue la plupart du temps. Par bonheur, les éclats sont souvent enrayés par les mangeurs de soupe, c'est-à-dire les quelques initiés du bureau qui viennent chercher un bol de potage.

Cet après-midi, M. Van Daan a fait remarquer une fois de plus que Margot mange très peu. « Sans doute pour garder sa ligne », ajouta-t-il d'un ton moqueur. Prenant la défense de Margot, comme d'habitude, Mère dit à haute voix : « Je ne peux plus supporter vos stupides observations. »

Mme Van Daan rougit comme une pivoine, Monsieur regarda fixement rien du tout et se tut. L'un ou l'autre nous fait toujours rire tôt ou tard; il n'y a pas longtemps, Mme Van Daan était montée sur ses grands chevaux à propos de ses souvenirs de jeunesse, d'une sottise irrésistible : elle s'entendait si bien avec son père, elle avait eu tant de flirts, etc. « Et, vous savez », poursuivit-elle, « mon père m'a conseillé de dire à un monsieur qui devenait un peu trop démonstratif : « Monsieur, je suis une dame, ne l'oubliez pas! » Nous avons ri aux éclats.

A toi,

ANNE.

Samedi 27 février 1943.

Chère Kitty,
Pim s'attend au débarquement d'un jour à l'autre. Churchill a eu une pneumonie, dont il se rétablit lentement. Gandhi, le libérateur des Indes, fait la grève de la faim, une fois de plus.

Mme Van Daan prétend être fataliste. Mais qui est la plus froussarde pendant les bombardements? Personne d'autre que Petronella.

Henk nous a apporté le sermon imprimé des évêques, distribué aux fidèles de l'église. C'est magnifique et remarquablement bien écrit : « Néerlandais, ne restez pas couchés, battez-vous, tous et chacun, avec vos propres armes, pour la liberté de la patrie, du peuple et de la religion. Donnez, secourez, sans hésitation. » Et ça vient de la chaire! Va-t-on y donner suite? Nos coreligionnaires certainement pas.

Imagine-toi ce qui nous arrive. Le propriétaire a vendu cet immeuble sans en prévenir Kraler et Koophuis. L'autre matin, ils ont eu la visite du nouveau propriétaire, accompagné d'un architecte, qui est venu examiner les lieux. M. Koophuis se trouvait là, heureusement, pour faire les honneurs; il leur a montré toute la maison, sauf notre Annexe, leur disant que la clef de cette porte se trouvait chez lui. Le nouveau proprio n'a pas insisté. Pourvu qu'ils ne reviennent pas pour jeter un coup d'œil dans l'Annexe. Nous serions dans de jolis draps.

Père a renouvelé un des fichiers qui nous servira à Margot et moi pour les livres que nous avons déjà lus; chacune inscrira le titre des livres, l'auteur, etc. J'ai un carnet spécial pour les mots étrangers.

Ça va un peu mieux entre Mère et moi depuis quelques jours, mais nous ne serons jamais la confidente l'une de l'autre. Margot est plus que jamais prête à sortir ses griffes, et Père a quelque chose qui le chiffonne, mais il est toujours chou tout plein.

Nouvelles rations de beurre et de margarine à table. Sur chaque assiette, autant de matières grasses. A mon avis, les Van Daan n'ont pas la notion du partage équitable, mais mes parents craignent trop les éclats pour se permettre une observation. Quant à moi, je ne raterais pas une occasion de leur rendre la pareille, à ces gens-là.

A toi,

ANNE.

Mercredi 10 mars 1943.

Chère Kitty,

Hier soir, nous avons eu un court-circuit juste pendant un bombardement. Je ne puis me défaire de la peur des avions et des bombes, et je passe presque toutes les nuits dans le lit de Père pour y chercher protection. C'est très enfant, je l'admets, mais si tu devais passer par là... Les canons font un tonnerre du diable, on ne s'entend plus. Madame la fataliste était presque en larmes lorsqu'elle a dit d'une petite voix penaude : « Oh! c'est si désagréable, qu'est-ce qu'ils tirent! » ce qui veut dire : « Je meurs de peur. »

A la lumière des bougies, c'était moins terrible que dans le noir. Je frissonnais comme si j'avais la fièvre et je suppliais Père de rallumer la petite bougie. Il était inflexible, il fallait rester dans l'obscurité. Tout à coup, ils commencèrent à tirer avec leurs mitraillettes, c'est cent fois plus effrayant que les canons. Mère sauta du lit et alluma la bougie en dépit de Père qui rouspétait. Mère était ferme en répondant : « Tu prends donc Anne pour un vieux soldat! » Incident clos.

T'ai-je déjà parlé des autres frousses de Mme Van Daan? Je crois que non. Sans cela, tu ne serais pas complètement au courant des aventures de l'Annexe. Une nuit, Madame crut entendre des voleurs au grenier : elle entendait leurs pas, il n'y avait pas à s'y méprendre, et elle avait tellement peur qu'elle réveilla son mari. Mais à ce moment-là, les voleurs avaient disparu; Monsieur n'entendit que la salve des battements de cœur de la fataliste. « Oh! Putti (sobriquet pour Monsieur), ils ont sûrement emporté les saucissons et tous nos sacs de haricots. Et Peter, Peter serait-il encore dans son lit? »

« Ne t'en fais pas, ils n'ont pas volé Peter. N'aie pas peur et laisse-moi dormir. »

Mais il n'y avait rien à faire. Madame avait une telle frousse, elle ne pouvait plus se rendormir. Quelques nuits plus tard, elle réveilla son mari et son fils, à cause du bruit que faisaient des fantômes. Peter monta au grenier avec une lampe de poche, et que vit-il? Rrrrt. Un tas de rats qui se sauvaient! Les voleurs étaient découverts. Nous avons laissé Mouschi au grenier pour chasser les indésirables, qui ne sont plus revenus, du moins pas la nuit.

Il y a quelques soirs, Peter est monté à la mansarde pour chercher de vieux journaux. Voulant s'accrocher à la trappe pour garder son équilibre en descendant l'escalier, il posa la main sans regarder sur... un grand rat. Il en a presque dégringolé d'effroi et de douleur, car le rat lui avait mordu le bras, et comment! Entrant chez nous, il était pâle comme un linge et son pyjama était tout taché de sang : il tenait à peine sur ses jambes. Quelle mauvaise surprise! Ce n'est pas drôle de caresser un rat qui vous mange par-dessus le marché. C'est épouvantable.

A toi,

ANNE.

Vendredi 12 mars 1943.

Chère Kitty,

Puis-je te présenter : Maman Frank, dernier champion des enfants. Elle réclame du beurre supplémentaire pour les jeunes; il s'agit des problèmes de la jeunesse moderne. Problème après problème, Mère les défend tous et mène la lutte pour la jeunesse; et quoique les grands rouspètent, elle a toujours gain de cause.

Un bocal de conserve de langue écarlate s'est gâté. Dîner de gala pour Mouschi et Bochi.

Tu ne connais pas encore Bochi qui, pourtant, faisait déjà partie de l'immeuble avant notre arrivée dans l'Annexe. C'est le chat du bureau, ou plutôt de l'entrepôt, où il tient les rats en respect. Son nom politique s'explique comme suit : la firme possédait deux chats, un pour les magasins, et l'autre pour le grenier. Il arrivait que ces deux chats se rencontraient, ce qui entraînait toujours des batailles monstres. Celui du magasin attaquait infailliblement le premier, alors qu'à la longue celui du grenier sortait toujours vainqueur. Exactement comme dans la politique. Agressif, ou allemand, le chat du magasin était baptisé Bochi, et le chat du grenier avec son caractère anglais, Tommy. Tommy a disparu, et Bochi nous distrait quand nous descendons au bureau.

Nous mangeons tant de haricots blancs et rouges – je ne peux plus les voir, j'ai un haut-le-cœur rien qu'en y pensant! Les petits soupers avant d'aller dormir sont supprimés.

Pappie vient de déclarer qu'il n'est pas tout à fait de bonne humeur; il fait de petits yeux tristes, pauvre chou.

Je suis esclave du livre *De Klop op de Deur* d'Ina Boudier-Bakker. La description de famille est particulièrement bien, c'est bien écrit, les passages traitant de la guerre et de l'émancipation des femmes me paraissent moins bien : à vrai dire, ça ne m'intéresse pas assez.

Lourds bombardements sur l'Allemagne. M. Van Daan fait la tête – et pour cause : manque de cigarettes. Délibération sur le problème de manger oui ou non les légumes en boîtes; décision en notre faveur.

Je ne peux plus entrer dans mes souliers, sauf dans mes bottillons qui sont très peu pratiques pour la maison. Une paire de sandales de paille au prix de 6 florins 50 a duré une semaine, après quoi elles

furent mises hors de combat. Miep trouvera peut-
être quelque chose au marché noir. Il faut que j'aille
couper les cheveux de Pim. Il prétend ne pas
vouloir d'un autre coiffeur après la guerre, tant je
m'acquitte bien de ma tâche. Je le croirais, si je ne
coupais pas aussi souvent dans son oreille!

A toi,

ANNE.

Jeudi 18 mars 1943.

Chère Kitty,
La Turquie va entrer en guerre. Grande émotion.
Nous attendons les émissions en retenant notre
souffle.

A toi,

ANNE.

Vendredi 19 mars 1943.

Chère Kitty,
Déception, à peine une heure après la joie; la
Turquie n'est pas encore en guerre; le discours du
ministre n'était qu'un appel à lever la neutralité. Un
vendeur de journaux du centre de la ville a crié :
« La Turquie du côté des Anglais! » Liquidés ainsi
en un rien de temps, ses journaux ont trouvé leur
chemin jusqu'à nous avec leurs fausses nouvelles.
Les billets de 500 et 1 000 florins vont être décla-
rés périmés. Ceux qui s'occupent de marché noir,
etc., vont être dans de beaux draps, mais c'est
encore bien plus sérieux pour les propriétaires qui
cachent leur argent, et pour ceux qui sont cachés
par la force des circonstances. Quand on veut
changer un billet de mille, on est obligé d'en
déclarer et d'en prouver la provenance. On peut
s'en servir pour payer les impôts, jusqu'à la semaine
prochaine.
Dussel a fait venir sa foreuse, je vais bientôt être
livrée à un examen minutieux.

Le Führer de tous les Germains a parlé devant ses soldats blessés. Triste audition : questions et réponses à peu près comme suit :

« Mon nom est Heinrich Scheppel. »

« Où avez-vous reçu vos blessures? »

« Devant Stalingrad. »

« Quelles blessures? »

« Deux pieds gelés et fracture du bras gauche. »

Cette émission tenait du théâtre de marionnettes. Les blessés semblaient être bien orgueilleux de leurs blessures; plus ils en avaient, plus ils en étaient fiers. L'un d'eux était trop troublé pour parler convenablement, pour la seule raison qu'il lui fut permis de tendre la main au Führer – (si du moins il lui en restait une).

A toi,

ANNE.

Jeudi 25 mars 1943.

Chère Kitty,

Hier, alors qu'on était agréablement entre nous, Père, Mère, Margot et moi, Peter entra brusquement et chuchota quelque chose à l'oreille de Père. J'ai vaguement pu saisir : « Un tonneau renversé au magasin », et « Quelqu'un qui tripote à la porte », après quoi ils sortirent sur-le-champ. Margot avait compris la même chose, mais essayait de me calmer, car, naturellement, j'étais devenue livide.

Seules, toutes les trois, il n'y avait qu'à attendre. A peine deux minutes plus tard, Mme Van Daan, prévenue par Pim, est venue nous rejoindre tout doucement. Après cinq nouvelles minutes, Peter et Pim réapparurent, tout blêmes, et nous racontèrent leurs mésaventures. Ils s'étaient mis aux aguets au pied de l'escalier, d'abord sans résultat. Soudain – pas d'illusion – ils entendirent deux coups violents, comme si l'on avait fait claquer deux portes. D'un bond, Pim monta chez nous; en passant, Peter avertit Dussel qui, comme toujours, était le dernier à nous rejoindre. Tous, on se mit en route pour monter chez les Van Daan, non sans enlever d'abord nos chaussures. M. Van Daan était au lit avec un gros rhume; nous nous groupâmes autour de son chevet pour échanger, à voix basse, nos soupçons.

Froussardes, nous tournions presque de l'œil, Mme Van Daan et moi, chaque fois que Monsieur toussait; enfin l'une de nous eut l'idée lumineuse de lui donner de la codéine; les quintes se calmèrent immédiatement.

Après une attente interminable, nous avons supposé que, n'entendant plus de bruit, les cambrioleurs avaient perçu nos pas dans ces bureaux fermés, et avaient pris la fuite. Nous pensions avec appréhension au poste de radio autour duquel les chaises faisaient cercle, et qui était encore branché sur l'Angleterre. Si la porte avait été forcée, et si on allait avertir la police et dénoncer cette irrégularité, les conséquences en seraient on ne peut plus sérieuses. M. Van Daan se leva, mit son pardessus et son chapeau, suivit Père, et tous deux descendirent l'escalier; Peter, qui pour toute sécurité s'était armé d'un grand marteau, se joignit à eux. Les dames, Margot et moi, restâmes dans une attente angoissée pendant cinq minutes; enfin les messieurs réapparurent pour nous dire que tout était tranquille dans la maison.

Il était entendu que nous ne nous servirions pas de l'eau des robinets, ni de la chasse du w.-c. Mais l'émotion a fait le même effet sur chacun de nous. On faisait queue à la toilette – tu peux t'imaginer l'odeur...

Quand un incident de ce genre arrive, il y a toujours un tas d'autres choses qui s'en mêlent, et dans ce cas : n° 1, le carillon de la Westertoren ne sonnait plus, et j'étais donc privée de cet ami qui me donnait infailliblement confiance; n° 2, on se demandait si la porte de la maison avait été bien fermée la veille, car M. Vossen était parti avant l'heure ce soir-là, et nous ignorions si Elli avait pensé à lui demander la clef avant qu'il partît.

Ce n'est que vers onze heures et demie du soir que chacun de nous sembla un peu plus rassuré, les voleurs nous ayant alarmés vers huit heures environ; en dépit de leur fuite rapide, ils nous ont fait passer une soirée d'exécrable incertitude. Réflexion faite, il nous parut extrêmement improbable qu'un voleur se risquât à forcer une porte d'entrée, à une heure où les gens circulaient encore dans les rues. En outre, l'un de nous suggéra que le contremaître de nos voisins pouvait avoir travaillé plus tard, que le bruit pouvait venir de là, les murs étant tellement minces; dans ce cas, l'émotion générale aurait joué un drôle de tour à notre ouïe, et notre imagination aurait fait le reste, pendant ces instants critiques.

On s'est finalement couché, bien que personne n'eût sommeil. Père, Mère et Dussel ont passé une nuit à peu près blanche; quant à moi, je peux dire sans exagération que j'ai à peine fermé l'œil. A l'aube, les messieurs sont descendus jusqu'à la porte d'entrée pour vérifier la fermeture : tout était en ordre, donc très rassurant.

Lorsqu'on raconta à nos protecteurs notre mésaventure et nos inquiétudes dans tous leurs détails, ceux-ci se sont mis à se moquer de nous; après coup, c'est bien facile de rire de ces choses. Il n'y a qu'Elli qui nous a pris au sérieux.

A toi,

ANNE.

Samedi 27 mars 1943.

Chère Kitty,

Nous avons terminé le cours de sténo par correspondance, et nous allons nous mettre à la vitesse.

Comme nous devenons calés! J'ai encore des choses à te dire à propos de mes études pendant les jours de tombeau (c'est ainsi que j'appelle cette période qui nous oblige à vivre cachés, dans l'espoir que ce ne sera pas trop long) : je raffole de la mythologie, et surtout des dieux grecs et romains. C'est une toquade passagère, disent-ils autour de moi; ils n'ont jamais entendu parler d'une écolière qui apprécie les dieux à ce point. Eh bien, je serai donc la première!

M. Van Daan est toujours enrhumé, ou plutôt il a la gorge qui lui gratte un peu. Il en fait un plat, c'est fantastique. Il se gargarise avec une infusion de camomille et se badigeonne le palais avec du bleu de méthylène, se désinfecte les dents, la langue, fait des inhalations, et Monsieur est de mauvaise humeur par-dessus le marché.

Rauter, un des grands manitous boches, a tenu un discours : « Tous les juifs devront quitter les pays germaniques avant le 1er juillet. La province d'Utrecht sera épurée du 1er avril au 1er mai (comme s'il s'agissait de cafards); ensuite les provinces de la Hollande du Nord et du Sud, du 1er mai au 1er juin. » L'on mène ces pauvres gens à l'abattoir comme un troupeau de bêtes malades et malpropres. Mais je préfère ne plus en parler, ça me donne des cauchemars.

Bonne petite nouvelle : le Bureau de placement allemand a été saboté, on y a mis le feu. Quelques jours plus tard, même chose au Bureau de la population, où des hommes déguisés en policiers allemands ont ligoté les sentinelles et se sont emparés des documents importants.

A toi,

ANNE.

Jeudi 1er avril 1943.

Chère Kitty,

Pas de poisson d'avril aujourd'hui (voir date), au contraire, c'est du sérieux, me justifiant même de dire : « Un malheur ne vient jamais seul. »

D'abord, M. Koophuis, ce protecteur qui ne manque jamais de nous encourager, a eu hier une forte hémorragie de l'estomac et doit garder le lit au moins trois semaines. Ensuite, Elli a la grippe. De plus, M. Vossen, lui aussi, a probablement un ulcère à l'estomac, et va être admis à l'hôpital la semaine prochaine pour se faire opérer. Par surcroît, d'importants pourparlers d'affaires allaient avoir lieu incessamment, déjà les détails en avaient été fixés entre Père et Koophuis. Le temps manquait pour mettre suffisamment au courant Kraler, le seul porte-parole qui nous restait.

Cette réunion d'hommes d'affaires au Bureau privé rendait Père on ne peut plus anxieux quant au résultat de leur entretien. « Si seulement je pouvais être là, ah! si j'étais là! » s'écriait-il. « Si tu collais ton oreille au plancher, puisqu'ils sont au Bureau privé, tu entendrais tout », lui conseilla-t-on. Le visage de Père s'éclaira. Hier matin, à onze heures et demie, Margot et Pim (deux oreilles valent mieux qu'une) s'étendirent donc de tout leur long pour prendre le poste d'écoute. La conversation, non terminée le matin, fut remise à l'après-midi. Père était courbatu par cette position peu pratique, et, incapable de poursuivre la campagne d'espionnage; à deux heures et demie, lorsque les voix se firent entendre, il me pria de le remplacer auprès de Margot. Mais les conversations s'éternisaient et devenaient si ennuyeuses que je m'endormis sur le linoléum dur et froid. Margot n'a même pas osé me toucher, encore moins m'appeler, ayant peur du moindre bruit qui trahirait notre présence. Je me réveillai après une bonne demi-heure, ayant tout oublié de la conversation importante. Grâce au ciel, l'attention de Margot n'avait pas flanché.

A toi,

ANNE.

Vendredi 2 avril 1943.

Chère Kitty,
Hélas! un autre péché vient s'ajouter à ma liste déjà longue.

Hier soir, alors que j'étais déjà couchée, attendant Père qui devait venir faire la prière avec moi, avant de me dire bonne nuit, Mère entra, s'assit sur mon lit et me demanda très discrètement : « Anne, puisque Pappie n'est pas encore là, ne veux-tu pas que nous priions ensemble cette fois? »

« Non, maman », répondis-je.

Mère se leva, traîna un peu, puis alla lentement vers la porte, où elle se retourna tout à coup et, le visage tiré par la détresse, dit : « Je préfère ne pas me fâcher, l'amour ne se commande pas. » Les larmes coulaient sur ses joues lorsqu'elle referma la porte.

Je suis restée immobile, me trouvant odieuse de l'avoir repoussée aussi brutalement, mais sachant cependant que je ne pouvais répondre autrement. Je suis incapable d'hypocrisie, et incapable de faire ma prière avec elle contre mon gré. Ce qu'elle m'a demandé était tout simplement impossible.

J'avais pitié de Mère, je la plaignais de tout mon cœur, car, pour la première fois de ma vie, je m'étais aperçue que ma froideur ne lui était pas indifférente. Le chagrin se lisait sur son visage lorsqu'elle a dit que l'amour ne se commande pas. La vérité est dure, pourtant Mère m'a repoussée – c'est la vérité aussi – comme elle m'a abrutie de ses observations déplacées et sans tact, et s'est moquée de choses que je refuse de prendre pour des plaisanteries. Elle a frémi en s'apercevant que tout amour entre nous a vraiment disparu, exactement comme j'ai frémi, moi, en encaissant à chaque fois ses dures paroles.

Elle a pleuré très longtemps et elle a passé une nuit blanche. Père ne me regarde presque plus et, lorsque son regard croise le mien, je peux lire dans ses yeux : « Comment as-tu pu être aussi méchante, comment oses-tu faire tant de chagrin à ta Mère? »

Ils s'attendent à ce que je fasse des excuses, mais il m'est impossible d'offrir des excuses dans un cas pareil, parce que j'ai dit une vérité que, tôt ou tard, Mère serait forcée de reconnaître. Je n'ai plus besoin de faire semblant, puisque je suis devenue indifférente aux larmes de Mère et au regard de Père; pour la première fois, tous deux s'aperçoivent de ce que je ressens constamment. Je ne peux qu'avoir pitié de Mère qui est obligée de garder sa contenance devant moi. Quant à moi, j'ai décidé de me taire et de rester froide; je ne reculerai devant aucune vérité, quelle qu'elle soit, car plus on tardera à la dire, plus elle sera dure à entendre.

A toi,

ANNE.

Mardi 27 avril 1943.

Chère Kitty,

Les querelles font retentir toute la maison. Mère contre moi, les Van Daan contre Papa, Madame contre Mère. – Tout le monde est en colère – on rigole, n'est-ce pas? Les innombrables péchés d'Anne ont été remis sur le tapis dans toute leur ampleur.

M. Vossen est à l'hôpital, M. Koophuis s'est rétabli plus vite qu'on ne l'espérait, son hémorragie de l'estomac ayant été facilement enrayée cette fois. Il nous a raconté que le Service de population a été si bien arrangé par les pompiers qu'ils ont non seulement éteint les flammes, mais encore mis tout l'intérieur sous eau. Ça me fait plaisir.

Le Carlton Hôtel est en ruine; deux avions anglais avec un lourd chargement de bombes incendiaires n'ont pas raté l'*Offiziersheim*, mettant le feu à tout l'immeuble du coin. Les attaques de la R. A. F. sur les villes allemandes deviennent de plus en plus nombreuses. Plus de repos la nuit; j'ai les yeux cernés par manque de sommeil. Notre nourriture est abominable. Petit déjeuner : pain sec et succédané de café. Dîner : des épinards ou de la salade, depuis quinze jours. Les pommes de terre, 20 cm de long, ont un goût de pourriture sucrée. Ceux qui veulent maigrir n'ont qu'à prendre pension à l'Annexe! Nos voisins ne cessent de se lamenter; quant à nous, nous prenons la situation moins au tragique. Tous les hommes ayant été mobilisés ou ayant combattu en 1940 sont appelés pour se rendre au travail obligatoire en Allemagne. Encore une mesure de précaution contre le débarquement, sans doute!

A toi,

Anne.

Samedi 1er mai 1943.

Chère Kitty,

En réfléchissant de temps à autre sur la façon dont nous vivons ici, j'arrive presque toujours à la même conclusion : en comparaison des juifs qui ne se sont pas cachés, nous devrions nous croire au paradis. Cependant plus tard, quand tout sera redevenu normal, habitant notre maison proprement rangée comme autrefois, je ne pourrai m'empêcher de m'étonner en me rappelant ce à quoi nous sommes réduits maintenant.

Réduits, dans le vrai sens du mot, en ce qui concerne notre manière de vivre. Par exemple, depuis que nous sommes ici, nous nous servons de la même toile cirée, qu'on ne peut plus appeler propre après un aussi long usage. J'essaye souvent de la frotter avec un vieux chiffon à vaisselle, mais il y a plus de trous que de chiffon. On a beau laver et savonner la table, on ne s'en tire jamais avec honneur. Tout l'hiver, les Van Daan ont dormi sur un coupon de flanelle qu'on ne peut laver ici, étant donné la mauvaise qualité et la rareté du détersif. Père porte un pantalon râpé et une cravate défraîchie. Le corset de Mère a rendu l'âme aujourd'hui, tandis que Margot se promène avec un soutien-gorge trop petit de deux pointures.

Mère et Margot ont porté à tour de rôle pendant tout l'hiver les trois mêmes chemises; les miennes sont devenues si courtes qu'elles ne m'arrivent même plus au nombril.

Bien sûr, toutes ces choses sont passagères, donc négligeables, mais il m'arrive d'avoir des appréhensions : « Nous, qui nous accommodons actuellement de nos affaires usagées, depuis mes culottes jusqu'au blaireau de Père, allons-nous voir un jour revenir le train de vie d'avant-guerre? »

Cette nuit, les avions ont tellement bombardé qu'à quatre reprises j'ai emballé toutes mes affaires. Aujourd'hui, j'ai même préparé une petite valise avec le strict nécessaire en cas de fuite. Mère me dit, et pour cause : « Où veux-tu fuir? »

Toute la Hollande est punie pour ses nombreuses grèves. Elle est déclarée en état de siège, et sa ration de pain est réduite de 100 g par personne. Voilà pour les enfants qui n'ont pas été sages!

A toi,

ANNE.

Mardi 18 mai 1943.

Chère Kitty,

J'ai été la spectatrice d'une bataille monstre entre avions anglais et allemands. Malheureusement, quelques alliés ont été obligés d'abandonner leurs appareils en feu et de sauter en parachute. Notre laitier, qui habite non loin de la ville, a vu quatre Canadiens assis au bord de la route; l'un d'eux parlant couramment hollandais lui a demandé du feu pour sa cigarette et lui a raconté qu'ils formaient un équipage de six hommes. Le pilote était carbonisé, et le cinquième s'était caché ils ne savaient où. La Feld-Gendarmerie est venue ramasser ces quatre hommes en parfaite santé. Comment est-il possible de garder une telle présence d'esprit après un saut aussi formidable?

En dépit d'une chaleur printanière, nous sommes obligés d'allumer le feu tous les jours pour brûler les déchets de légumes et autres ordures. Ayant à tenir compte de l'homme du magasin, nous ne pouvons pas nous servir de la poubelle. La moindre imprudence suffirait à nous trahir.

Tous les étudiants terminant ou envisageant de poursuivre leurs études cette année sont priés de signer une liste présentée par la Direction, les engageant à sympathiser avec les Allemands et l'ordre nouveau. Quatre-vingts pour cent ont refusé net de renier leur conscience et leurs convictions, et ont dû en subir les conséquences. Tous les étudiants qui n'ont pas signé seront dirigés sur un camp de travail allemand. Si tous les jeunes gens sont condamnés aux travaux forcés chez les Boches, que va-t-il rester de la jeunesse néerlandaise?

La nuit passée, j'étais dans le lit de Pim, et Maman avait fermé la fenêtre à cause du bombardement. Tout à coup, j'entendis l'un de nos voisins sauter du lit (pas légèrement, c'était Madame), et, tout de suite après, un coup de bombe effrayant. J'ai hurlé : « Lumière, lumière! » Pim alluma. Je m'attendais à voir la chambre dévorée par les flammes d'un moment à l'autre. Il ne se passa rien. Nous sommes vite montés voir ce qui les avait alarmés. M. et Mme Van Daan avaient vu une lueur rose dans le ciel. Monsieur avait cru qu'il y avait le feu non loin de chez nous, et Madame que les flammes s'étaient emparées de notre maison. Le coup de bombe la fit bondir sur ses jambes tremblantes. Mais puisque rien ne s'était passé chez nous, nous avons tous regagné nos lits.

Les tirs recommencèrent à peine un quart d'heure plus tard. Immédiatement Mme Van Daan s'est levée et est descendue dans la chambre de M. Dussel pour y trouver le calme qu'elle cherchait vainement auprès de son époux. Dussel la reçut avec ces mots : « Viens dans mon lit, mon enfant! » Ce qui provoqua chez tout le monde un fou rire hystérique, qui suffit à chasser la peur et à faire oublier le bruit des canons.

A toi,

ANNE.

Dimanche 13 juin 1943.

Chère Kitty,

Pour mon anniversaire, Père m'a écrit un compliment qui est trop joli pour n'en pas faire mention. Pim ne peut composer de poèmes qu'en allemand, et Margot s'est chargée de la traduction. D'après le fragment que je cite ici, tu pourras juger si Margot ne s'est pas bien acquittée de sa tâche. Je supprime le début, qui n'est qu'un résumé des événements de l'année écoulée :

« Gamine n'étant plus, et pourtant la plus jeune,
La vie n'est pas facile; – chacun veut se faire
Un peu ton maître et, comme tel, s'octroie,
A ton grand désespoir, des droits :
« C'est moi qui te le dis. »
« Je sais par expérience
« Les choses à prendre ou à laisser. »
      Jour après jour
      Toute l'année,
Tu les entends ces sacrées vérités.
    Les défauts des prêcheurs
    Jamais n'ont d'importance.
Leurs blâmes jamais ne leur coûtent
Et toi seule en portes le poids.
Mais tes parents n'ont jamais le beau rôle,
A toujours être juges
Sans toujours être justes.
Blâmer les grands paraîtrait singulier
      Venant de toi.
      Ça va sans dire.
     Entourée que tu es
De vieux grincheux, et leurs prêchi-prêcha
Que tu dois avaler comme pilule amère
    Pour la paix conserver.
Mais si le temps s'écoule, il n'est pas gaspillé,
     Car il y a l'étude
     Et il y a les livres.
     Et lire désennuie.
Un point plus délicat, c'est la coquetterie.
« Que mettrai-je aujourd'hui ?
« Que mettrai-je demain ?
« De culotte, je n'en ai point.
« Ma chemise, c'est un lambeau.
« Mes chaussures qui n'en sont plus.
Ah ! Quelle plaie, quelles calamités ! (1) »

---

(1) Les traductrices ont fait leur possible.

Je supprime aussi le passage de la boustifaille, que Margot n'est pas arrivée à mettre en vers. Ne trouves-tu pas ce poème joli? J'ai d'ailleurs été très gâtée : très beaux cadeaux, entre autres un gros livre sur mon sujet préféré : la *Mythologie de Hellas et de Rome*. A propos de sucrerie, je n'ai pas à me plaindre non plus; comme benjamine, je pense que chacun m'a sacrifié un peu de ses dernières réserves. On m'a vraiment fait trop d'honneur, étant donné les circonstances, et j'ai plus que je ne mérite.

A toi,

Anne.

Mardi 15 juin 1943.

Chère Kitty,

J'ai toujours des choses à raconter, mais souvent j'en passe, ne les trouvant pas assez intéressantes, et j'ai peur aussi de t'ennuyer avec trop de lettres. Voici les dernières nouvelles, je serai très brève :

On n'a pas opéré l'ulcère de M. Vossen. Sur la table d'opération, le chirurgien s'est rendu compte qu'il avait un cancer trop avancé pour l'enlever. Il l'a recousu, et le fait garder à l'hôpital pendant trois semaines en le nourrissant bien, avant de le renvoyer chez lui. Je le plains terriblement, et je n'aurais pas manqué d'aller le voir souvent pour le distraire, si je pouvais sortir. Ce bon Vossen, qui nous tenait si bien au courant de tout ce qui se passe et se dit au magasin, nous mettant en garde, nous donnant aide et courage – il nous manque, cet ami, il nous manque terriblement. Quel désastre!

Le mois prochain, il va falloir céder le poste de radio, M. Koophuis étant obligé de remettre le sien aux autorités. Mais notre protecteur a acheté au marché noir un Baby-poste, qui remplacera le grand appareil Philips. C'est bien dommage d'avoir à se séparer d'un si bel appareil, mais une maison qui sert de cachette ne peut se permettre d'attirer l'attention des autorités par une irrégularité. Nous allons placer le Baby-poste chez nous; un poste clandestin, chez des juifs clandestins qui achètent au marché noir avec de l'argent clandestin, se trouvera tout à fait chez lui. De toute part, les gens s'efforcent de s'emparer d'un vieux poste pour remplacer celui que les autorités réclament. Plus les nouvelles sont mauvaises, plus la voix merveilleuse des émissions d'outre-mer forme pour tous cet encourageant « tenez bon, tête haute, des temps meilleurs viendront! » dont on ne peut se passer.

A toi,

ANNE.

Dimanche 11 juillet 1943.

Chère Kitty,

Pour revenir une fois de plus sur le problème de l'éducation, je peux t'assurer que je me donne beaucoup de mal pour me rendre utile, être aimable et gentille, en un mot changer le climat et atténuer la pluie des observations. Quel boulot de prétendre être exemplaire, devant des gens qu'on ne peut pas sentir! Mais je m'aperçois vraiment qu'avec un peu d'hypocrisie j'ai plus à gagner qu'avec mes opinions sincères, que personne n'a jamais demandées ni estimées.

Il m'arrive d'oublier de jouer la comédie et de ne pouvoir contenir ma rage quand une injustice se produit, de sorte qu'il me faut endurer pendant quatre semaines ou plus les allusions à « la plus insolente enfant du monde ». Ne suis-je pas à plaindre? Heureusement que je ne suis pas boudeuse, je deviendrais de plus en plus aigrie et je perdrais ma bonne humeur à jamais.

J'ai envie de laisser tomber un peu la sténo, depuis le temps que ça dure... D'abord, pour pouvoir mieux me consacrer à mes autres matières, et puis à cause de mes yeux – ça, c'est une autre calamité. Je deviens chaque jour plus myope, et j'aurais dû avoir des lunettes il y a longtemps (ouh! j'aurais l'air d'un hibou), mais tu sais, nous, pour sortir... Hier, toute la maison n'a parlé que des yeux d'Anne, parce que Mère a suggéré que j'aille chez l'oculiste accompagnée de Mme Koophuis. A cette seule supposition, je me suis sentie chanceler. Sortir... ce n'est pas une bagatelle.

Tu peux t'imaginer ça? Sortir dans la rue! Dans la rue! C'est inimaginable. J'ai d'abord eu une sainte frousse, rien qu'à l'idée; ensuite, j'en ai été ravie. Mais ce n'est pas si simple que ça. Cette décision concerne tout le monde, et tous les intéressés ayant leur mot à dire, ils n'ont pu se mettre d'accord d'un coup d'un seul. Toutes les difficultés, tous les risques ont été pesés et soupesés, bien que Miep se soit offerte à m'accompagner sur-le-champ.

Je n'ai pas tardé à sortir mon manteau gris, mais il est devenu si petit qu'il semble appartenir à ma petite sœur. Je suis vraiment curieuse de savoir ce que ça donnera, mais je ne pense pas qu'ils donneront suite au projet, car, entre temps, les Anglais ont débarqué en Sicile, et Père, une fois de plus, est persuadé « d'une fin proche et rapide ».

Elli nous confie, à Margot et à moi, une grande partie de son travail de bureau; ça l'aide énormément et ça nous donne de l'importance. Il s'agit de classer la correspondance et d'inscrire les ventes; tout le monde peut faire ça, mais nous sommes très consciencieuses.

Miep est toujours chargée comme un petit âne, elle ne fait que traîner des paquets. Presque tous les jours, elle fait des kilomètres pour dénicher des légumes qu'elle rapporte dans de grands sacs attachés à son vélo. Chaque samedi, fidèlement, elle arrive avec cinq livres de la bibliothèque; nous les attendons toute la semaine avec impatience. Exactement comme de petits enfants à qui l'on a promis un jouet.

Les gens libres ne pourraient jamais concevoir ce que les livres représentent pour les gens cachés. Des livres, encore des livres, et la radio – c'est toute notre distraction.

A toi,

ANNE.

Chère Kitty,

Avec la permission de Père, j'ai demandé hier après-midi à Dussel s'il voulait bien m'accorder, s'il vous plaît (très poli, n'est-ce pas?), l'usage de la table dans la chambre que nous partageons, deux après-midi par semaine, de quatre heures à cinq heures et demie. Une petite explication : je m'en sers tous les jours de deux heures et demie à quatre heures, pendant que Dussel fait la sieste. A partir de quatre heures, la chambre et la table me sont interdites. Dans l'après-midi, il y a trop de monde chez mes parents pour pouvoir y travailler et, d'ailleurs, Père aime bien se servir lui aussi de la table quand il a du travail.

J'estime avoir demandé quelque chose de raisonnable, et je l'ai fait par pure politesse. Et que t'imagines-tu que le seigneur Dussel a répondu? « Non. » Court et bon. « Non. » J'étais indignée. Je lui ai demandé la raison de ce « Non », bien décidée à ne pas me laisser faire. Mais il m'a envoyée paître! Voici ce qu'il me dit :

« J'ai à travailler, moi aussi. Si je ne travaille pas l'après-midi, je ne travaille plus du tout. Je dois terminer ma thèse, je ne l'ai pas commencée pour rien. Et toi, tu n'as rien de sérieux à faire. La mythologie, ce n'est pas du travail, tricoter et lire non plus. J'ai réservé la petite table et je la garde. » Voici ma réponse : « Mais, monsieur Dussel, je travaille sérieusement, tout ce qu'il y a de plus sérieusement; chez mes parents, c'est impossible, l'après-midi. Je vous prie d'être assez aimable de réfléchir à ma question! »

Sur ce, Anne, très offensée, lui tourna le dos, et fit comme si le grand docteur était quantité négligeable. J'ai vu rouge devant ce Dussel abominablement mal élevé (n'est-ce pas?), alors que j'étais restée si correcte. Le soir, je me suis arrangée pour parler seul à seule avec Pim; je lui ai raconté comment ça s'était passé, et j'ai discuté avec lui la manière dont je devais m'y prendre, car je n'allais pas céder et je voulais m'en tirer toute seule, autant que possible. Pim m'a donné quelques vagues conseils, entre autres celui d'attendre jusqu'à demain, car j'étais dans tous mes états.

Mais ça, je n'y songeais pas. Après la vaisselle, j'ai rejoint Dussel dans ma chambre; avec Pim dans la pièce à côté, et la porte ouverte, je ne manquais point d'assurance. Je commençai : « Monsieur Dussel, vous trouvez peut-être que ce n'est pas la peine d'examiner ma demande de plus près, mais je vous prie quand même d'y réfléchir. » Dussel, de son sourire le plus aimable, remarqua : « Je suis toujours prêt, à tout instant, à parler de cette affaire, quoique je la considère comme terminée. »

En dépit de l'interruption de Dussel, j'ai continué à parler :

« Lorsque vous êtes arrivé chez nous, il était bien entendu qu'en partageant la chambre avec moi nous en partagerions aussi l'usage, et vous avez accepté de l'occuper le matin, tandis que, moi, j'en disposerais l'après-midi – tout l'après-midi! Je ne vous en demande même pas autant : deux après-midi par semaine, il me semble que c'est raisonnable. »

Dussel bondit comme si une bête l'avait mordu. « Tu n'as aucun droit... Et alors, où veux-tu que j'aille, moi? Je demanderai à M. Van Daan de me construire un cagibi au grenier pour y travailler; ici, on n'est tranquille nulle part. On ne peut vivre avec toi sans se chamailler. Si ta sœur Margot était venue me demander la même chose – et cela aurait plus de raison d'être – je n'aurais jamais pensé à le lui refuser, mais toi... »

Suivirent alors les mêmes histoires – la mythologie, le tricot, etc. Par conséquent, autant de vexations pour Anne. Elle n'en fit cependant rien voir et laissa finir Dussel : « Mais, que veux-tu? toute discussion avec toi est inutile. Tu es l'égoïsme personnifié, tu ne penses qu'à faire à ta tête, tu ne recules devant rien ni personne pour avoir gain de cause. Je n'ai jamais vu une enfant pareille. Mais en fin de compte, je serai bien obligé de m'incliner, sans cela, je n'en finirai plus d'entendre plus tard qu'Anne Frank a raté ses examens parce que M. Dussel a refusé de céder la petite table à Mademoiselle. »

Et ainsi de suite, à n'en pas finir; à la longue, je ne pouvais presque plus le suivre. Tantôt je pensais : « Je vais lui donner une telle gifle qu'il volera contre le mur avec tous ses mensonges », et tantôt je me disais : « Ne perds pas le nord, ce type n'en vaut pas la peine! »

Enfin, le seigneur Dussel fut à bout de souffle, mais à la fois la colère et le triomphe se lisaient sur sa face lorsqu'il quitta la chambre, avec son pardessus aux poches bourrées de boustifaille. Je courus vers Père pour lui répéter ma petite discussion dans tous ses détails, au cas où il ne l'aurait pas suivie. Pim décida d'en reparler à Dussel le soir même; ça a duré plus d'une demi-heure. Ils ont récapitulé à peu près comme suit : il s'agissait de savoir si, oui ou non, Anne avait droit à sa petite table. Père lui a rappelé qu'ils en avaient déjà parlé auparavant. Il avait eu la faiblesse à ce moment-là de lui donner raison, pour maintenir le prestige des grands envers les gosses. Après réflexion, précisa Père, il devait bien admettre qu'il avait eu tort. Dussel protesta et dit qu'Anne n'avait aucun droit de le traiter comme un importun qui s'empare de tout; Père protesta à son tour, disant que lui-même avait été témoin de la conversation entre Dussel et moi, et que rien n'avait jamais été dit de pareil. Quelques observations encore, de part et d'autre, et Père finit par défendre mon travail, que Dussel appelait mon égoïsme et mes futilités. Celui-ci se contenta de grommeler.

Enfin, il a bien dû consentir à me laisser travailler deux après-midi sans interruption jusqu'à cinq heures. Il a pris un air pincé, et ne m'a plus adressé la parole pendant deux jours. A cinq heures précises, il vient prendre possession de sa petite table –

jusqu'à cinq heures et demie – par enfantillage, naturellement.

On ne peut demander à un vieux singe de cinquante-quatre ans de changer sa nature.

      A toi,

ANNE.

Vendredi 16 juillet 1943.

      Chère Kitty,

Encore un cambriolage, un véritable cette fois!

Ce matin, à sept heures, Peter, descendu au magasin comme d'habitude, s'aperçut immédiatement que la porte du magasin ainsi que la porte d'entrée étaient grandes ouvertes. Il en informa Pim, qui s'empressa de mettre sur l'Allemagne le poste de radio et de fermer soigneusement la porte du Bureau privé avant de remonter avec Peter.

La consigne pour des cas pareils : n'ouvrir aucun robinet, donc ne pas se laver, se tenir tranquille, être fin prêt à huit heures, ne pas se servir du w.-c... Consigne strictement observée. Nous avions bien dormi la nuit, tous les huit, et nous étions ravis de n'avoir rien entendu. Ce n'est que vers onze heures et demie que M. Koophuis est venu nous raconter toute l'histoire : les cambrioleurs devaient avoir ouvert la porte d'entrée avec une pince-monseigneur, et forcé la porte du magasin. Comme il n'y avait pas grand-chose à voler, ils ont tenté leur chance au premier étage.

Ils ont pris deux petites caisses contenant 40 florins, des carnets de virements et, chose plus sérieuse, tous les bons de sucre représentant une provision de 150 kilos.

M. Koophuis pense que ces cambrioleurs doivent être les mêmes que nos mystérieux visiteurs d'il y a six semaines, qui à ce moment-là n'avaient pas réussi à ouvrir les trois portes.

Cet incident a de nouveau rendu l'atmosphère orageuse, mais l'Annexe ne semble pas pouvoir s'en passer. Nous avons la satisfaction d'avoir pu conserver les machines à écrire et la grande caisse, que l'on monte chez nous tous les soirs, pour les ranger dans notre armoire.

A toi,

ANNE.

Lundi 19 juillet 1943.

Chère Kitty,

Dimanche, le nord d'Amsterdam a été lourdement bombardé – une dévastation épouvantable. Des rues entières en ruine; il faudra un certain temps avant de pouvoir retirer tous les cadavres. On compte jusqu'à présent 200 morts et de nombreux blessés; les hôpitaux sont débordés. On entend parler d'enfants qui cherchent leurs parents perdus sous les cendres encore chaudes.

Je frissonne en pensant au grondement sourd et lointain qui était pour nous le présage de cette destruction.

A toi,

ANNE.

Vendredi 23 juillet 1943.

Chère Kitty,

J'ai envie de te raconter ce que chacun de nous veut faire en sortant d'ici. Le vœu le plus cher de Margot et de M. Van Daan est de se plonger jusqu'au menton dans un bain très chaud, et d'y rester au moins une demi-heure. Mme Van Daan, avant toute autre chose, veut aller manger des gâteaux. Dussel ne peut penser qu'à Lotte, sa femme, Mère, à sa tasse de café, Père à rendre visite à M. Vossen, Peter à aller au cinéma. Et moi je serais tout simplement aux anges, et si béate que je ne saurais par où commencer.

Ce dont j'ai le plus envie, c'est d'être chez moi, de pouvoir circuler librement, de bouger, et enfin, d'être dirigée dans mon travail, donc de retrouver l'école.

Elli nous a offert des fruits – au prix où ils sont... Raisins, 5 florins le kg, groseilles à maquereaux, fl. 0,70 la livre. Une pêche, fl. 0,50; melon, fl. 1,50 le kg. Et tous les soirs, on peut lire dans les journaux : « La hausse des prix, c'est l'usure! »

A toi,

ANNE.

Lundi 26 juillet 1943.

Chère Kitty,

Hier, journée tumultueuse, et pleine d'émotions. Tu te demandes sans doute si jamais un jour se passe sans émotions.

Alerte le matin, au petit déjeuner, mais on s'en fiche, car ça veut dire que les avions approchent de la côte. Après, je me suis étendue pendant une heure à cause d'un terrible mal de tête, et j'ai rejoint les autres vers deux heures. A deux heures et demie, à peine Margot avait-elle rangé son travail de bureau, que les sirènes se mirent à hurler; elle remonta vite avec moi. Il était temps, car, cinq minutes après, ça a tellement bardé que, tous les quatre, nous nous sommes réfugiés dans le couloir. Il n'y avait pas à s'y méprendre, la maison tremblait, et les bombes n'étaient pas loin.

Je me cramponnais à ma petite valise, plutôt pour m'accrocher à quelque chose que pour fuir, car, de toute façon, nous ne pouvions pas sortir. Notre fuite, ce ne serait qu'en dernière extrémité, et la rue nous réservait autant de danger que les bombardements. Après une demi-heure, il y eut moins d'avions; en revanche, un énorme branlebas dans la maison. Peter était redescendu de son poste d'observation du grenier. Dussel se trouvait au bureau, Madame se croyait en sécurité au Bureau privé, M. Van Daan avait vu tout le spectacle de la mansarde, alors que nous étions restés dans le petit couloir. Je suis montée à la mansarde voir les colonnes de fumée au-dessus du port, dont ils parlaient. Bientôt une odeur de brûlé nous envahit, et l'air du dehors se transforma en un brouillard épais.

Bien que le spectacle d'un grand incendie ne soit pas une plaisanterie, chacun de nous retourna peu après à ses occupations. Encore heureux de pouvoir le faire! Le soir au dîner, nouvelle alerte. Pour une fois, on mangeait bien, mais le hurlement des sirènes me coupa l'appétit. Cependant, tout resta calme jusqu'au signal de fin d'alerte trois quarts d'heure plus tard. A peine la vaisselle faite : alerte, tirs, et un nombre inimaginable d'avions. « Ciel! deux attaques dans la journée, c'est trop », mais on ne demande pas notre avis; encore une pluie de bombes, de l'autre côté cette fois, à Schiphol, selon le communiqué anglais. Montant, piquant, les avions faisaient vibrer le ciel, et me donnaient la chair de poule. A chaque instant, je me disais : « Cette bombe est pour toi, adieu. »

Je peux t'assurer qu'en me couchant à neuf heures mes genoux tremblaient encore. A minuit exactement : les avions. Dussel était en train de se déshabiller; réveillée par les premiers tirs, je n'y fis aucune attention, et sautai hors du lit pour me réfugier chez Père. Deux heures de vol et de tirs sans arrêt, ensuite silence. J'ai regagné mon lit, et me suis endormie à deux heures et demie du matin.

Sept heures. Je me réveillai en sursaut. Van Daan était chez Père. Ma première pensée fut les cambrioleurs. J'entendis Van Daan dire « tout », et je pensai qu'on avait tout volé. Mais non, cette fois-ci la nouvelle était merveilleuse, la plus délicieuse depuis des mois, que dis-je? depuis toutes les années de guerre. « Mussolini a démissionné en faveur du roi d'Italie. » On jubilait, tous et chacun. Après cette journée épouvantable d'hier, enfin un bon présage... de l'espoir. L'espoir de la fin, l'espoir de la paix.

Kraler est passé chez nous et nous a dit que *Fokker* a été rasé. Cette nuit, deux nouvelles alertes.

Je suis épuisée par les alertes et par le manque de sommeil et je n'ai pas du tout envie de travailler. C'est le bouleversement de l'Italie qui nous tient éveillés, et l'espoir de voir la fin de tout ça, cette année peut-être...

A toi,

ANNE.

Jeudi 29 juillet 1943.

Chère Kitty,

Mme Van Daan, Dussel et moi étions en train de faire la vaisselle. Ce qui n'arrive presque jamais et allait certainement attirer leur attention – j'avais gardé un silence absolu.

Afin d'éviter les questions et d'amener une diversion, j'ai vite trouvé un sujet que je croyais neutre, le livre *Henri van den Overkant*. Hélas! je me suis bien trompée. Si ce n'est pas Mme Van Daan qui me casse les pieds, c'est Dussel, et j'aurais dû compter avec lui. C'est lui qui nous avait recommandé ce livre comme extraordinaire et excellent. Pas plus que moi, Margot ne l'avait trouvé ni extraordinaire ni excellent. Tout en essuyant les assiettes, j'admis que l'auteur avait réussi la description du petit garçon, mais le reste... mieux valait ne pas en parler, et je me suis attiré l'indignation du seigneur.

« Comment peux-tu comprendre la psychologie d'un homme? Si encore il s'agissait d'un enfant (!). Tu es beaucoup trop jeune pour un livre pareil; ce ne serait même pas à la portée d'un homme de vingt ans. » (Alors, pourquoi nous l'a-t-il si chaleureusement recommandé à toutes les deux?)

Dussel et Mme Van Daan ont poursuivi leurs observations à tour de rôle :

« Tu en sais trop long, à ton âge, ton éducation laisse à désirer. Plus tard, quand tu seras plus âgée, tu ne prendras plus plaisir à rien, tu diras : « J'ai « déjà lu tout ça dans les bouquins, il y a vingt « ans. » Dépêche-toi donc de tomber amoureuse et de décrocher un mari, sans cela tu risques d'avoir déception sur déception. Tu as appris toutes les théories, il n'y a que la pratique qui te manque! »

Quelle curieuse conception ils ont de l'éducation en me dressant toujours contre mes parents, car c'est ce qu'ils font, en somme; et se taire devant une fille de mon âge sur « les sujets pour les grands »! C'est cependant à leur avis une méthode aussi excellente. A voir les résultats, ils sont jolis!

Sur le moment, je les aurais giflés, ces deux-là, qui ne trouvaient rien de mieux que me rendre ridicule. J'étais hors de moi. Ah! si je pouvais savoir quand je serai enfin débarrassée de ces gens-là! Mme Van Daan – quel échantillon! Et c'est elle, cette grande personne-là, qui devrait me servir d'exemple... oui, de mauvais exemple.

Tout le monde est d'accord : elle est très indiscrète, égoïste, roublarde, calculatrice, et mécontente de tout. On peut y ajouter la vanité et la coquetterie. Bref, c'est une chipie, incontestablement! Je pourrais écrire sur elle des volumes entiers et, qui sait? je m'y mettrai peut-être un jour. Tout le monde est capable de se donner un joli vernis. Avec les inconnus, surtout avec les hommes, Madame est aimable, par conséquent, elle trompe au premier abord.

Selon Mère, elle est trop stupide, pas la peine de se creuser la caboche pour elle. Margot la considère comme quantité négligeable. Pim la trouve trop laide, physiquement et moralement; et moi, qui n'avais aucun préjugé au départ, je dois admettre après pas mal de détours qu'ils ont raison tous les trois, et je suis loin d'être trop sévère. Elle a tant de mauvaises qualités, je ne vois vraiment pas pourquoi j'en prendrais une.

A toi,

ANNE.

P.-S. – Je te fais remarquer qu'en écrivant cela je suis encore sous le coup de la fureur.

Chère Kitty,

Voilà plus d'un an que je te raconte bien des choses sur la vie de l'Annexe, et cependant je n'arriverai jamais à t'en donner une idée parfaite. Il y a trop de détails, on s'y perd, et il y a trop de différence entre la vie que nous menons et celle des gens normaux en temps normal. Aujourd'hui je vais te donner un aperçu de notre vie au jour le jour. Je commence par la fin de la journée.

Vers neuf heures du soir, tout le monde s'occupe de ses préparatifs pour la nuit, entraînant un remue-ménage dont tu n'as pas idée.

On déplace des chaises, on va chercher des couvertures et on les déplie; tout le mobilier du jour est à transformer. Je dors sur le petit divan qui n'a pas 1 m 50 de long, et qui a donc besoin de deux chaises comme rallonge. Un édredon, les draps, les oreillers, les couvertures, tout est à retirer du lit de Dussel, où ces objets sont logés pendant la journée.

Ailleurs – un craquement redoutable – c'est le lit-cage de Margot, dont les lattes de bois sont à bourrer de coussins et de couvertures pour rendre sa couche un peu plus confortable.

Chez nos voisins – un fracas de tonnerre : ce n'est que le lit de Madame que l'on pousse contre la fenêtre pour procurer aux petites narines de Sa Grâce, vêtue d'une liseuse rose, un peu d'air vivifiant.

Neuf heures : A la suite de Peter, je prends possession du cabinet de toilette, et je me livre à une toilette minutieuse; il m'arrive parfois (pendant les chaleurs) de faire nager une puce. Puis, me brosser les dents, mettre mes bigoudis, vérifier mes ongles, manier des bouts de coton trempés d'eau oxygénée (pour blondir le duvet d'une moustache noire) – et tout ça en une petite demi-heure, s'il vous plaît.

Neuf heures et demie : Vite le peignoir de bain sur les épaules et, le savon dans une main, pot de nuit, épingles à cheveux, bigoudis et coton dans l'autre, sortie rapide, suivie souvent d'un rappel à l'ordre de la part de mon successeur légèrement dégoûté par quelques cheveux ondulant gracieusement sur la table de toilette.

Dix heures : Extinction des feux. Bonne nuit. Pendant un bon petit quart d'heure, craquements des lits et des ressorts cassés, soupirs, puis silence, du moins, si les voisins du haut ne commencent pas à s'engueuler.

Onze heures et demie : La porte du cabinet de toilette grince. Un mince filet de lumière pénètre dans la chambre. Craquement de semelles, puis, l'ombre d'un grand pardessus, agrandissant l'homme qui le porte. Dussel a terminé son travail au bureau de Kraler. Pendant dix minutes, bruit de pas, froissement de papiers et mise en ordre de son ravitaillement, ensuite il fait son lit. La silhouette disparaît encore une fois; de temps à autre bruit suspect du w.-c.

Trois heures : Je me lève pour faire un petit besoin dans la boîte en fer-blanc servant de pot de chambre qui se trouve sous mon lit, et sur un petit tapis de caoutchouc protégeant le plancher. Chaque fois que ça m'arrive, je retiens ma respiration, car j'ai l'impression d'entendre une véritable chute d'eau se précipitant du haut d'une montagne. Je remets le pot en place, et la petite forme blanche, en chemise de nuit – la bête noire de Margot qui s'exclame à cette vue : « Oh! cette chemise de nuit indécente! » – remonte dans son lit.

S'ensuit au moins un quart d'heure d'insomnie à écouter les bruits nocturnes. Des voleurs n'entrent-ils pas dans la maison? Puis il y a les bruits des lits, au-dessus, à côté, dans la chambre même, me renseignant sur ceux qui dorment et ceux qui s'agitent.

Si c'est Dussel qui ne peut pas dormir, c'est plutôt assommant. D'abord j'entends un petit bruit comme un poisson qui avale de l'air, répété au moins dix fois; successivement, il humecte ses lèvres, je pense, et fait claquer sa langue, ou bien il se tourne et se retourne interminablement, en enfonçant ses oreillers. Cinq minutes d'immobilité complète. Mais – pas d'illusions – ces manœuvres peuvent se répéter jusqu'à trois reprises avant que le docteur Dussel s'assoupisse enfin.

Il n'est pas improbable d'être surpris, entre une heure et quatre heures du matin, par les avions et les tirs ininterrompus. La plupart du temps, j'ai déjà sauté du lit avant même de savoir ce qui arrive. Quelquefois, je continue à rêver, repassant mes verbes irréguliers français, ou me chamaillant avec nos voisins; dans ce cas, je n'en reviens pas de me trouver encore dans ma chambre quand sonne la fin d'alerte. Car d'habitude, je m'empare vite d'un oreiller et d'un mouchoir, j'enfile un peignoir et c'est une course en pantoufles jusqu'à Père, comme l'a dit Margot dans un vers d'anniversaire :

« La nuit au premier coup de feu,
   la porte grince, et bien sûr,
   Voilà le mouchoir, l'oreiller et la gamine... »

Arrivée au lit paternel, j'ai moins peur, sauf quand ça barde trop.

Sept heures moins le quart : Rrrring... le petit réveil, qui peut faire entendre sa voix sur commande (parfois aussi par surprise). Ring... ring... Madame l'a arrêté. Craque... Monsieur s'est levé. Il met l'eau à bouillir et fait sa toilette.

Sept heures un quart : La porte grince, c'est au tour de Dussel à faire sa toilette. Restée seule, j'ouvre les rideaux... et le nouveau jour commence à l'Annexe.

A toi,

ANNE.

Jeudi 5 août 1943.

Chère Kitty,

Je te décris l'heure creuse.

Il est midi et demi : Tout le monde respire. Les hommes du magasin sont allés déjeuner. J'entends

Madame passer à l'aspirateur son seul et unique beau tapis. Margot rassemble ses livres; elle se prépare à l'enseignement néerlandais sur l'éducation des enfants arriérés, catégorie à laquelle pourrait très bien appartenir Dussel. Maman se dépêche d'aller donner un coup de main à la bonne ménagère Van Daan, et moi, je vais au cabinet de toilette pour y mettre de l'ordre et pour me rafraîchir un peu.

Une heure moins le quart : L'un après l'autre ils arrivent : d'abord M. Van Santen, ensuite Koophuis ou Kraler, Elli, et parfois Miep aussi.

Une heure : Groupés autour du Baby-poste, tout le monde est à l'écoute de la B. B. C.; ce sont les seuls instants où les membres de l'Annexe ne s'interrompent pas, et entendent parler quelqu'un qui ne peut être contredit, même pas par M. Van Daan.

Une heure un quart : Distribution des vivres. Chacun des convives du bureau reçoit un bol de soupe et, quand il y a du dessert, on partage avec eux. Content, M. Van Santen se met sur le divan ou s'appuie contre la table, avec son bol, son journal et le chat; quand l'une de ces trois choses lui manque, il rouspète. Koophuis donne les dernières nouvelles de la ville – source excellente. On devine l'arrivée de Kraler à son pas pesant dans l'escalier, et au violent coup sec frappé sur la porte; après quoi il entre, se frottant les mains, pressé ou oisif, taciturne ou bavard selon qu'il est bien ou mal luné.

Deux heures moins le quart : Le déjeuner des buralistes est terminé, on se lève, et chacun retourne à ses occupations. Margot et Mère font la vaisselle, M. et Mme Van Daan vont faire la sieste chez eux; Peter monte au grenier. Père s'étend sur le divan, Dussel sur le sien, et Anne se met au travail. C'est l'heure calme; comme tout le monde dort, je ne serai pas dérangée. Dussel a des rêves de gourmand, ça se voit, mais je ne le regarde pas longtemps, les minutes sont comptées, car à quatre heures précises le docteur sera debout, montre en main, pour que, sans une minute de retard, je débarrasse la petite table.

A toi,

ANNE.

Lundi 9 août 1943.

Chère Kitty,

La suite de l'horaire. C'est l'heure du dîner.

En tête *M. Van Daan,* qui se sert le premier, et convenablement, de tout ce qu'il aime. Cela ne l'empêche pas de mener rondement la conversation et de donner son opinion, qui fait loi. Si quelqu'un osait le contredire, qu'est-ce qu'il prendrait! Car il peut souffler comme un chat en colère... Que veux-tu? j'aime autant me taire...

Il est absolument sûr de ses opinions et persuadé d'être infaillible. Il a beaucoup de choses dans sa caboche, d'accord, mais ce n'est pas une raison pour être aussi suffisant et aussi présomptueux. Sa fatuité est vertigineuse.

Madame : Mieux vaudrait me taire. Certains jours, lorsqu'elle est de mauvaise humeur, j'aime autant ne pas la voir. Réflexion faite, elle est la cause de toutes les disputes, et non pas le sujet. Oh! que non! Chacun évite soigneusement de lui chercher querelle. Mais on pourrait la surnommer la provocatrice. Quand elle peut provoquer, elle est dans son élément : brouiller Anne avec Mme Frank, brouiller Margot avec Père – mais ça, c'est moins facile.

A table, Madame n'a pas peur de se priver, bien qu'elle se l'imagine plus d'une fois. Les pommes de terre les plus petites, les meilleurs morceaux, le meilleur de tout; « choisir » est la devise de Madame; les autres auront leur tour, quand elle aura trouvé ce qu'il lui faut.

Et elle parle. Que l'on écoute ou non, que l'on s'y intéresse ou non, cela n'a apparemment aucune espèce d'importance. Elle pense sûrement : « Ce que Mme Van Daan a à dire intéresse tout le monde... »

Et avec ce sourire de coquetterie et cette prétention de savoir parler de tout, choyant l'un et l'autre, leur donnant de bons conseils – tout ça peut faire bonne impression. Mais en la connaissant mieux, il n'en reste plus grand-chose.

Caractéristique n° 1 : son activité. N° 2 : sa gaieté en cas de bonne humeur. N° 3 : sa coquetterie. Et parfois une moue charmante. Voilà Petronella Van Daan.

Le troisième convive : Il ne se fait pas remarquer. M. Van Daan junior est taciturne, et effacé la plupart du temps. Quant à son appétit, il dévore à la Van Daan et n'est jamais rassasié. Après un repas des plus substantiels, il prétend, avec l'indifférence la plus complète, pouvoir manger encore le double.

Margot, quatrième convive : Mange comme un petit oiseau et ne parle pas du tout. Elle n'a d'appétit que pour les légumes et les fruits. Elle est traitée « d'enfant gâtée » par Van Daan. A notre avis, son mauvais appétit provient du manque d'air et de mouvement.

Maman, cinquième convive : Grande bavarde, excellent appétit. Jamais on ne la prendrait pour la maîtresse de maison, comme Mme Van Daan. Pourquoi? Eh bien, Madame fait la cuisine, tandis que Mère fait la vaisselle et le ménage, astique, etc.

Nos 6 et 7 : Je ne m'étendrai pas sur Père et sur moi-même; Pim est le plus discret de tous. Il veille d'abord à ce que tous les autres soient servis. Il n'a besoin de rien, tout ce qui est bon va aux enfants. Voilà la bonté personnifiée... et à côté de lui, l'incurable boule de nerfs que voici.

Dr Dussel : Se sert, ne regarde pas autour de lui, mange, ne parle pas... S'il faut absolument parler, alors, préférence à la nourriture, on ne se dispute pas sur un sujet pareil, mais on peut se vanter. (Marché noir pas mort.) Il absorbe des quantités énormes, ne dit jamais « non », que ce soit bon ou mauvais. – Son pantalon lui remonte jusqu'à la poitrine; il porte une veste rouge, des pantoufles noires et des lunettes d'écaille. Dans cette tenue, on peut le voir travailler à la petite table, toujours travailler, avec pour seule interruption sa petite sieste pendant l'heure creuse, ses repas, etc.; son endroit préféré... le w.-c. Trois, quatre, cinq fois par jour, quelqu'un s'impatiente devant la porte de la toilette, en serrant les poings et en piétinant sur place. Tu penses qu'il s'en fait? Niks, il s'en fiche. De sept heures un quart à sept heures et demie, de midi et demi à une heure, de deux heures à deux heures un quart, de quatre heures à quatre heures un quart, de six heures à six heures un quart et de onze heures et demie à minuit. On n'a pas besoin de pendule, ce sont ses « séances » à heure fixe. Il les observe strictement, et ne se préoccupe nullement des supplications de l'autre côté de la porte, qui annoncent un désastre imminent.

No 9 : N'appartient pas aux membres de la grande famille, mais est compté parmi les convives. Elli a un robuste appétit. Ne laisse rien, n'est pas difficile. La moindre chose lui fait plaisir, ce qui nous fait plaisir aussi. Toujours de bonne humeur, serviable, bonne, voilà ses qualités.

A toi,

Anne.

Mardi 10 août 1943.

Chère Kitty,

Ma dernière trouvaille : à table, je me parle à moi-même plutôt qu'aux autres, c'est une réussite à deux points de vue. D'abord, tout le monde est ravi de n'avoir plus à me laisser la parole pour longtemps; ensuite, je n'ai plus à m'énerver des opinions des autres. Quant à mon opinion personnelle, je ne la trouve pas plus bête que celle des autres, alors je la garde pour moi. De même pour la nourriture : s'il me faut avaler une chose que je déteste, je prends mon assiette, m'imagine qu'il y a quelque chose de délicieux, et, en le regardant le moins possible, j'ai tout avalé avant même de m'en apercevoir. Pour me lever le matin, autre manœuvre (je me lève difficilement) : je saute du lit en me disant : « Tu vas te

recoucher tout de suite, bien confortablement »,
mais je vais à la fenêtre, j'enlève le camouflage de la
défense passive, renifle l'air frais par la fente
entrouverte jusqu'à ce que je sois bien réveillée.
Puis, vite enlever les draps pour ne pas se laisser
tenter. Mère appelle ça « l'art de vivre ». N'est-ce
pas que c'est amusant?

Depuis une semaine, personne n'a plus l'heure
exacte. L'horloge de notre cher et fidèle Westertoren a été enlevée, sans doute pour la fonte des
métaux destinés au matériel de guerre. Plus moyen
de vérifier l'heure, ni le jour, ni la nuit. J'espère
toujours que l'horloge va être remplacée par une
invention quelconque, un truc en fer ou en cuivre,
par exemple, qui rappelle au quartier son clocher.

N'importe où je me trouve, mes pieds suscitent
l'admiration autour de moi. En dépit des circonstances, je suis admirablement, merveilleusement
chaussée, grâce à Miep qui a déniché une paire de
chaussures d'occasion pour 27 fl. 50; elles sont en
daim, garni de cuir, rouge lie-de-vin, le talon assez
haut. Cela me grandit beaucoup. J'ai l'impression de
marcher sur des échasses.

Dussel a bien failli mettre nos vies en danger. Il a
eu le chic de se faire apporter par Miep un livre
interdit : une satire sur Hitler et Mussolini. Revenant à bicyclette avec le fameux bouquin, elle se fit
tamponner par des SS à motos. Perdant la tête, elle
cria : « Misérables! » et se sauva à toute vitesse.
J'aime mieux ne pas penser à ce qui serait arrivé, si
on l'avait menée au poste.

A toi,

Anne.

Mercredi 18 août 1943.

Chère Kitty,

Je pourrais intituler ce qui suit : « La tâche
quotidienne de la communauté : épluchage des
pommes de terre. »

L'un va chercher les journaux, un deuxième les

couteaux, en gardant le meilleur pour soi, un troisième les pommes de terre, un quatrième la casserole remplie d'eau.

M. Dussel commence : s'il ne gratte pas toujours bien, il gratte en tout cas sans arrêt et regarde à droite et à gauche pour voir si les autres le font de la même façon que lui. Non : « Anne, regarde un peu, voici comment je tiens le couteau, et je gratte de haut en bas. Non, pas comme ceci... comme cela. »

Je réponds timidement : « Mais j'ai l'habitude, monsieur Dussel, ça va si vite. »

« Pourtant je te montre la façon la plus commode. Tu peux te fier à moi. Ça m'est égal, naturellement, enfin, fais comme tu veux. »

On continue à gratter. Je regarde mon voisin de biais. Il hoche la tête, perdu dans ses pensées (à propos de moi?), mais il se tait.

On n'a pas fini de gratter. Puis je regarde Père, de l'autre côté; gratter les pommes de terre, ce n'est pas une corvée pour lui, mais un travail de précision. Quand il lit, son front se creuse d'une ride profonde; mais quand il aide à préparer des pommes de terre, des haricots et d'autres légumes, il semble imperméable à toute pensée, et prend son air de pommes de terre, s'assurant de n'en livrer aucune qui ne soit parfaitement grattée; avec un air pareil, l'imperfection est inconcevable.

En travaillant, je n'ai qu'à lever les yeux pour être renseignée. Mme Van Daan essaye d'attirer l'attention de Dussel. D'abord, elle lui jette un regard furtif; lui, fait semblant de ne s'apercevoir de rien. Ensuite, elle cligne de l'œil; lui, poursuit son travail attentivement. Puis elle rit; Dussel garde les yeux baissés. Alors, Mère rit aussi; Dussel reste impassible. Madame n'est arrivée à rien, elle va donc s'y prendre d'une autre manière. Court silence, ensuite : « Putti, pourquoi ne mets-tu pas un tablier? Demain, je serai encore obligée de détacher ton pantalon. »

« Je ne me salis pas! »

Encore un court silence.

« Putti, pourquoi ne t'assieds-tu pas? »

« Je suis très bien debout, je préfère! » Intervalle.

« Putti, fais attention, du *spatst schon!* – tu t'éclabousses! »

« Oui, Mammi, je ferai attention. »

Madame cherche un autre sujet de conversation.

« Dis donc, Putti, les Anglais n'ont pas repris les bombardements, pourquoi? »

« Parce qu'il fait trop mauvais temps, Kerli. »

« Mais hier, il a fait beau, et il n'y a pas eu d'avions. »

« Si on parlait d'autre chose? »

« Et pourquoi? Si ça me fait plaisir, à moi, de savoir ce que tu en penses? »

« Rien. »

« Pourquoi, rien? »

« Tais-toi, chérie. »

« M. Frank répond toujours à sa femme quand elle lui demande quelque chose, n'est-ce pas? »

Elle a touché le point faible de M. Van Daan. Il se tait, c'est sa défense. Et elle reprend :

« Ils ne débarqueront jamais! » Monsieur pâlit : voyant l'effet qu'elle a produit, Madame rougit, puis persiste :

« Les Anglais n'aboutissent à rien du tout! »

La bombe éclate : « Maintenant, tu vas te taire, *donnerwetter, noch einmal!* »

Mère se mord les lèvres pour ne pas éclater de rire. Quant à moi, je garde mon sérieux.

Voilà un échantillon – ça se répète presque tous les jours, à moins qu'ils ne se soient déjà chamaillés auparavant; dans ce cas-là, ils se taisent l'un et l'autre, avec obstination.

Manque de pommes de terre : je monte en chercher au grenier. Je vois Peter qui dépuce le chat. Il lève les yeux, le chat en profite – et hop!... il s'est enfui par la fenêtre ouverte dans la gouttière. Peter jure, je ris, et je me sauve.

A toi,

ANNE.

Chère Kitty,

A cinq heures et demie précises, les hommes quittent le magasin pour rentrer chez eux. Pour nous, c'est la liberté.

Cinq heures et demie : Elli arrive, en annonciatrice de la liberté. On commence à se remuer. Je monte avec Elli chez les Van Daan, pour lui donner sa part de notre dessert du soir. A peine a-t-elle le temps de s'asseoir, qu'il faut prêter l'oreille aux désirs de Madame :

« Ma chère Elli, j'aimerais... »

Elli me lance un coup d'œil, sachant que Madame ne manque pas une occasion d'exprimer ses désirs à tout arrivant, quel qu'il soit. C'est certainement pour ça que chacun s'abstient autant que possible d'aller chez eux.

Six heures moins le quart : départ d'Elli. Je descends deux étages, je passe par la cuisine pour me rendre au Bureau privé, puis au réduit à charbon : j'ouvre la petite porte par laquelle Mouschi guette les souris. Mon tour d'inspection me mène au bureau de Kraler. Van Daan ouvre tiroirs et classeurs pour trouver le courrier du jour. Peter se charge de la clef du magasin et de Boschi. Pim monte les machines à écrire chez nous, Margot cherche un endroit tranquille pour liquider son travail de bureau : Madame met de l'eau sur le gaz; Mère s'approche avec les pommes de terre; tout le monde est à son boulot.

Bientôt, Peter revient du magasin et demande où se trouve le pain. D'habitude, il est rangé dans le placard de la cuisine. Pas aujourd'hui. Aurait-on oublié le pain? Peter se propose d'aller voir au bureau de devant. Avant d'y entrer, il se met à quatre pattes pour ne pas être vu du dehors, avance jusqu'à l'armoire d'acier où, en effet, il voit le pain, s'en empare et fait demi-tour, mais avant de sortir, Mouschi a sauté par-dessus son dos et s'est installé sous le bureau.

Peter joue à cache-cache avec le chat qu'il ne peut laisser dans ce local, et finalement réussit à l'attraper par la queue. Mouschi souffle, Peter soupire. Il le tient – non, Mouschi s'enfuit et s'installe à la fenêtre pour se lécher à cœur joie, ravi d'avoir échappé à son maître; en dernière ressource, celui-ci lui tend un morceau de pain, Mouschi se laisse séduire, et la porte se ferme derrière eux.

J'ai suivi cette petite scène par l'entrebâillement de la porte. Le travail continue. Toc, toc, toc... on frappe trois fois – il est temps de se mettre à table.

A toi,

ANNE.

Lundi 23 août 1943.

Chère Kitty,
Suite de l'emploi du temps de l'Annexe : le matin – au coup de huit heures et demie :

Margot et Mère sont nerveuses : « Chut!... Père, silence, chut!... Pim. Il est huit heures et demie, viens ici, ne fais plus couler l'eau, marche doucement. » Et d'autres exclamations semblables pour Père qui est dans le cabinet de toilette. Il doit regagner la chambre à huit heures et demie précises. Tous les robinets sont fermés, la chasse du w.-c. est interdite. Pas de bruit, c'est la consigne. Tant que le personnel de bureau n'est pas arrivé, les hommes du magasin pourraient nous entendre dans le silence des locaux vides.

A huit heures vingt, trois petits coups à notre plafond annoncent qu'Anne peut venir chercher son gruau d'avoine à la cuisine. Bon, il est prêt, mon plat de chien. Je monte le chercher. Revenue dans ma chambre, il faut me dépêcher, vite, vite me coiffer, ne plus parler, remettre le lit en place. Silence, c'est l'heure. Madame met ses panfoufles, Monsieur aussi; tous les bruits sont étouffés.

Maintenant commence l'apothéose du tableau de famille idéal. Je me mets à mes leçons ou je lis,

Margot également; Père s'est installé avec son Dickens, naturellement, et son dictionnaire, sur le bord du lit défoncé et gémissant, aux matelas qui n'en méritent même plus le nom; deux traversins peuvent aussi être utiles, mais Père les renie énergiquement : « Je n'en veux pas! »

Perdu dans sa lecture, il n'a plus de regard pour personne; il rit de temps à autre et, parfois, veut forcer Mère à écouter une anecdote. Réponse : « Je n'ai pas le temps. » Il prend un air déçu, l'espace d'une seconde, puis continue à lire; l'instant d'après, frappé par un passage amusant, il fait une nouvelle tentative : « Lis ça, Mère, ce n'est pas long. »

Mère est toujours installée sur le divan, à lire, à coudre, à tricoter ou à étudier, ça dépend. Il lui arrive de se rappeler brusquement quelque chose, et de le dire rapidement : « Anne, souviens-toi... Margot, veux-tu inscrire...! »

Nouveau silence. Margot ferme brusquement son livre, Père fronce les sourcils, sa ride de lecture réapparaît, et il se replonge dans son bouquin; Mère commence à bavarder avec Margot; moi, j'écoute, parce que je suis curieuse. Et Pim, qu'en pense-t-il?... Il est neuf heures! Petit déjeuner!

A toi,

ANNE.

Vendredi 10 septembre 1943.

Chère Kitty,

Quand je t'annonce un nouvel événement, il s'agit presque toujours d'une chose désagréable. Cette fois-ci, il se passe quelque chose de merveilleux. Mercredi soir, 8 septembre, l'émission de sept heures nous annonça : *Here follows the best news of the whole war. Italy has capitulated!* L'Italie a capitulé sans conditions! A huit heures un quart, ce fut l'émission de la Hollande d'outre-mer : « Hollandais, il y a une heure, je venais de terminer ma chronique quotidienne, lorsque nous avons reçu la splendide nouvelle de la capitulation de l'Italie. Je peux vous dire que je n'ai jamais déchiré des paperasses avec autant de plaisir. » On a joué *God save the King*, l'hymne anglais, et l'*Internationale*. Comme toujours, la Hollande d'outre-mer a été très encourageante, sans toutefois être trop optimiste.

Cependant, tout n'est pas rose chez nous, M. Koophuis est malade. Je t'ai dit combien nous l'aimons tous; il n'est jamais bien portant, il souffre beaucoup, n'a le droit ni de trop manger ni de trop marcher et, en dépit de tout ça, est toujours de bonne humeur et d'un courage admirable. Mère a eu bien raison de dire : « Le soleil brille quand M. Koophuis entre chez nous. »

Or, il vient d'être transporté à l'hôpital, où il doit subir une grave opération intestinale. Il sera obligé d'y rester au moins quatre semaines. Si tu avais vu la façon dont il nous a fait ses adieux... comme s'il sortait pour faire une course. Il est la simplicité même.

À toi,

ANNE.

Jeudi 16 septembre 1943.

Chère Kitty,

À l'Annexe, ça va de mal en pis. À table, personne n'ose plus ouvrir la bouche (sauf pour manger), car le moindre mot risque d'être pris de travers ou de vexer l'un ou l'autre. On me donne tous les jours de la valériane pour calmer mes nerfs, n'empêche que je me sens encore plus mal fichue le lendemain. Je connais un meilleur remède : rire, rire de bon cœur, mais nous avons désappris le rire, ou presque. Je me vois déjà, je le crains fort, avec une longue figure sérieuse et des lèvres tombantes, si ça dure encore longtemps.

Décidément, ça ne va pas mieux, car, tous, nous appréhendons à présent l'obstacle insurmontable de l'hiver.

Autre chose, et ce n'est plus réjouissant : l'un des hommes du magasin, un certain V. M., se doute de quelque chose à propos de l'Annexe. On se passerait bien de l'avis de V. M., mais apparemment cet homme ne peut cacher sa grande curiosité, ne se laisse pas facilement dérouter et, par surcroît, n'inspire aucune confiance.

Une fois, Kraler, par mesure de précaution, a fait un détour pour nous rejoindre, c'est-à-dire : à une heure moins dix, il a mis son pardessus et est allé chez le pharmacien du coin; cinq minutes plus tard, il s'est servi de l'autre porte d'entrée pour monter chez nous, comme un voleur, par l'escalier qui y donne accès directement. Il voulait s'en aller à une heure un quart, mais, ayant été intercepté par Elli qui a pu le prévenir que V. M. se trouvait au bureau, il a fait demi-tour et est resté avec nous jusqu'à la demie. Alors, il s'est déchaussé et, ses souliers à la main, il est redescendu par le même escalier avec une telle prudence qu'à force d'éviter le craquement des marches, il a mis un quart d'heure pour regagner son bureau en venant de la rue.

Entre temps, débarrassée de V. M., Elli est revenue chercher M. Kraler qui était déjà parti, faisant ses tours d'acrobatie dans l'autre escalier. Un directeur qui descend en chaussettes et est obligé de se rechausser dans la rue! Drôle de prestige!

A toi,

ANNE.

Mercredi 29 septembre 1943.

Chère Kitty,
C'est l'anniversaire de Mme Van Daan. Nous lui avons fait cadeau d'un petit pot de confiture, en dehors de tickets de fromage, de viande et de pain. Son mari, Dussel et nos protecteurs se sont aussi limités aux choses mangeables, à part les fleurs. De nos jours, on fait ce qu'on peut!

Cette semaine, Elli a failli avoir une crise de nerfs; on l'avait chargée de tant de courses, si souvent insisté sur les choses urgentes et sur ce qui manquait, la priant de retourner parce qu'elle avait mal compris, qu'elle était tout près de perdre le nord. Ce n'est pas étonnant, quand on pense à tout le travail accumulé au bureau – elle remplace Miep, grippée, et Koophuis, malade; de plus, elle se traîne sur une cheville foulée, et est tourmentée par son chagrin d'amour et par un père grognon. Nous l'avons consolée en lui disant que notre liste de courses se raccourcirait toute seule, si elle avait l'énergie et la fermeté suffisantes de nous dire qu'elle n'a pas le temps.

Pour changer, ça cloche entre Père et Van Daan, je le sens. Père est furieux pour une raison ou une autre. Qu'est-ce qui nous pend encore au nez! Si seulement je n'étais pas si directement mêlée à ces escarmouches, si seulement je pouvais partir. Ils nous rendront fous.

A toi,

ANNE.

Dimanche 17 octobre 1943.

Chère Kitty,

Koophuis est revenu, Dieu merci. Il est encore assez pâlot, mais il s'est mis en route, plein de courage, se chargeant de vendre des vêtements pour le compte de Van Daan. Les Van Daan sont au bout de leur rouleau, c'est désagréable, mais c'est un fait. Madame a des manteaux, des robes, des chaussures à revendre, mais elle ne veut se démunir de rien, tandis que Monsieur n'arrive pas à se défaire d'un costume parce qu'il en demande un prix trop élevé. On ne sait pas encore comment ça finira. Madame sera bien obligée de se séparer de son manteau de fourrure. La dispute entre les deux époux à ce sujet a été quelque chose de carabiné; nous assistons maintenant à la phase de réconciliation : « Oh! cher Putti », et « Kerli chérie ».

La tête me tourne encore en pensant aux injures lancées dans notre honorable demeure depuis un mois. Père ne desserre pas les dents. Quand on s'adresse à lui, il se montre farouche, comme s'il craignait devoir intervenir dans un nouveau litige. Les pommettes de Mère sont rouges d'émotion. Margot se plaint de maux de tête, Dussel d'insomnie, Madame se lamente toute la journée, et, moi, je deviens complètement dingo. A vrai dire, je finis par oublier avec qui nous sommes brouillés et avec quelle personne on s'est réconcilié.

Seul le travail fait oublier et je travaille beaucoup.

A toi,

ANNE.

Vendredi 29 octobre 1943.

Chère Kitty,

Encore une querelle du tonnerre entre M. et Mme Van Daan. Raison finances. Les Van Daan ont mangé leur argent, je te l'ai déjà écrit. Il y a quelque temps, M. Koophuis a parlé d'un de ses amis qui travaille dans la fourrure; M. Van Daan, enchaînant, était d'avis de vendre un manteau de fourrure de sa femme, entièrement en peaux de lapins, et déjà porté par elle depuis dix-sept ans. Ils en ont obtenu 325 florins, c'est un prix énorme. Madame aurait voulu garder cet argent pour elle, afin de pouvoir acheter de nouveaux vêtements après la guerre. Il a fallu remuer ciel et terre pour que son mari parvienne à lui faire comprendre que l'on en avait un besoin urgent pour le ménage.

Tu ne peux te figurer ces hurlements, ces cris, ces injures et ces piétinements de colère. C'était horrible. Nous étions postés au pied de l'escalier, retenant notre respiration, et prêts à monter pour séparer les furies. Tout cela tape sur le système et cause une telle tension que le soir, en me couchant, j'en pleure et remercie le ciel d'avoir une petite demi-heure à moi toute seule.

M. Koophuis est absent à nouveau; ses maux d'estomac ne lui laissent aucun répit. Il ne sait même pas si l'hémorragie a été bien enrayée. Pour la première fois, nous l'avons vu déprimé, lorsqu'il nous annonça qu'il allait rentrer chez lui, ne se sentant pas bien.

Pour moi, rien ne cloche, si ce n'est que je n'ai aucun appétit. Constamment, on me répète : « Que tu as mauvaise mine! » J'avoue qu'on se met en quatre pour que ma santé ne flanche pas; on me donne du sucre de raisin, de l'huile de foie de morue, des tablettes de levure et de calcium.

Mes nerfs me jouent de sales tours, j'ai un cafard épouvantable. L'atmosphère de la maison est déprimante, somnolente, accablante, surtout le dimanche. Dehors, aucun chant d'oiseaux; à l'intérieur, un silence mortel et suffocant plane sur tout, et pèse sur moi comme s'il voulait m'entraîner dans des profondeurs insondables.

A ces moments-là, je les oublie, Père, Mère et Margot. Indifférente, j'erre d'une chambre à l'autre, montant et descendant les escaliers, et je me vois comme l'oiseau chanteur dont les ailes ont été brutalement arrachées et qui, dans l'obscurité totale, se blesse en se heurtant aux barreaux de sa cage étroite. Une voix intérieure me crie : « Je veux sortir, de l'air, je veux rire! » Je n'y réponds même plus, je m'étends sur un divan et je m'endors pour raccourcir le temps, le silence et l'épouvantable angoisse, car je n'arrive pas à les tuer.

A toi,

ANNE.

Mercredi 3 novembre 1943.

Chère Kitty,

Père a fait venir un programme de l'Institut de l'Enseignement de Leyde, afin de nous distraire tout en nous instruisant. Margot a parcouru au moins trois fois cette grosse brochure, sans y trouver un cours qui ne soit pas trop cher. La décision de Père fut rapide : il a choisi un cours de « latin élémentaire » par correspondance, qui n'a pas tardé à arriver, et Margot s'y est mise avec enthousiasme.

C'est beaucoup trop difficile pour moi, pourtant j'aurais tant aimé apprendre le latin.

Trouvant que j'avais également besoin de quelque chose de nouveau, Père a demandé à Koophuis de lui procurer une Bible pour enfants, afin de me mettre au courant des écrits du Nouveau Testament. « Tu veux donc faire cadeau à Anne d'une Bible pour Chanuka? » demanda Margot, assez consternée. « Oui... et je pense que la Saint-Nicolas sera encore une meilleure occasion », répondit Père. « Je ne vois pas très bien Jésus parmi les Macchabées. »

A toi,

ANNE.

Lundi soir 8 novembre 1943.

Chère Kitty,

Si tu lisais mes lettres l'une après l'autre, tu ne pourrais manquer de t'apercevoir qu'elles varient selon que je suis bien ou mal disposée. Je n'aime pas dépendre de mon humeur, cela m'ennuie, mais à l'Annexe, je ne suis vraiment pas la seule, tout le monde est luné. Lorsque je lis un livre qui m'impressionne, j'ai besoin d'un grand effort de réadaptation avant d'aller retrouver les humains de chez nous. Sans cela, ils me trouveraient un drôle de phénomène. Tu ne vas pas tarder à t'apercevoir que je passe en ce moment par une période de dépression. Je ne saurais te dire pourquoi je suis tombée dans un tel pessimisme, mais je crois que c'est ma lâcheté, avec laquelle je suis toujours aux prises.

Ce soir, alors qu'Elli était encore chez nous, on sonna à la porte d'entrée, longtemps et avec insistance. Immédiatement, je devins livide, j'eus des coliques et des battements de cœur, tout ça d'angoisse uniquement.

Le soir, une fois couchée, je me vois dans une prison, seule, sans mes parents. Tantôt j'erre sur la route; tantôt j'imagine l'Annexe en proie aux flammes, ou encore on vient nous chercher tous, la nuit!

Non seulement je le vois, tout cela, mais c'est comme si mon corps le vivait, me donnant la sensation que ça va arriver d'un instant à l'autre!

Miep nous dit souvent qu'elle nous envie, parce que nous jouissons du repos. Il y a là du vrai peut-être, mais elle oublie nos angoisses quotidiennes. Je ne peux absolument pas m'imaginer que le monde redeviendra jamais normal pour nous. Quand il m'arrive de parler de « l'après-guerre », c'est pour moi un petit château en Espagne, une chose qui ne se réalisera jamais. Notre maison d'autrefois, les amies, les blagues à l'école, j'y pense comme si tout cela avait été vécu par une autre que moi-même.

Je nous vois, tous les huit dans l'Annexe, comme si nous étions un coin de ciel bleu, encerclé peu à peu de nuages sombres, lourds et menaçants. Le petit cercle, cet îlot qui nous tient encore en sécurité, se rétrécit constamment par la pression des nuages qui nous séparent encore du danger de plus en plus proche. Les ténèbres et le danger se resserrent autour de nous; nous cherchons une issue et, de désespoir, nous nous cognons les uns contre les autres. Tous nous regardons en bas, là où les hommes se battent les uns contre les autres; tous nous regardons en haut, là où ne règnent que calme et beauté, dont cependant nous sommes coupés par la masse des ténèbres nous barrant la route tel un mur impénétrable qui est près de nous écraser, mais qui n'est pas encore assez fort. De toutes mes forces, je supplie et j'implore : « Cercle, ô cercle, élargis-toi et ouvre-toi devant nous! »

A toi,

ANNE.

Jeudi 11 novembre 1943.

Chère Kitty,

J'ai exactement le titre qu'il faut pour ce chapitre :

Ode à mon stylo.
In memoriam.

Mon stylo a toujours été pour moi une chose très précieuse; je l'ai beaucoup apprécié, surtout à cause de sa grosse plume, car je ne puis écrire convenablement qu'avec un stylo à grosse plume. La vie de mon stylo fut longue et très intéressante, aussi vais-je te la raconter brièvement.

Je l'ai reçu lorsque j'avais neuf ans. Il est arrivé, enveloppé d'ouate, dans un petit colis postal avec la mention « échantillon sans valeur ». Il a fait du chemin : il venait d'Aix-la-Chapelle, d'où me l'envoyait Grand-Mère, ma bonne fée. Tandis que le vent de février faisait rage, j'étais au lit avec la grippe. Le glorieux stylo, blotti dans son étui de cuir rouge, faisait l'admiration de toutes mes amies. Moi, Anne Frank, je pouvais être fière, car enfin, je possédais un stylo.

A l'âge de dix ans, on me permit de l'emporter à l'école, et l'institutrice consentit à ce que je m'en serve.

A onze ans, mon trésor resta à la maison, car l'institutrice de sixième se tenait rigoureusement au règlement des porte-plume et encriers d'écolier.

A douze ans, au lycée juif, mon stylo rentrait en fonction avec d'autant plus d'honneur et d'authenticité qu'il était enfermé dans un nouvel étui à fermeture éclair, contenant également un portemine.

A treize ans, le stylo m'a suivie à l'Annexe, où depuis lors il a galopé comme un pur-sang sur mon Journal et sur mes cahiers.

Et il achève son existence dans ma quatorzième année...

Vendredi après-midi, après cinq heures, je sortis de ma chambrette pour continuer à travailler chez mes parents. Aussitôt installée à la table, je fus bousculée sans trop de douceur par Margot et Père qui allaient se mettre à leur latin. Abandonnant mon stylo sur la table, j'ai utilisé le tout petit coin qu'ils voulaient bien me laisser pour trier et frotter les haricots, c'est-à-dire éliminer les moisis et nettoyer les bons.

A six heures moins le quart, j'ai ramassé tous les déchets et je les ai jetés. Le poêle, qui les derniers temps ne tirait presque plus, cracha une flamme énorme; il marchait bien maintenant, j'en étais ravie. Les « latinistes » ayant terminé, je me préparai à poursuivre mon œuvre épistolaire, mais mon stylo était introuvable. Je cherchai, Margot chercha, Mère, Père et Dussel cherchèrent aussi – peine perdue : mon trésor avait disparu sans laisser de trace.

« Peut-être est-il tombé dans le poêle, avec les haricots », suggéra Margot. « Et quoi encore! Mais non, voyons », répondis-je.

Le soir, mon stylo restant toujours introuvable, je me mis à croire comme tout le monde qu'il avait été brûlé – la preuve, cette flamme énorme – ça ne pouvait être que la bakélite.

En effet, la triste supposition est devenue vérité le lendemain matin, lorsque Père retira des cendres l'agrafe du stylo. La plume en or avait mystérieusement fondu. « Elle doit être cuite dans une des pierres réfractaires », suggéra Père.

Il me reste une consolation, aussi minime soit-elle : mon stylo a été incinéré et non enterré. J'en espère autant pour moi plus tard.

A toi,

ANNE.

Mercredi 17 novembre 1943.

Chère Kitty,
Quelques bâtons dans les roues.

Il y a épidémie dans la maison d'Elli; elle est en quarantaine et ne pourra donc venir chez nous pendant six semaines. C'est très embarrassant, car elle est responsable de notre ravitaillement et des courses; puis, elle nous remonte le moral et elle nous manque terriblement. Koophuis est toujours alité, et depuis trois semaines à un régime sévère, au lait et au gruau d'avoine. Kraler est débordé.

Les leçons de latin par correspondance de Margot sont corrigées par un professeur qui paraît très gentil, et spirituel par-dessus le marché. Il est sans doute ravi d'avoir une élève aussi calée. Margot lui envoie ses leçons signées du nom d'Elli.

Dussel perd complètement la boule; nous nous demandons pourquoi. Il ne desserre plus les dents, chaque fois que nous sommes réunis chez les Van Daan. Nous nous en sommes tous aperçus, et au bout de quelques jours de cette comédie, Mère a trouvé bon de le mettre en garde contre le caractère de Mme Van Daan, qui pourrait lui rendre la vie impossible, s'il persistait dans son silence.

Dussel répondit que M. Van Daan avait été le premier à ne plus lui adresser la parole; et que ce n'était pas à lui, Dussel, à faire le premier pas.

Tu ne t'en souviens peut-être pas, mais hier, 16 novembre, il y a exactement un an que Dussel a fait son entrée dans l'Annexe. A cette occasion, il a fait l'hommage à Mère d'un petit pot de fleurs, sans donner quoi que ce soit à Mme Van Daan. Or, celle-ci, bien avant la date mémorable, y avait fait maintes allusions directes, faisant clairement comprendre à Dussel qu'elle attendait de lui une petite tournée générale.

Au lieu d'exprimer sa reconnaissance pour l'accueil désintéressé que nous lui avons fait, il garda un silence absolu. Le matin du 16, je lui ai demandé si je devais le féliciter ou lui présenter mes condoléances; il m'a répondu qu'il acceptait l'un et l'autre. Mère a voulu s'attribuer le beau rôle de pacificatrice, mais sans résultat, et nous en sommes au *statu quo.*

Der Mann hat einen grossen Geist (L'homme est si grand d'esprit,)
Und ist so klein von Taten! (Et si petit d'actes.)

A toi,

ANNE.

138

Chère Kitty,

Hier soir, avant de m'endormir, j'eus tout à coup une vision : Lies.

Je l'ai vue devant moi, couverte de haillons, le visage amaigri et creusé. Ses yeux étaient fixés sur moi, immenses, si tristes, et pleins de reproches. Je pouvais y lire : « Anne! Oh! pourquoi m'as-tu abandonnée? Oh! aide-moi, viens m'aider, fais-moi sortir de cet enfer, sauve-moi! »

Je suis incapable de l'aider. Je ne puis que rester spectatrice de la souffrance et de la mort des autres, et prier Dieu qu'il ramène mon amie vers nous.

Je ne vis que Lies, personne d'autre, et je compris. Je l'ai mal jugée, j'étais trop enfant encore pour la comprendre. Elle s'était attachée à sa nouvelle amie, et j'avais agi comme si je voulais la lui prendre. Par quoi a-t-elle dû passer? Je sais ce qu'il en est, car, moi-même, je l'ai éprouvé.

Autrefois, il m'arrivait, comme dans un éclair, de comprendre quelque chose à sa vie, mais je retombais aussitôt, en parfaite égoïste, dans mes propres plaisirs et déboires. J'ai été méchante, elle vient de me regarder avec ses yeux qui supplient dans son visage blême. – Oh! comme elle est désemparée! Si seulement je pouvais l'aider!

O Dieu, dire qu'ici j'ai tout, tout ce que je peux désirer, et qu'elle est victime d'un sort inéluctable. Elle était au moins aussi pieuse que moi – elle aussi a toujours voulu le bien – pourquoi la vie m'a-t-elle élue, moi, et pourquoi la mort l'attend-elle peut-être? Quelle différence y avait-il entre elle et moi? Pourquoi sommes-nous maintenant si éloignées l'une de l'autre?

A vrai dire, je l'ai oubliée depuis des mois, oui, depuis un an presque. Pas tout à fait, peut-être, mais jamais elle ne m'est apparue ainsi, dans toute sa misère.

Lies, si tu vis jusqu'à la fin de la guerre, et si tu

nous reviens, j'espère t'accueillir et me racheter un peu du mal que je t'ai causé.

Mais c'est maintenant qu'elle a besoin de mon secours, non pas quand je serai en état de l'aider. Pense-t-elle encore à moi? Si oui, de quelle façon?

Mon Dieu, soutenez-la, pour qu'au moins elle ne soit pas seule. O! Si Tu pouvais lui dire ma pitié et mon amour pour elle, peut-être y puiserait-elle la force de tenir?

Qu'il en soit ainsi. Car je ne vois pas d'issue. Ses grands yeux me poursuivent encore, ils ne me quittent pas. Lies aurait-elle trouvé la foi en elle-même, ou lui aurait-on appris à croire en Dieu?

Je ne le sais même pas. Jamais je n'ai pris la peine de le lui demander.

Lies, Lies, si je pouvais te sortir de là, si seulement je pouvais partager avec toi tout ce dont je jouis. Il est trop tard, je ne peux plus l'aider, ni réparer mes torts envers elle. Mais je ne l'oublierai plus jamais, et je prierai toujours pour elle.

A toi,

Anne.

Lundi 6 décembre 1943.

Chère Kitty,

A l'approche de la Saint-Nicolas, tous, nous pensions inconsciemment à la jolie corbeille de l'an dernier; il me semblait d'autant plus pénible de laisser passer la fête cette année. Longtemps, je me suis creusé la tête pour trouver quelque chose d'amusant qui pourrait nous divertir.

Après avoir consulté Pim, nous nous sommes immédiatement dévoués à composer un compliment de circonstance.

Le dimanche soir, à huit heures un quart, nous sommes montés chez les Van Daan, chargés de la corbeille à linge, décorée par nous de silhouettes et de nœuds bleus et roses découpés dans du papier pelure. Le dessus de la corbeille était couvert d'un grand papier d'emballage, auquel une lettre était attachée. Une surprise d'une telle envergure fit visiblement grande impression.

Je détachai la petite lettre et lus à haute voix :

PROLOGUE

« Saint-Nicolas revenu cette année,
Même l'Annexe il n'a pas oubliée.
Hélas! pour nous n'est pas aussi charmant
Que l'an passé, ni aussi amusant.
Alors, hé! oui, nous étions pleins d'espoir,
Et dur comme fer croyions à la victoire.
Nous pensions cette année célébrer
Joyeuse fête en toute liberté.
Mais puisque de ce jour nous gardons souvenance,
Et bien que les cadeaux brillent par leur absence,
     Le peuple entier
     Peut regarder
     Dans son soulier
     Pour y trouver... »

Père ayant soulevé le papier-couvercle, la corbeille et son contenu ont provoqué des éclats de rire interminables. Chacun a pu y recouvrer le soulier lui appartenant, à l'intérieur duquel nous avions soigneusement inscrit le nom et l'adresse du propriétaire.

     A toi,

ANNE.

Mercredi 22 décembre 1943.

Chère Kitty,

Une sérieuse grippe m'a empêchée de t'écrire avant ce jour. C'est affreux d'être malade en de pareilles circonstances. Chaque fois que je devais tousser, je me recroquevillais sous les couvertures, essayant d'imposer silence à ma gorge; résultat, je l'irritais de plus belle; il fallait venir me calmer avec lait au miel, sucre et pastilles. Quand je pense à tous les traitements que j'ai dû subir, j'en ai encore le vertige. Sudations, compresses humides, cataplasmes sur la poitrine, boissons chaudes, gargarismes, badigeons, bouillottes, citrons pressés, le thermomètre toutes les deux heures, et l'immobilité complète.

Je me demande comment je me suis remise en passant par tout ça. La chose la plus désagréable, c'était sur ma poitrine nue la tête brillantinée de Dussel jouant au docteur et voulant se rendre compte des bruits de mon pauvre caisson. Non seulement ses cheveux me chatouillaient terriblement, mais j'étais extrêmement gênée, en dépit du fait qu'il y a bien trente ans qu'il n'est plus étudiant et qu'il a obtenu son diplôme de médecin. Que venait-il faire sur mon cœur, ce type-là? Il n'est pas mon bien-aimé, pour autant que je sache. D'ailleurs, je me demande encore s'il est capable de distinguer entre les bruits normaux et douteux, car ses oreilles auraient fortement besoin d'un bon seringage; il me semble qu'il devient de plus en plus dur de la feuille.

J'ai assez parlé de maladies, ça suffit. Je me sens mieux que jamais, j'ai grandi d'un centimètre, j'ai pris un kilo, je suis pâle, et impatiente de me remettre aux études.

Je n'ai aucune nouvelle sensationnelle à t'annoncer. Par extraordinaire, tout le monde s'entend bien à la maison, personne ne se chamaille; nous n'avons pas connu une paix pareille depuis au moins six mois. Elli ne nous est pas encore revenue.

Pour la Noël, nous aurons une ration supplémentaire d'huile, de bonbons et de confiture. Mon cadeau est magnifique, tu ne peux t'imaginer : une broche faite d'une pièce de monnaie en cuivre, brillante comme de l'or, enfin splendide. M. Dussel a offert à Mère et à Mme Van Daan une très belle tarte, qu'il a demandé à Miep de préparer. Pauvre Miep, avec tout le travail qu'elle a déjà... Moi aussi, j'ai une petite surprise pour elle, ainsi que pour Elli. J'ai demandé à M. Koophuis de faire préparer des galettes de massepain avec le sucre de mon gruau matinal que j'ai économisé depuis deux mois.

Il ne fait pas froid, un temps qui endort; le poêle pue; ce que l'on mange pèse sur l'estomac, provoquant des bruits de tonnerre de toutes parts; les mêmes nouvelles à la radio; atmosphère cafardeuse.

A toi,

ANNE.

Vendredi 24 décembre 1943.

Chère Kitty,

Je t'ai déjà dit combien l'atmosphère de l'Annexe dépend de notre humeur personnelle. Chacun est aux prises avec les siens, et je crois que chez moi ça devient une maladie chronique qui prend des proportions inquiétantes.

Himmelhoch jauchzend und zum Tode betrübt (Joie céleste et tristesse mortelle) – ça pourrait s'appliquer à moi. La « joie céleste », j'en suis consciente en pensant à tout ce qui nous est donné ici, et au fait d'échapper au sort malheureux des autres enfants juifs; et la « tristesse mortelle » m'envahit fréquemment, comme aujourd'hui par exemple, lors de la visite de Mme Koophuis qui nous parlait de sa fille Corry; elle va canoter avec des amis, participe à l'activité d'un théâtre d'amateurs, ils montent des pièces, ils se retrouvent au hockey-club. Je ne crois pas être jalouse de Corry, mais, à entendre parler de sa vie, mon désir de rire et de m'amuser à la folie devient si fort que j'en ai mal au ventre. Surtout maintenant, pendant les vacances de Noël, enfermés que nous sommes dans nos quatre murs, comme des parias... C'est peut-être un tort d'en parler, je donne l'impression d'une ingrate et j'exagère sans doute. Quoi que tu puisses penser, je suis incapable de garder tout ça pour moi, et je reviens à ce que je t'ai dit dès le début : « Le papier est patient. »

Lorsqu'une personne du dehors entre chez nous,

avec la fraîcheur du vent dans ses vêtements et le froid sur son visage, je voudrais cacher ma tête sous les couvertures pour faire taire cette pensée : « Quand nous sera-t-il donné de respirer l'air frais ? » Et parce que je ne peux me cacher la tête sous les couvertures, obligée, au contraire, de la tenir haute et droite, les pensées viennent et reviennent, innombrables. Crois-moi, après un an et demi de vie cloîtrée, il y a des moments où la coupe déborde. Quel que soit mon sens de la justice et de la reconnaissance, il ne m'est plus possible de refouler mes sentiments. Faire du vélo, aller danser, pouvoir siffler, regarder le monde, me sentir jeune et libre : j'ai soif et faim de tout ça et il me faut tout faire pour m'en cacher. Imagine-toi, si tous les huit nous nous mettions à nous plaindre et à faire la tête, où irions-nous ? Il m'arrive de me poser cette question : « Existe-t-il quelqu'un au monde capable de me comprendre, pouvant oublier que je suis juive, et qui ne verrait en moi que la jeune fille ne demandant qu'une chose : s'amuser, s'amuser, s'amuser ? » Je l'ignore et je ne saurais en parler à personne, car, dans ce cas, je me mettrais à pleurer. Pourtant pleurer soulage quelquefois.

Malgré mes théories et la peine que je me donne, la vraie Mère que j'imagine et qui me comprendrait me manque à chaque instant. Tout ce que je pense, tout ce que j'écris lui est dédié, dans l'espoir de devenir plus tard pour mes enfants la « Mamsie » dont je me fais l'image. Une Mamsie grave, certes, mais qui ne prendrait pas nécessairement au sérieux tout ce que disent ses petits. Le mot « Mamsie » est de moi. Sans que je puisse expliquer pourquoi, il me semble tout exprimer. Afin de me rapprocher de mon idéal j'ai songé à appeler Mère « Mammis », pour ne pas dire « Mamsie ». Elle est pour ainsi dire la « Mamsie » incomplète. J'aimerais tant pouvoir l'appeler ainsi, et cependant elle ignore tout ça. Heureusement – car elle en serait très malheureuse.

     A toi,

                         ANNE.

Samedi 25 décembre 1943.

Chère Kitty,

Ce lendemain de Noël me rappelle tout particulièrement l'histoire d'un amour de jeunesse que Pim m'a racontée l'an dernier à la même époque. Alors, je n'étais pas à même de comprendre aussi bien le sens de ses paroles. Comme j'aimerais qu'il m'en reparle! Au moins, je pourrais lui prouver ma sympathie.

Pim avait dû en parler par besoin de se confier, ne serait-ce qu'une fois – lui, le confident de tant de « secrets du cœur »; car Pim ne parle jamais de lui-même. Je ne crois pas que Margot ait la moindre idée de tout ce que Pim a souffert. Pauvre Pim, il ne pourra pas me faire croire qu'il a tout oublié. Il n'oubliera jamais. Il est devenu tolérant. J'espère que, plus tard, je serai un peu comme lui, sans avoir à passer par tout ça.

A toi,

Anne.

Lundi 27 décembre 1943.

Chère Kitty,

Vendredi soir, nous, juifs, avons fêté la Noël pour la première fois. Miep, Elli, Koophuis et Kraler nous ont préparé une délicieuse surprise. Miep nous a confectionné un gâteau de Noël, orné des lettres : « Paix 1944 ». Elli nous a régalés d'une livre de petits-beurre, qualité d'avant-guerre. Pour Peter, Margot et moi, un pot de yaourt, et pour les grands chacun une canette de bière. Tout était si joliment emballé, avec une image sur chaque petit paquet. A part ça, les jours de Noël se sont passés sans rien de spécial.

A toi,

Anne.

Chère Kitty,

Hier soir, je me suis sentie de nouveau très triste. Grand-Mère et Lies me sont revenues à l'esprit. Grand-Mère, oh! cette chère Grand-Mère, comme elle était bonne et douce! Nous ignorions qu'elle souffrait d'une maladie très grave qu'elle nous a tue jusqu'au dernier moment.

Comme Grand-Mère nous était fidèle! Elle ne nous aurait jamais laissés tomber. Je pouvais faire n'importe quoi, être insupportable au dernier degré, Grand-Mère me trouvait toujours des excuses.

Grand-Mère, m'as-tu aimée, ou toi non plus ne m'as-tu pas comprise? Je ne sais. Personne n'allait jamais se confier à Grand-Mère. Comme elle devait se sentir seule, Grand-Mère, si seule malgré l'affection de nous tous. Quelqu'un peut sentir la solitude, même entouré d'affection, si pour personne il n'est l'Aimé avec un grand A. Et Lies, vit-elle encore? que fait-elle? O Dieu! protège-la et ramène-la auprès de nous. Lies, tu me fais entrevoir quel aurait pu être mon sort, je me mets constamment à ta place. Pourquoi alors prendre tant à cœur ce qui se passe chez nous? Ne devrais-je pas être contente, heureuse et satisfaite, sauf quand je pense à elle et à ses semblables?

Je suis une égoïste et une lâche. Pourquoi rêver et penser toujours aux pires malheurs jusqu'à en hurler de peur? Parce que, malgré tout, ma foi n'est pas assez forte. Dieu m'a donné plus que je ne mérite, et pourtant je me rends encore coupable chaque jour.

Quand on pense à son prochain, on en pleurerait toute la journée. Il ne reste qu'à prier que Dieu fasse un miracle et sauve encore quelques vies. Pourvu qu'Il entende mes prières!

A toi,

ANNE.

Chère Kitty,

Ce matin, en feuilletant mon Journal, j'ai parcouru quelques lettres parlant de « Mère », et j'ai été effrayée des mots cuisants dont je me suis servie à son propos. Je me suis demandé : « Cette haine vient-elle vraiment de toi, Anne? Oh! Anne, tu devrais avoir honte! »

Stupéfaite, l'une des pages à la main, j'ai essayé de découvrir les raisons de cette colère et de cette sorte de haine qui s'étaient emparées de moi au point de tout te confier. Car ma conscience ne se calmera pas tant que je n'aurai pas éclairci avec toi ces accusations. Oublions un moment comment j'en étais arrivée là.

Je souffre, et j'ai toujours souffert d'une sorte de mal moral; c'est un peu comme si, ma tête étant maintenue sous l'eau, je voyais les choses, non pas telles qu'elles sont, mais déformées par une optique subjective; lorsque je suis dans cet état, je suis incapable de réfléchir aux paroles de mon adversaire, ce qui me permettrait d'agir en harmonie avec celui que j'ai vexé ou peiné par mon caractère trop vif. Je me replie alors sur moi-même, je ne vois plus que moi, et je jette sur papier mes joies, mes moqueries et mes chagrins en ne pensant qu'à moi. Ce Journal a beaucoup de valeur pour moi, parce qu'il fait partie de mes mémoires; cependant, sur bien des pages, je pourrais inscrire : « Passé. »

J'étais furieuse contre Mère, c'est entendu, et je le suis parfois encore. Elle ne m'a pas comprise, c'est vrai, mais, moi non plus, je ne l'ai pas comprise. M'aimant bien, elle me montrait sa tendresse; mais comme je la mettais souvent dans une situation désagréable, et que, de plus, les tristes circonstances l'avaient rendue nerveuse et irritable, elle me grondait – c'était compréhensible après tout.

Je me suis prise trop au sérieux en étant offensée, insolente et mal disposée envers elle, ce qui ne pouvait que lui faire du chagrin. Au fond, il n'y a eu entre nous que malentendus et désaccord de part et d'autre. Nous nous sommes empoisonnées l'une l'autre, mais ça passera.

J'ai été incapable de l'admettre et je me suis apitoyée sur moi-même, ce qui est également compréhensible. Quand on a un tempérament aussi vif que le mien, on se fâche, on pique une colère. Autrefois, avant ma vie cloîtrée, cette colère se traduisait par quelques mots cuisants, quelques piétinements derrière le dos de Mère, et j'étais calmée.

Cette époque, où froidement je pouvais porter un jugement sur Mère en larmes, est bien révolue.

Je suis devenue plus sage, et aussi Mère est un peu moins nerveuse. Quand elle m'agace, le plus souvent je me tais, elle en fait autant, c'est pourquoi ça va mieux apparemment. Il m'est impossible de porter à Mère l'amour attachant d'un enfant. Ce sentiment me fait défaut.

J'endors ma conscience tant bien que mal à la pensée que le papier est moins sensible que Mère; car elle aurait fatalement porté mes injures dans son cœur.

A toi,

ANNE.

Mercredi 5 janvier 1944.

Chère Kitty,

Aujourd'hui, je vais te confier deux choses – ça va être long, mais il faut absolument que je les raconte à quelqu'un, et je ne connais personne d'autre que toi qui sache garder le silence, quoi qu'il advienne.

Tout d'abord, il s'agit de Mère. Je me suis beaucoup plainte à son sujet, et encore maintenant, je fais tout ce que je peux pour être gentille avec elle. Tout à coup, je viens de découvrir ce qui lui manque. Mère nous a dit elle-même qu'elle nous considère comme ses amies plutôt que ses filles. C'est très joli, si tu veux, cependant une amie ne peut prendre la place d'une mère. J'ai besoin

148

d'éprouver pour ma mère le respect que l'on a pour une sorte d'idéal.

Quelque chose me dit que Margot ne pense pas du tout comme moi, et qu'elle ne comprendrait jamais ce que je viens de te dire. Quant à Père, il évite toute conversation ayant un rapport avec Mère.

Selon moi, une mère doit être une femme dont la première qualité est le tact, surtout vis-à-vis d'enfants de notre âge, et qui n'agit pas comme Maman qui se moque de moi lorsqu'il m'arrive de pleurer, non pas de douleur physique, mais à cause d'autre chose.

Il y a une chose, insignifiante peut-être, mais que je ne lui ai jamais pardonnée. Bien longtemps avant de venir à l'Annexe, je dus un jour aller chez le dentiste. Mère et Margot m'accompagnèrent et j'eus la permission de prendre mon vélo. En sortant toutes les trois de chez le dentiste, Mère et Margot me dirent qu'elles allaient en ville pour voir ou acheter quelque chose, je ne sais plus au juste. Je voulus les suivre, mais je fus renvoyée, parce que j'étais à vélo. J'étais tellement furieuse que les larmes me montèrent aux yeux, ce qui les fit éclater de rire. Alors j'ai vu rouge et je leur ai tiré la langue, comme ça, dans la rue. Une petite vieille qui passait au même instant avait l'air horrifié.

Je suis rentrée chez moi, et je dois avoir pleuré longtemps.

C'est bizarre, mais la blessure que Mère m'a portée à ce moment-là me brûle encore quand j'y pense.

Cela va m'être difficile de te parler de la deuxième chose, car il s'agit de moi-même.

Hier, j'ai lu un article de la Doctoresse Sis Heyster, à propos de cette manie de rougir. Cet article semble s'adresser à moi seule. Bien que je ne rougisse pas si facilement, il me semble que les autres choses dont elle parle s'appliquent parfaitement à moi. Voici à peu près ce qu'elle écrit : une jeune fille pendant les années de puberté se replie sur elle-même et commence à réfléchir aux miracles qui se produisent dans son corps.

Moi aussi, j'ai cette sensation, c'est pourquoi, ces derniers temps, il me semble éprouver de la gêne devant Margot et mes parents. Par contre, quoique Margot soit plus timide que moi, elle ne montre pas la moindre trace de gêne.

Ce qui m'arrive me semble si merveilleux, non seulement les transformations visibles de mon corps, mais ce qui s'accomplit à l'intérieur. Quoique je ne parle jamais à personne de moi-même, ni de toutes ces choses, j'y pense et je les confie ici.

Chaque fois que je suis indisposée – cela ne m'est arrivé que trois fois – j'ai la sensation de porter en moi un secret très tendre, en dépit de la douleur, de la lassitude et de la saleté; c'est pourquoi, malgré les petits ennuis de ces quelques jours, je me réjouis en quelque sorte du moment où je vais sentir ce secret encore une fois.

Sis Heyster dit aussi dans son article que les jeunes filles de cet âge ne sont pas très sûres d'elles-mêmes; mais elles se découvriront bientôt femmes, avec leurs idées, leurs pensées, et leurs habitudes personnelles. Quant à moi, me trouvant ici depuis environ ma treizième année, j'ai commencé à réfléchir sur moi-même bien avant les autres jeunes filles, et je me suis rendu compte avant elles de « l'indépendance » individuelle. Le soir au lit, j'ai parfois un besoin inexplicable de toucher mes seins, sentant alors le calme des coups réguliers et sûrs de mon cœur.

Inconsciemment, j'ai eu des sensations semblables bien avant de venir ici, car je me rappelle, en passant la nuit chez une amie, avoir eu alors l'irrésistible besoin de l'embrasser, ce que j'ai fait d'ailleurs. Chaque fois que je vois l'image d'une femme nue, comme Vénus par exemple, je me mets en extase. Il m'est arrivé de trouver ça si merveilleusement beau qu'il me fallait retenir mes larmes.

Si seulement j'avais une amie!

    A toi,

                        ANNE.

Chère Kitty,

Mon désir de parler enfin pour de vrai à quelqu'un est devenu tellement fort que l'idée m'est venue de choisir Peter comme victime.

Plus d'une fois, je suis entrée dans sa petite chambre. Je la trouve très sympathique, surtout à la lumière de la lampe électrique. Peter, si farouche soit-il, ne mettrait jamais à la porte quelqu'un qui vient le déranger, je ne suis donc jamais restée trop longtemps, craignant qu'il ne me trouve embêtante. Je cherchais un prétexte de m'attarder chez lui, comme par hasard, pour bavarder, et hier j'ai profité d'une belle occasion. Peter s'est pris d'une véritable passion pour les mots croisés et il y passe tout son temps. Je me suis mise à l'aider et, bientôt, on se trouvait l'un en face de l'autre à sa petite table, lui sur la chaise, moi sur le divan.

C'était étrange. Je n'avais qu'à regarder ses yeux bleu-noir et ce sourire mystérieux autour des lèvres... Cela me laissa toute rêveuse. J'ai pu lire sur son visage son embarras, son manque d'assurance et, en même temps, cette ombre de certitude de se savoir homme. En voyant ses mouvements gauches, quelque chose s'attendrit en moi. Je n'ai pu m'empêcher de chercher ses yeux sombres, de croiser son regard encore et encore, en le suppliant de tout mon cœur : Oh! ne veux-tu pas laisser ces inutiles bavardages, et me dire ce qui se passe en toi?

Mais la soirée s'est écoulée sans rien de spécial, sauf que je lui ai parlé de cette manie de rougir, pas avec les mots que j'ai employés ici, évidemment, mais en lui disant qu'avec l'âge il prendrait vite de l'assurance.

Le soir, dans mon lit, cette situation me semblait fort peu réjouissante, et franchement repoussante l'idée d'implorer les faveurs de Peter. Que ne ferait-on pas pour satisfaire ses désirs? La preuve – mon intention d'aller voir Peter plus souvent et de le faire parler.

Il ne faut surtout pas penser que je suis amoureuse de Peter, il n'en est pas question. Si les Van Daan avaient eu une fille au lieu d'un fils, j'aurais également essayé de rechercher son amitié.

Ce matin, en me réveillant à sept heures moins cinq environ, je savais tout de suite et sans hésitation ce que j'avais rêvé. J'étais assise sur une chaise, et en face de moi Peter... Wessel; nous étions en train de feuilleter un livre, avec des illustrations de Mary Bos. Mon rêve fut si précis, que je me souviens encore partiellement des dessins. Mais le rêve n'est pas fini. Tout à coup le regard de Peter croisa le mien, et je plongeai longuement dans ses beaux yeux d'un brun de velours. Puis Peter dit très doucement : « Si j'avais su, il y a longtemps que je serais venu à toi! » Brusquement, je me retournai, car je ne pouvais plus maîtriser mon trouble. Ensuite, j'ai senti une joue contre la mienne, une joue très douce, tellement fraîche et bienfaisante... c'était bon, tout était infiniment bon...

A cet instant, je me suis réveillée, sa joue était encore contre la mienne, et je sentais toujours ses yeux bruns regarder jusqu'au fond de mon cœur, si profondément qu'il pouvait y lire combien je l'avais aimé et combien je l'aime encore. Mes yeux se remplirent de larmes à l'idée de l'avoir de nouveau perdu, mais en même temps je me réjouis d'avoir la certitude que ce Peter-là est resté mon préféré et le sera toujours.

Tant d'images précises me viennent dans mes rêves, c'est bien curieux. Une fois, j'ai vu Mémé (mon autre Grand-Mère) si clairement devant moi que je pus distinguer dans sa peau les grosses rides veloutées. Ensuite Grand-Mère m'est apparue comme ange gardien, après elle Lies, qui semble pour moi le symbole de la misère de toutes mes amies et de tous les juifs et tous les pauvres gens. Et maintenant, Peter, mon cher Peter! Jamais encore il ne m'est apparu aussi clairement, je l'ai vu devant moi. Je n'ai pas besoin de photo, je le vois, je ne peux le voir mieux!

    A toi,

Vendredi 7 janvier 1944.

    Chère Kitty,

Comme je suis bête! J'ai complètement oublié de te raconter les histoires de mes autres admirateurs.

Lorsque j'étais très petite, ça date du Jardin d'enfants, je me suis prise de sympathie pour Karel Samson. Il n'avait plus de père, et il habitait avec sa mère chez une tante. Robby, le cousin de Karel, beau petit garçon aux cheveux noirs, et très mince, attirait toujours beaucoup plus d'admiration que ce drôle de Karel, gros et rond. Je ne faisais pas attention à la beauté, et j'ai beaucoup aimé Karel pendant des années.

Nous avons toujours joué ensemble, mais, en dehors de ça, mon amour n'a pas été réciproque. Ensuite, Peter Wessel s'est trouvé sur mon chemin, et il est devenu pour moi le vrai béguin, un béguin d'enfant. Lui aussi me trouvait sympathique et, pendant tout un été, nous avons été des inséparables. Quand j'y pense, je nous vois encore traverser les rues, la main dans la main, lui dans son costume de coton blanc, moi en robe d'été très courte. A la fin des grandes vacances, à la rentrée des classes, il était déjà en quatrième, et moi encore avec les petits. Il venait me chercher à l'école, ou bien j'allais le chercher à la sienne. Peter Wessel était l'image même de la beauté, grand, mince, avec un visage sérieux, calme et intelligent. Il avait des cheveux noirs et des yeux bruns magnifiques, un teint mat, les joues arrondies et le nez pointu. J'étais surtout folle de son rire, qui lui donnait un air espiègle d'enfant terrible. Puis, je suis allée à la campagne pour les vacances. Entre temps, Peter avait déménagé, pour aller habiter avec un copain beaucoup plus âgé que lui. Celui-ci lui a sans doute fait remarquer que je n'étais encore qu'une petite môme. Résultat : Peter m'a lâchée. Je l'ai tellement aimé que je n'ai pu me faire une raison, et je me suis accrochée à lui jusqu'au jour où je compris qu'en m'acharnant ainsi plus longtemps on me prendrait pour une coureuse. Les années passant, Peter avait des amies de son âge et ne prenait plus la peine de me saluer, mais j'étais incapable de l'oublier. Au lycée juif, bien des garçons de ma classe s'étaient amourachés de moi, j'en étais charmée, honorée, mais ça ne me touchait pas. Ensuite, c'est Harry qui s'est épris de moi, plus sérieusement, mais, comme je l'ai déjà dit, je ne suis plus jamais tombée amoureuse.

Un proverbe dit : « Les blessures guérissent avec le temps », et il en allait ainsi de moi. Je m'imaginais avoir oublié Peter Wessel, pensant qu'il ne me disait plus rien. Cependant, son souvenir vivait si fort en moi, dans mon subconscient, qu'il m'arrivait de m'avouer jalouse de ses autres amies, et de ne plus le trouver aussi gentil pour cette raison. Ce matin, j'ai compris qu'il n'y a rien de changé entre nous, au contraire, mon amour pour lui a grandi et mûri avec moi. Maintenant, je vois bien que Peter devait me trouver trop enfant pour lui, mais cela ne m'empêchait pas de souffrir de son oubli total. Depuis que son visage m'est apparu aussi clairement, j'ai la certitude que personne d'autre ne pourrait jamais être aussi solidement ancré dans mon cœur.

Je suis toute troublée par ce rêve. Lorsque Père m'a embrassée ce matin, j'aurais voulu crier : « Oh! si seulement tu étais Peter! » Je ne peux rien faire sans penser à lui; toute la journée, je ne cesse de me répéter : « O Peter! cher, cher Peter...! »

Qui pourra m'aider? Il ne me reste qu'à reprendre la vie de tous les jours et à prier Dieu pour que, si jamais je sors d'ici, Lui ramène Peter sur mon chemin, afin que, lisant dans mes yeux mes sentiments, il dise : « O Anne! si j'avais su, je serais venu à toi il y a longtemps! »

En me regardant dans la glace, je me suis trouvée toute changée. Je vis mes yeux clairs et profonds, les joues teintées de rose, ce qui ne m'est pas arrivé depuis des semaines et des semaines; ma bouche semble beaucoup plus douce. J'ai l'air d'être heureuse et, pourtant, ce je ne sais quoi de triste dans mon expression a subitement fait disparaître le sourire de mes lèvres. Je ne puis être heureuse, car je dois me dire que je suis loin des pensées de Peter Wessel. Cependant, je vois toujours ses beaux yeux qui me fixent, et je sens encore sa joue fraîche contre la mienne...

O Peter, Peter! comment me détacher à nouveau de ton image? Quiconque prenant ta place ne serait-il pas une futile contrefaçon? Je t'aime. D'un amour incapable de grandir encore dans mon cœur. Il est si fort qu'il lui fallait éclore et se révéler à moi d'un seul coup, dans toute son ampleur.

Il y a une semaine, hier encore, si l'on m'avait demandé qui de mes amis serait pour moi le meilleur époux j'aurais répondu : « Je ne sais pas », alors que maintenant je le cricrais sur tous les toits : « Peter Wessel! car je l'aime de tout mon cœur, de toute mon âme. Et je m'abandonne complètement à lui! » Avec une seule réserve : qu'il ne touche que mon visage.

Une fois, parlant de la sexualité, Père me dit que je ne pouvais pas encore comprendre le désir, alors qu'il me semblait le comprendre depuis toujours. Eh bien, maintenant, je le comprends tout à fait. Rien ne me sera aussi cher que lui, mon Peter!

A toi,

Anne.

Mercredi 12 janvier 1944.

Chère Kitty,

Elli nous est revenue depuis quinze jours. Miep et Henk, ayant mangé Dieu sait quoi, ont eu mal au ventre pendant deux jours et ne pouvaient tenir en place. En ce moment, j'ai la toquade de la danse classique et je travaille sérieusement mes pas tous les soirs. D'une combinaison bleu ciel avec des dentelles, appartenant à Maman, je me suis fabriqué une tunique de danse ultra-moderne. Un ruban étroit coulissé dans le haut la serre au-dessus de la poitrine, et à la taille un autre ruban plus large et rose en complète l'effet. J'ai essayé en vain de transformer mes chaussons de gymnastique en chaussons de ballerine. Mes membres engourdis commencent à s'assouplir, exactement comme autrefois. L'un des exercices est formidable : assise par terre, je prends un talon dans chaque main et il s'agit de lever les deux jambes en l'air sans fléchir les genoux. Je triche un peu en me servant d'un coussin comme appui, pour ne pas trop maltraiter mon pauvre petit derrière.

Le dernier livre lu par les grands est *Ochtend zonder Wolken (Matinée sans nuages)*. Mère l'a trouvé extraordinaire, on y parle beaucoup des problèmes de la jeunesse. Je me suis dit, assez ironiquement : « Essaie d'abord de comprendre un peu la jeunesse autour de toi! »

Je pense que Mère se fait des illusions sur nos rapports vis-à-vis de nos parents; elle s'imagine s'occuper constamment de la vie de ses filles et se croit unique en son genre. En tout cas, ça ne peut concerner que Margot, car je pense que Mère n'a jamais songé ni aux problèmes ni aux pensées qui me préoccupent. Je n'ai pas la moindre envie de faire remarquer à Mère que l'un de ses rejetons est drôlement différent de l'image qu'elle s'en fait, car elle serait consternée, et elle ne saurait d'ailleurs comment s'y prendre autrement; par conséquent, je préfère lui épargner le chagrin qui s'ensuivrait pour elle, d'autant plus que pour moi ça ne changerait rien à rien.

Mère se rend bien compte que je l'aime moins que ne l'aime Margot, mais elle se figure que ce n'est que par périodes. Margot est devenue tellement gentille, je ne la reconnais plus; elle ne montre plus ses griffes aussi souvent et nous devenons de vraies amies. Elle ne me traite plus du tout comme une petite gamine, en quantité négligeable.

Cela peut paraître bizarre, mais parfois je me regarde comme si j'étais vue par d'autres yeux que les miens. Alors, tout à mon aise, j'examine les affaires d'une certaine « Anne »; je parcours les pages de ma vie dans mon Journal, comme s'il s'agissait d'une étrangère. Autrefois, chez nous, quand je ne réfléchissais pas autant, il m'arrivait d'avoir la sensation de ne pas faire partie de nous quatre, et je m'imaginais grandir comme le canard sauvage. Pendant un certain temps, il m'arrivait aussi de jouer le rôle d'une orpheline; ou encore je me punissais de mes propres reproches, me disant que ce n'était la faute de personne si je jouais au souffre-douleur, alors que tout le monde était si bon pour moi. Je faisais suivre ce caprice d'un autre, me forçant à être aimable : le matin, en entendant des pas dans l'escalier, j'espérais voir entrer Mère pour me dire bonjour; j'étais affectueuse avec elle; mais aussi parce que, réellement, j'étais heureuse de la voir si gentille avec moi. Puis, il suffisait d'une de ses observations peu aimables pour que je m'en aille à l'école toute découragée. En revenant, je l'excusais, me disant qu'elle pouvait avoir des soucis; je rentrais donc toute gaie, je parlais pour dix, jusqu'à ce que la même chose se répétât, et je repartais, rêveuse, avec mon cartable. Une autre fois, je rentrais avec la ferme intention de bouder, ce que j'oubliais aussitôt, tant j'avais de nouvelles à raconter; elles s'adressaient évidemment à Mère qui, à mon avis, devait toujours être prête à m'écouter dans n'importe quelles circonstances. A bout de caprices, je n'écoutais plus les pas le matin, je me sentais seule, et je mouillais mon oreiller de larmes une fois de plus.

Ici, les choses se sont encore aggravées. Enfin, tu le sais.

Dans ces difficultés, Dieu m'a secourue, en m'envoyant Peter...

Je joue un moment avec mon petit médaillon, je l'embrasse et je pense : « Je me fiche de tout. Peter m'appartient et personne n'en sait rien. » De cette façon, je peux vaincre n'importe quelle engueulade. Qui se douterait de ce qui se passe dans l'âme d'une écolière ?

A toi,

ANNE.

Samedi 15 janvier 1944.

Chère Kitty,

Cela n'a aucun sens de te répéter tout le temps nos querelles et nos disputes dans leurs moindres détails. Pour en finir, disons que nous avons partagé avec les autres nos matières grasses, notre beurre et notre viande, et que nous faisons sauter nos pommes de terre en dehors de la cuisine commune. Depuis quelque temps, nous nous accordons un petit supplément de pain noir car, à partir de quatre heures, nous commençons à être obsédés par l'heure du dîner, sans pouvoir imposer silence à notre estomac creux qui réclame sa pitance avec des gargouillis insolites.

L'anniversaire de Mère approche à grands pas. Kraler lui a apporté du sucre, ce qui éveilla la jalousie des Van Daan, Madame se l'ayant vu passer sous le nez lors de son propre anniversaire. Encore des piques, des crises de larmes, des conversations hargneuses – à quoi ça sert, je ne veux pas t'ennuyer avec ça. Tout ce que je peux te dire, Kitty, c'est qu'ils nous ennuient bien plus encore. Mère a fait le vœu irréalisable de s'abstenir de voir les Van Daan pendant quinze jours.

Je ne cesse de me demander si la cohabitation avec d'autres gens, quels qu'ils soient, mène forcément aux disputes. Ou peut-être sommes nous particulièrement mal tombés ? La plupart des gens sont-ils donc égoïstes et radins ? Peut-être suis-je bien placée pour acquérir une certaine connaissance humaine, mais je commence à trouver que ça suffit. Ni nos querelles ni notre envie d'air et de liberté ne feront arrêter la guerre, c'est pourquoi

158

nous devons faire de notre mieux pour tirer de notre séjour ici le meilleur parti, et pour le rendre supportable. Je me demande pourquoi je me mets à prêcher; si je reste ici encore longtemps, moi aussi je risque de devenir une vieille fille desséchée. Et j'ai une si grande envie de profiter encore de mes années d'écolière!

A toi,

ANNE.

Samedi 22 janvier 1944.

Chère Kitty,

Pourrais-tu me dire pourquoi les gens cachent aussi jalousement tout ce qui se passe en eux? Comment se fait-il qu'en compagnie des autres je suis toute différente de ce que je devrais être?

Pourquoi se méfie-t-on l'un de l'autre? Il doit y avoir une raison, je n'en doute pas, mais quand je sens que personne, même pas mes proches, ne répond à mon désir de confiance, j'en suis malheureuse.

Il me semble avoir vieilli depuis la nuit de mon rêve mémorable, je me sens plus que jamais « un personnage indépendant ». Tu seras drôlement surprise quand je te dirai que même les Van Daan je les regarde avec d'autres yeux. Je ne partage plus l'idée préconçue des miens à propos de nos discussions.

Comment se fait-il que j'aie tant changé? Vois-tu, la pensée m'est venue que si Mère n'avait pas été ce qu'elle est, si elle avait été une vraie Mamsie, nos rapports auraient été complètement différents. Bien sûr, Mme Van Daan n'est ni fine ni intelligente, mais il me semble que si Mère était plus souple, si elle montrait plus de tact lors des conversations épineuses, plus d'une querelle pourrait être évitée.

Mme Van Daan a une grande qualité, celle d'être sensible au raisonnement. En dépit de son égoïsme, de son avarice et de ses cachotteries, on peut facilement l'amener à céder, si on sait s'y prendre, en évitant de la rendre nerveuse ou rebelle. On ne réussit peut-être pas toujours du premier coup, mais il s'agit d'avoir de la patience, on recommence plusieurs fois s'il le faut avant d'obtenir un progrès.

Tous nos problèmes sur l'éducation, les histoires « d'enfants trop gâtés », la nourriture, tout ça aurait pris une tout autre tournure si nous en avions parlé amicalement et avec franchise, et si nous ne nous étions pas bornés à ne voir que le mauvais côté des autres.

Je sais exactement ce que tu vas dire, Kitty. « Mais, Anne, est-ce bien toi qui parles? Toi, qui as été obligée de tant encaisser de ces gens-là, dures paroles, injustices, et tout? » Eh oui! c'est bien moi qui parle ainsi.

Je veux tout approfondir, je m'y remets; et non pas comme un perroquet. Je m'en vais examiner les Van Daan à ma façon, pour voir ce qu'il y a de juste et d'exagéré dans notre opinion. Si, personnellement, je suis déçue, je me rangerai du côté de Père et de Mère, sinon je tenterai de leur faire voir en quoi ils ont tort et, en cas d'insuccès, j'aurai le courage de ma propre opinion et de mon propre jugement. Je saisirai toute occasion de discuter nos divergences avec Madame en toute franchise, et de lui faire voir mes idées impartiales, même au risque de me faire traiter d'impertinente.

Ce serait peut-être injuste de me dresser contre ma propre famille, mais, en ce qui me concerne, les potins appartiennent aux neiges d'antan, à partir d'aujourd'hui.

J'ai cru dur comme fer, jusqu'à ce jour, que seuls les Van Daan étaient responsables de toutes nos disputes. Mais nous aussi, nous y sommes pour quelque chose. Au départ, c'est nous qui avons toujours eu raison, mais les gens intelligents (parmi lesquels nous nous comptons) sont censés faire preuve de perspicacité et de tact vis-à-vis des autres. J'espère posséder un brin de cette perspicacité et trouver l'occasion de l'appliquer.

A toi,

ANNE.

Chère Kitty,

Il m'est arrivé (ce n'est pas le mot exact) quelque chose de très bizarre, à mon avis.

Autrefois, aussi bien chez nous qu'en classe, on parlait de sexe, soit avec mystère, soit avec honte. Les allusions à ce sujet, on ne les faisait qu'en chuchotant, et si vous vous montriez ignorant, on se moquait de vous. Je trouvais ça bête et je pensais : « Pourquoi parle-t-on de ces choses avec tant de mystère? C'est assommant. » Mais, comme il n'y avait rien à faire, je tenais ma langue autant que possible, ou bien je cherchais à être éclairée par des amies.

Ayant été mise au courant de pas mal de choses, j'en ai aussi parlé avec mes parents. Mère me dit un jour : « Anne, je te donne un bon conseil, ne discute jamais ce sujet avec des garçons. Si ce sont eux qui commencent à t'en parler, tu n'as qu'à ne pas répondre. » Je me rappelle encore ma réponse : « Bien sûr que non, quelle idée! »

Les choses en sont restées là.

Au début de notre séjour à l'Annexe, Père laissait échapper de temps en temps des détails que j'aurais préféré apprendre de Mère, et j'ai étendu ma connaissance grâce aux livres et aux conversations autour de moi. A ce sujet, à une exception près, Peter Van Daan n'a jamais été aussi embêtant que les copains de classe.

Sa mère nous a raconté une fois que ni elle ni son mari, pour autant qu'elle le sache, n'ont jamais parlé de ces choses-là devant Peter. Apparemment elle ignorait à quel point son fils était renseigné.

Hier, tandis que Margot, Peter et moi étions en train de peler les pommes de terre, nous avons bavardé comme d'habitude et, en parlant de Boschi, j'ai demandé : « Nous ne savons toujours pas si Boschi est un chat ou une chatte, n'est-ce pas? » « Si, répondit-il, c'est un chat. » J'ai commencé à rire, lui disant : « Un beau chat qui attend des chatons! » Peter et Margot se mirent à rire aussi, la méprise était trop drôle : Peter avait constaté il y a deux mois que Boschi aurait des petits avant long-temps – son ventre grossissait à vue d'œil. La grossesse, cependant, provenait de beaucoup de petits larcins et les petits ne semblaient pas grandir, encore moins naître.

Peter tint à se défendre, et dit : « Mais non, tu peux venir te rendre compte toi-même, si tu veux; en jouant avec lui l'autre jour, j'ai très bien vu que c'est un chat. »

Ma grande curiosité aidant, je l'ai accompagné au magasin, mais Boschi ne faisait pas réception et restait introuvable. Nous avons attendu un moment puis, ayant froid, nous sommes remontés. Plus tard dans l'après-midi, j'ai entendu Peter redescendre. Rassemblant tout mon courage, pour traverser seule la maison silencieuse, je suis arrivée au maga-sin. Sur la table d'emballage, Boschi jouait avec Peter qui venait de le poser sur la balance pour contrôler son poids.

« Hello! tu veux le voir? » N'y allant pas par quatre chemins, il mit l'animal sur le dos en le tenant adroitement par les pattes, et la leçon com-mença. « Voici le sexe masculin, ça, c'est quelques poils, et ça, c'est son derrière. » Le chat fit une culbute et se remit sur ses jolis chaussons blancs.

Si un autre garçon m'avait montré le « sexe masculin », je ne l'aurais plus regardé. Mais Peter continua sans arrière-pensée à parler avec le plus grand naturel de ce sujet pénible, et il finit par me mettre tout à fait à mon aise. Nous nous sommes amusés avec Boschi, on a bavardé ensemble, et nous sommes sortis en flânant de cet énorme local.

« Si je veux savoir quelque chose, je finis toujours par le trouver par hasard dans un livre, pas toi? »

« Pourquoi? Je le demande à mon père. Il en sait plus long que moi, et puis, il a de l'expérience. »

On était déjà arrivé au pied de l'escalier, et je n'avais plus rien dit.

Comme on change! Je n'aurais jamais cru pouvoir en parler aussi naturellement, même avec une fille. Je suis sûre que Mère n'a jamais fait allusion à ça en m'avertissant contre le parler libre des garçons. Quoi qu'il en soit, je me sens différente des autres jours et, malgré moi, je pense à cette petite scène et ça me semble assez bizarre. Mais, au moins, j'ai appris quelque chose : c'est que même avec des garçons on peut en parler sans blaguer et sans fausse honte.

Peter parlerait-il de tout à ses parents, et serait-il vraiment tel qu'il s'est montré hier?

Après tout, qu'est-ce que ça peut me faire!!!

A toi,

ANNE.

Jeudi 27 janvier 1944.

Chère Kitty,

Ces derniers temps, je me suis prise d'une forte affection pour les arbres généalogiques des familles royales; j'en conclus qu'à force de recherches on peut très bien remonter jusqu'à l'antiquité en faisant des découvertes de plus en plus intéressantes.

Bien que je m'applique particulièrement à mes matières scolaires (je commence à pouvoir assez bien suivre la B.B.C.), je passe une grande partie de mes dimanches à trier et à classer ma collection de vedettes de cinéma, qui prend un volume respectable.

M. Kraler me fait grand plaisir tous les lundis en m'apportant *Cinéma et Théâtre*. Bien que mon entourage, moins frivole, pense que c'est là gaspiller son argent en extravagances, c'est tout de même avec une certaine surprise qu'on m'entend citer les noms exacts des acteurs des films d'un an ou plus. Elli va beaucoup au cinéma avec un de ses amis pendant ses heures de liberté; elle m'annonce les titres de films à voir le samedi, ensuite je me renseigne sur les vedettes en lisant les critiques en quatrième vitesse. Il n'y a pas longtemps, Mère disait que je n'aurais plus besoin d'aller au cinéma plus tard, pour me rattraper, tant les films, leurs vedettes et les critiques étaient bien gravés dans ma mémoire.

S'il m'arrive de me confectionner une nouvelle coiffure, chacun a l'œil critique, et je peux toujours m'attendre à la question : « Quelle star as-tu imitée? » Et l'on ne me croit qu'à moitié quand je réponds que c'est une de mes créations.

Quant à la coiffure, elle ne tient pas plus d'une demi-heure; après quoi je suis tellement dégoûtée des observations que je me hâte vers le cabinet de toilette pour arranger mes cheveux comme tous les jours.

A toi,

ANNE.

Vendredi 28 janvier 1944.

Chère Kitty,

Peut-être vas-tu croire que je te prends pour une vache, en te forçant à ruminer constamment les mêmes choses et les mêmes nouvelles. La monotonie doit te faire bâiller ferme, et tu dois trouver qu'il est grand temps qu'Anne s'amène avec quelque chose de nouveau.

Hélas! je le sais, je ne fais que déterrer de vieilles histoires, c'est rasoir, pour moi aussi d'ailleurs. Quand, à table, on ne parle ni de politique ni de menus délectables, Mère et Mme Van Daan rivalisent en récits de leurs histoires de jeunesse – nous les connaissons par cœur! – ou bien Dussel se met à radoter, soit à propos de la vaste garde-robe de sa femme, soit à propos de beaux chevaux de course, de canots qui prennent l'eau, de garçons qui nagent dès l'âge de quatre ans et de leurs crampes entraînant ses soins. Si l'un de nous prend la parole, chacun des autres peut facilement terminer l'histoire commencée. Chaque anecdote, nous la connaissons d'avance – il n'y a que le conteur qui rit, tout seul, se trouvant très spirituel. Les divers laitiers, épiciers et bouchers de jadis, j'imagine les voir avec une barbe, tant leur souvenir est vénéré à table. Rien de tout ce qui a été mis et remis sur le tapis à l'Annexe ne peut rester jeune et frais, c'est impossible.

On pourrait s'y faire, après tout, si seulement les grands pouvaient s'abstenir de répéter inlassablement les histoires qu'ils tiennent de Koophuis, ou de Miep et de Henk, en y ajoutant quelquefois des détails de leur propre imagination, de sorte que je me pince le bras sous la table pour ne pas arrêter et mettre sur le droit chemin le parleur enthousiaste. Les petites filles bien sages, telles que Anne, n'ont sous aucun prétexte le droit de corriger les grands, quels que soient leurs gaffes, leurs mensonges ou leurs inventions.

Un sujet cher à Koophuis et à Henk, c'est de parler de ceux qui se cachent. Ils n'ignorent pas que tout ce qui concerne nos semblables et leurs abris nous intéresse prodigieusement, que nous sommes sincèrement affligés lorsqu'ils sont ramassés, et fous de joie lorsque nous apprenons qu'un prisonnier s'est échappé.

Pourtant, même ce sujet, passé à l'ordre du jour, est rebattu et devient une habitude, comme autrefois les pantoufles de Père à mettre sous le poêle. Des organisations comme la « Hollande libre », qui fabriquent des faux papiers, procurent de l'argent aux personnes cachées, leur préparent des abris, fournissent du travail clandestin aux jeunes gens, de telles organisations sont nombreuses; elles étonnent par leurs actions désintéressées, aidant et faisant vivre d'autres au prix de leur propre vie. Le meilleur exemple, je l'ai ici : celui de nos protecteurs qui nous tirent d'affaire jusqu'ici, et qui, je l'espère, réussiront à tenir jusqu'au bout, car ils doivent s'attendre à subir le même sort que nous en cas de dénonciation. Jamais ils n'ont fait allusion ou ne se sont plaints de la charge que, certainement, nous représentons pour eux.

Tous les jours, ils montent chez nous, parlent affaires et politique avec les messieurs, ravitaillement et embêtements de guerre avec les dames, livres et journaux avec les enfants. Autant que possible, ils prennent un air gai, apportent des fleurs et des cadeaux pour les anniversaires et les jours de fête, et sont toujours prêts à nous rendre service. Nous n'oublierons jamais le courage héroïque de ceux qui se battent contre les Allemands; mais il y a aussi le courage héroïque de nos protecteurs qui nous montrent tant d'amour et de bienveillance.

On fait courir des bruits les plus impossibles, mais il y en a pourtant qui sont vrais. Cette semaine, par exemple, M. Koophuis nous a raconté que dans la Gueldre il y eut un match de football, dont l'une des équipes se composait exclusivement d'hommes cachés et l'autre de membres de la maréchaussée. A Hilversum, ils ont rigolé aussi. Lors d'une nouvelle distribution de cartes de ravitaillement, on a fait venir les « hors-la-loi » à une certaine heure pour ramasser leurs cartes qui se trouvaient sur une petite table, discrètement à l'écart. Faire ça au nez et à la barbe des Boches, il faut du cran.

A toi,

ANNE.

Jeudi 3 février 1944.

Chère Kitty,

La fièvre du débarquement a gagné le pays et monte de jour en jour. Si tu étais ici, tu serais comme moi, tantôt te laissant impressionner par des préparatifs extraordinaires, et tantôt te moquant des gens qui se mettent dans tous leurs états, qui sait? peut-être pour rien.

Tous les journaux en sont pleins; le débarquement rend les gens complètement fous. On lit des articles tels que : « En cas de débarquement des Anglais en Hollande, les autorités allemandes prendront toutes mesures pour la défense du pays; si c'est nécessaire, on aura recours à l'inondation. » Ils distribuent de petites cartes géographiques de Hollande avec les régions à inonder. Amsterdam se trouvant dans cette zone, on se demandait ce qu'on allait devenir avec un mètre d'eau dans les rues.

Ce problème difficile a provoqué les réponses les plus variées :

« La marche et le vélo sont hors de question; il va falloir péniblement traverser à pied. »

« Mais non, on va partir à la nage. Tout le monde va se mettre en costume de bain, ne pas oublier le bonnet, et nous allons nager sous l'eau autant que possible, alors, personne ne verra que nous sommes juifs. »

« Ah! il se vante! Je vois déjà les dames nager quand les rats se mettront à mordre leurs jolies jambes. » (Un homme, naturellement, à voir qui hurlera le plus fort, lui ou nous!)

« Nous n'allons jamais pouvoir sortir de la maison, le bâtiment est si vieux qu'il s'écroulera dès l'inondation. »

« Ecoutez, tous, fini de blaguer. Nous allons nous débrouiller pour avoir un petit bateau. »

« Ce n'est pas la peine. On n'a qu'à prendre une grande caisse, l'emballage des boîtes de lait, au grenier, et ramer avec des bâtons. »

« Moi, je vais marcher sur des échasses. J'étais championne dans ma prime jeunesse. »

« Henk Van Santen n'en aura pas besoin; il prendra sa femme sur son dos, et c'est Miep qui aura des échasses. »

Maintenant, tu peux t'en faire une idée, n'est-ce pas? Ou à peu près? Ces bavardages sont peut-être drôles sur le moment, mais ça ne se passera pas comme ça en réalité. On verra bien.

Un deuxième problème du débarquement ne s'est pas fait attendre. Que faire si les Allemands font évacuer Amsterdam?

« Partir avec tout le monde, en nous déguisant le mieux possible, en nous camouflant, quoi! »

« Nous ne partirons sous aucun prétexte. La seule chose à faire, c'est de rester sur place. Les Allemands sont capables de repousser toute la population jusqu'en Allemagne, et d'y faire crever tout le monde. »

« Oui, naturellement, nous resterons ici. C'est l'endroit le plus sûr. Nous allons essayer de persuader Koophuis de venir habiter la maison avec sa famille. On trouvera bien un sac de sciure et ils dormiront par terre. Miep et Koophuis pourraient déjà apporter les couvertures. »

« Il nous reste 30 kilos de blé; il faudra en commander davantage. Henk s'occupera des légumes secs; nous avons encore à peu près 30 kilos de haricots et 10 livres de pois, et n'oublions pas les 50 boîtes de légumes. » « Mère, veux-tu faire l'inventaire des autres réserves? » « Dix boîtes de poissons, 40 boîtes de lait, 10 kilos de lait en poudre, 3 bouteilles d'huile, 4 bocaux de beurre salé, 4 *idem* de viande, 2 bouteilles de fraises, 2 bouteilles de framboises à la groseille, 20 bouteilles de tomates, 10 livres de flocons d'avoine, 8 livres de riz, c'est tout. »

Ce n'est pas si mal que ça, mais il faut penser à nourrir nos invités, et, si ça dure des semaines sans pouvoir se ravitailler, nos réserves nous sembleront moins énormes. Nous avons suffisamment de charbon et de bois, de bougies aussi. Chacun va se coudre un petit sac à pendre à son cou, pour y mettre de l'argent en cas de départ.

Il va falloir dresser des listes des affaires à prendre avec nous, si nous sommes forcés de fuir, et nous pouvons commencer déjà à préparer chacun un sac au dos. A ce moment-là, deux d'entre nous ne quitteront pas leur poste d'observation, l'un dans la mansarde de derrière, l'autre dans celle de devant. « Dis donc, que faire de toutes nos réserves si l'eau, le gaz et l'électricité sont coupés? »

« Dans ce cas, on cuisinera sur le poêle, avec de

l'eau de pluie bouillie. Nous ferons une réserve d'eau, en commençant par remplir toutes les dames-jeannes. »

Ce genre de conversation, je l'entends toute la journée. Le débarquement par-ci, le débarquement par-là, puis des discussions sur la famine, la mort, les bombes, les extincteurs, les sacs de couchage, les certificats de juifs, les gaz, etc. Pas fait pour vous remonter tout ça. Encore un échantillon, si tu veux, des conversations des hommes de l'Annexe avec Henk :

ANNEXE : « Nous craignons que les Allemands, en faisant demi-tour, n'entraînent toute la population avec eux. »

HENK : « Impossible. Ils n'ont pas tant de trains à leur disposition. »

A. : « Des trains? Pensez-vous qu'ils vont installer nos citoyens dans de petits wagons? Pas question. On leur dira de se servir de leurs jambes comme moyen de transport. » (*Per pedes apostolorum,* comme dit toujours Dussel.)

H. : « Je n'en crois rien. Vous voyez tout à travers vos lunettes trop noires... Quel intérêt auraient-ils à entraîner toute la population? »

A. : « Avez-vous oublié ce que Goebbels a dit? « Si « l'on nous force à nous retirer, nous fermerons « aussi la porte de tous les territoires occupés. ».

H. : « Ils en ont dit d'autres. »

A. : « Croyez-vous les Allemands trop nobles ou trop charitables pour une telle action? Leur pensée, la voici : « Si nous devons périr, tous ceux sous « notre domination périront avec nous. »

H. : « Vous pouvez me raconter ce que vous voulez, je n'en crois rien! »

A. : « C'est toujours la même rengaine : on ne se rend compte du danger que lorsqu'on est touché soi-même. »

H. : « Après tout, vous ne savez rien de positif, vous non plus. Tout ça n'est que suppositions. »

A. : « Nous avons déjà passé par là, en Allemagne d'abord, ici après. Et que se passe-t-il en Russie? »

H. : « Oubliez un instant la question des juifs. Je pense que personne ne sait ce qui se passe en Russie. Les Anglais et les Russes font comme les Allemands, ils exagèrent pour servir leur propagande. »

A. : « Je n'en crois rien. La radio anglaise a toujours dit la vérité. Admettons même que leurs émissions soient exagérées, ça ne vous empêchera pas de reconnaître la réalité. Car vous ne pouvez nier le fait que des millions de gens paisibles sont assassinés ou gazés sans aucun ménagement, en Russie aussi bien qu'en Pologne. »

Je t'épargnerai nos autres conversations. Je me sens très calme, et je ne fais aucune attention à ce remue-ménage autour de moi. Que je vive ou que je meure, je m'en fiche plus ou moins. Voilà où j'en suis. Le monde ne va pas cesser de tourner à cause de moi, et les événements, ce n'est pas moi qui les changerai, de toute façon.

Il ne me reste qu'à voir venir les choses. Je ne m'occupe que de mes études, et j'espère que la fin sera bonne.

A toi,

ANNE.

Samedi 12 février 1944.

Chère Kitty,

Le soleil brille, le ciel est d'un bleu intense, le vent est alléchant, et j'ai une envie folle – une envie folle – de tout... De bavardages, de liberté, d'amis, de solitude. J'ai une envie folle... de pleurer. Je sens que je voudrais éclater. Les larmes m'apaiseraient, je le sais, mais je suis incapable de pleurer. Je ne tiens pas en place, je vais d'une chambre à l'autre, m'arrête pour respirer à travers la fente d'une fenêtre fermée, et mon cœur bat comme s'il disait : « Mais enfin, satisfais donc mon désir... »

Je crois sentir en moi le printemps, le réveil du printemps; je le sens dans mon corps et dans mon âme. J'ai un mal fou à me comporter comme d'habitude, j'ai la tête tout embrouillée, je ne sais que lire, qu'écrire, que faire. Langueur... Langueur... Comment te faire taire...

A toi,

ANNE.

Dimanche 13 février 1944.

Chère Kitty,

Depuis hier, quelque chose a changé pour moi. Voilà. J'avais une nostalgie terrible – je l'ai encore – mais... je me sens un tout petit peu, très vaguement, apaisée.

Je me suis aperçue ce matin – je serai honnête – qu'à ma grande joie Peter n'a cessé de me regarder d'une certaine façon. D'une tout autre manière que d'habitude, je ne saurais comment t'expliquer exactement.

J'ai toujours pensé que Peter était tombé amoureux de Margot, et maintenant j'ai tout à coup la sensation de m'être trompée. Je ne l'ai pas regardé de la journée, exprès; du moins pas beaucoup, car chaque fois j'ai vu son regard sur moi, et puis – puis, c'est vrai, un sentiment merveilleux m'a interdit de le regarder trop souvent.

Je voudrais être seule, strictement seule. Père s'aperçoit bien que j'ai quelque chose, mais lui raconter tout me serait impossible. Je voudrais crier : « Fichez-moi la paix, laissez-moi seule. » Qui sait, un jour je serai peut-être plus seule que ça ne me chante.

A toi,

ANNE.

Lundi 14 février 1944.

Chère Kitty,

Dimanche soir, à part Pim et moi, tout le monde écoutait le programme musical : *Unsterbliche Musik Deutscher Meister*. Dussel tournait constamment le bouton de l'appareil, ce qui agaçait Peter, et les autres aussi d'ailleurs. Après une demi-heure de nervosité contenue, Peter le pria d'un ton plus ou moins irrité de lâcher ce bouton. Dussel répondit de son petit ton dédaigneux : *Ich mach' das schon.* Peter se fâcha, répondit avec insolence et fut soutenu par Van Daan; Dussel fut obligé de céder. Ce fut tout.

Cet incident n'est pas extraordinaire en soi, mais il paraît que Peter l'a pris à cœur. En tout cas, il est venu me rejoindre ce matin au grenier, où j'étais en train de fureter dans une caisse de livres, pour m'en parler. Comme je n'en savais rien, j'écoutais avec attention, ce qui fit démarrer Peter pour de bon avec son histoire.

« Alors, tu vois », dit-il, « d'habitude je me tais, car je sais d'avance que je n'arrive jamais à trouver mes mots dans un cas pareil. Je commence à bégayer, je rougis, et je dis tout de travers; à la longue, je suis bien obligé de m'interrompre, parce que je ne parviens pas à dire ce que je veux. Hier aussi, ça s'est passé comme ça, je voulais dire tout autre chose. Mais une fois commencé, j'ai perdu le fil de mes idées et ça, c'est terrible. Autrefois, j'avais une mauvaise habitude que j'aimerais reprendre, ma foi : lorsque quelqu'un me faisait enrager, je me servais de mes poings plutôt que de paroles. Je sais bien que cette façon d'agir ne me mènera à rien. C'est pourquoi je t'admire, toi. Tu dis les choses sans détours, tu dis aux gens ce que tu as à leur dire. Tu n'es pas timide, pas le moins du monde. »

« Tu te trompes bien », répondis-je, « la plupart du temps, je dis les choses d'une tout autre façon que je n'en avais l'intention. Puis, une fois entraînée, je parle beaucoup trop. C'est une plaie que tu ne connais pas. »

Je riais sous cape en disant ces derniers mots. Mais j'ai tenu à le rassurer sans qu'il s'aperçoive de ma gaieté; j'ai pris un coussin pour m'asseoir par terre, les genoux au menton; je fus toute attention.

Je suis vraiment ravie : l'Annexe héberge donc

quelqu'un souffrant des mêmes crises de fureur que moi. Peter était visiblement soulagé de pouvoir donner libre cours au pire langage pour critiquer Dussel; il savait que je n'étais pas une moucharde. Quant à moi, j'ai passé un moment délicieux, sentant avec lui une communion que je n'ai connue qu'avec des amies, autrefois.

A toi,

ANNE.

Mercredi 16 février 1944.

Chère Kitty,
C'est l'anniversaire de Margot.

A midi et demi, Peter est venu admirer les petits cadeaux. Il s'est attardé à bavarder plus longtemps que d'habitude, chose qu'il n'aurait pas faite s'il s'était agi d'une simple visite de politesse. Dans l'après-midi, je suis allée chercher le café et aussi les pommes de terre, parce que je peux bien gâter Margot une fois par an. Peter a vite enlevé tous les papiers de l'escalier, pour me laisser passer, et je lui ai demandé s'il fallait fermer la trappe de la mansarde. « Oui », répondit-il, « ça vaut mieux. En revenant, tu n'as qu'à frapper, je t'ouvrirai. »

En le remerciant, je suis montée à la mansarde, où j'ai passé dix bonnes minutes à choisir dans le grand tonneau les pommes de terre les plus petites. J'en avais mal aux reins et je commençais à avoir froid. Je n'ai naturellement pas frappé, et j'ai ouvert la trappe moi-même; pourtant il est venu à ma rencontre et, très serviable, il s'est chargé de la casserole. « J'ai tellement cherché, mais je n'en ai pas trouvé de plus petites », dis-je.

« As-tu regardé dans le grand tonneau?

« Oui, j'ai mis mes mains dedans et j'ai tout retourné. »

J'étais arrivée au pied de l'escalier, alors que Peter, casserole en main, s'était arrêté pour bien l'examiner. « Ah! mais c'est du bon travail », dit-il. Et au moment où je lui repris le récipient, il ajouta :

« Mes compliments, jeune fille! » En disant cela, son regard était si tendre, si chaud, que j'en devins moi-même tout attendrie. Il voulait me faire plaisir, je m'en aperçus; et comme il ignore tout du discours élogieux, il mit dans son regard toute son éloquence. Comme je le comprends, et comme je lui suis reconnaissante. Encore à l'instant, je me sens tout heureuse en évoquant ses mots et la douceur de ses yeux.

Mère remarqua qu'il n'y avait pas assez de pommes de terre pour le dîner. Très docile, je me suis offerte pour la deuxième expédition.

Arrivant chez Peter, je me suis excusée de le déranger deux fois de suite. Il se leva, se plaça entre l'escalier et le mur, me prit par le bras et me barra la route. « Pour moi, ce n'est pas une corvée, je le ferai. » Je lui dis que ce n'était pas la peine – cette fois, je n'avais pas besoin d'en rapporter des petites. Convaincu, il me lâcha le bras. Pour le retour, il est venu ouvrir la trappe et, à nouveau, il me prit la casserole des mains. A la porte, je lui demandai : « Que fais-tu en ce moment? » « Du français », fut la réponse. Je lui ai demandé aussi s'il ne voulait pas me montrer ses leçons et, après m'être lavé les mains, j'ai pris ma place sur le divan.

Lui ayant donné quelques indications de français pour sa leçon, on s'est mis à bavarder tous les deux. Il m'a raconté que plus tard il voulait aller aux Indes Néerlandaises et vivre dans une plantation. Il a parlé de sa famille, du marché noir; puis il finit par dire qu'il se sentait totalement inutile. Je lui dis qu'il semblait avoir un fort complexe d'infériorité. Il a aussi parlé des juifs, disant qu'il aurait trouvé bien plus commode d'être chrétien, et me demandant s'il ne pouvait pas passer pour tel après-guerre. Je lui ai demandé s'il voulait se faire baptiser, mais il ne s'agit pas de cela. Selon lui, après la guerre, personne ne saura s'il est juif ou chrétien.

Pendant une seconde, j'eus le cœur serré; comme il est regrettable qu'il ne parvienne toujours pas à se défaire d'un reste de malhonnêteté! Ensuite, notre conversation a été très agréable – nous avons parlé de Père, de l'humanité et de beaucoup d'autres choses, je ne sais même plus de quoi au juste.

Je ne suis partie qu'à quatre heures et demie.

Le soir, il a encore dit quelque chose de très joli. C'était au sujet d'une photo de star dont je lui avais fait cadeau, et qui pend au mur de sa chambre depuis bien un an et demi. Puisqu'il y prend tant de plaisir, je lui ai proposé de choisir quelques autres vedettes de ma collection.

« Non », répondit-il, « j'aimerais la garder seule; je la vois tous les jours, et elle est devenue mon amie. »

Maintenant je comprends mieux pourquoi si souvent il serre Mouschi contre lui. Lui aussi a besoin de tendresse, ça va sans dire.

Puis il a dit encore, j'allais l'oublier : « Je ne connais pas la peur; je ne crains que les maladies, même quand ce n'est pas grave, mais j'y pense de moins en moins. »

Le complexe d'infériorité de Peter est vraiment terrible. Ainsi, il se croit toujours stupide, alors que Margot et moi serions tellement intelligentes. Il ne sait comment me remercier quand je l'aide à son français. J'ai la ferme intention de lui dire un jour : « Tu charries, tu es beaucoup plus fort que nous en anglais et en géographie. »

A toi,

ANNE.

Vendredi 18 février 1944.

Chère Kitty,

Chaque fois que je monte au grenier pour une raison ou une autre, mon but véritable est de l'apercevoir, « lui ». En somme, ma vie ici s'est améliorée; parce que, maintenant, quelqu'un en forme le centre, et je m'en réjouis.

Au moins, l'objet de mon amitié se trouve toujours dans la maison, c'est facile, et je n'ai pas besoin de craindre des rivales, à part Margot. Ne crois pas que je sois amoureuse, ce n'est pas vrai; mais quelque chose me dit que le sentiment entre Peter et moi peut devenir très beau, une amitié qui grandira avec la confiance. Tous mes moments de loisirs, je les passe chez lui; lorsque j'arrive, ce n'est plus comme autrefois, alors qu'il ne savait pas très bien quelle attitude prendre; maintenant, c'est tout le contraire, et je me trouve déjà de l'autre côté de la porte qu'il n'a pas encore cessé de parler.

Mère ne voit pas d'un bon œil mes allées et venues; elle dit que je ne fais que déranger Peter, et qu'il faut le laisser en paix. Ne comprendra-t-elle donc jamais que, moi aussi, je suis capable d'intuition?

Quand je monte chez lui, dans la petite chambre, elle me regarde toujours d'un air bizarre. Quand je redescends, elle me demande où j'ai été. Je trouve ça agaçant, – inadmissible.

A toi,

ANNE.

Samedi 19 février 1944.

Chère Kitty,
Encore un samedi – tu sais ce que ça veut dire.
Silence relatif le matin. J'ai aidé un peu à la cuisine, chez nos voisins; quant à « lui », il n'a échangé avec moi que quelques mots furtifs. A deux heures et demie, alors que chacun de nous retourne dans sa chambre pour l'heure de la sieste, je me suis installée au Bureau privé, munie de couvertures, pour lire ou écrire tranquillement. Ça n'a pas duré longtemps, je n'en pouvais plus; la tête m'est roulée sur le bras et j'ai éclaté en sanglots. Donnant libre cours à un flot de larmes, je me sentais profondément malheureuse. « Lui » – ah! si seulement il était venu me consoler! Je suis remontée chez moi à quatre heures, me préparant à aller chercher des pommes de terre. Mon cœur battit d'espoir à l'idée d'une rencontre, et j'entrai dans le cabinet de toilette pour m'arranger les cheveux. A

cet instant, je l'entendis descendre au magasin pour jouer avec Boschi.

Tout à coup, je senti les larmes me monter aux yeux et, vite, je suis entrée au w.-c., emportant avec moi le tiroir. Joli d'être installée là, en tenue correcte, avec mes larmes tombant en taches sombres sur mon tablier rouge. J'étais affreusement malheureuse.

Je pensais à peu près ceci : « O Peter! comme ça, je ne te gagnerai jamais! Qui sait? – peut-être ne me trouve-t-il pas du tout gentille et n'a-t-il aucun besoin de se confier. Il se peut qu'il pense à moi, mais superficiellement. Il ne me reste qu'à poursuivre seule mon chemin, sans confident, sans Peter. De nouveau des jours sans espoir, sans réconfort et sans joie, voilà ce qui m'attend. Oh! si seulement je pouvais appuyer ma tête contre son épaule pour me sentir moins désespérément seule, et moins abandonnée! Peut-être n'a-t-il aucune affection pour moi, regarde-t-il les autres avec des yeux tout aussi tendres. Me suis-je donc imaginé que tout cela était pour moi seule? O Peter! si tu pouvais me voir et m'entendre! Il se peut que la vérité soit décevante : dans ce cas, je ne saurais la supporter. »

Mais, peu après, j'ai senti mon espoir renaître, ma joie revenir, tandis que mes larmes coulaient encore intérieurement.

A toi,

ANNE.

Mercredi 23 février 1944.

Chère Kitty,
Depuis hier, le temps s'est mis au beau, et je me sens tout à fait retapée. Chaque matin, je vais au grenier où travaille Peter, et où l'air du dehors rafraîchit mes poumons saturés de renfermé. De ma place préférée, par terre, je regarde le ciel bleu, le marronnier encore dénudé aux branches duquel brillent des gouttelettes, les mouettes et les autres

oiseaux qui, argentés, fendent l'air de leur vol rapide.

Il avait la tête appuyée contre la grosse poutre, j'étais assise, ensemble nous respirions l'air frais, regardions au-dehors, et entre nous il y avait quelque chose qu'il ne fallait pas interrompre avec des mots. Longtemps, nous sommes restés à regarder le ciel, tous les deux; et lorsqu'il dut me quitter pour aller couper du bois, je savais qu'il était magnifique. Il a monté l'escalier, suivi par moi, et pendant le quart d'heure qu'il coupa le bois nous n'avons pas échangé une parole. Je suis restée debout pour le regarder : il s'appliqua à bien couper le bois pour me montrer sa force. J'ai aussi regardé par la fenêtre ouverte, derrière laquelle on aperçoit une grande partie d'Amsterdam; on voit par-dessus les toits, jusqu'à la ligne d'horizon, d'un bleu si limpide qu'elle n'était plus distincte. Je me dis : « Tant que cela existe, et que je puis y être sensible – ce soleil radieux, ce ciel sans nuages – je ne peux pas être triste. »

Pour celui qui a peur, qui se sent seul ou malheureux, le meilleur remède, c'est de sortir au grand air, de trouver un endroit isolé où il sera en communion avec le ciel, la nature et Dieu. Alors seulement, l'on sent que tout est bien ainsi, et que Dieu veut voir les hommes heureux dans la nature simple, mais belle. Tant que cela existe, et il en sera sans doute toujours ainsi, je suis sûre que tout chagrin trouve son réconfort, quelles que soient les circonstances.

Cet instant de bonheur suprême, peut-être n'aurai-je pas à attendre trop longtemps pour le partager avec celui qui l'aura vécu comme moi.

A toi,

ANNE.

Pensée :
Beaucoup de choses nous manquent ici, beaucoup et depuis longtemps, et j'en suis privée autant que toi. Je ne veux pas dire physiquement, nous avons ce qu'il nous faut. Non, je parle des choses qui se passent en nous, tels les pensées et les

178

sentiments. J'ai la nostalgie autant que toi de l'air, de la liberté. Mais je me suis mise à croire que nous avons le privilège d'avoir une compensation énorme à toutes ces privations. Je m'en suis rendu compte tout à coup, ce matin, devant la fenêtre ouverte. Je veux dire : une compensation de l'âme.

En regardant au-dehors, donc Dieu, et en embrassant d'un regard droit et profond la nature, j'étais heureuse, rien d'autre qu'heureuse. Et, Peter, tant que ce bonheur est en toi – jouir de la nature, de la santé et de bien d'autres choses encore – tant que tu es capable de le ressentir, il te reviendra toujours.

On peut tout perdre, la richesse, le prestige, mais ce bonheur dans ton cœur ne peut que s'assombrir, tout au plus, et il te reviendra toujours, tant que tu vivras. Tant que tu lèveras les yeux, sans crainte, vers le ciel, tu seras sûr d'être pur et tu redeviendras heureux, quoi qu'il arrive.

Dimanche 27 février 1944.

Très chère Kitty,

Au fond, du matin au soir, je ne fais rien d'autre que penser à Peter. Je m'endors en évoquant son image, je rêve de lui pendant la nuit, et je me réveille encore sous son regard.

J'ai l'impression très nette que, contrairement aux apparences, nous ne sommes pas très différents l'un de l'autre, Peter et moi. Je vais te dire pourquoi : Peter, aussi bien que moi, nous manquons d'une Mère. La sienne est trop superficielle, elle ne pense qu'au flirt, et se soucie fort peu des pensées de son fils. La mienne s'intéresse bien à moi, mais elle est dépourvue de ce bel instinct maternel, si subtil.

Peter et moi, nous sommes tous deux aux prises avec le fin fond de notre être; nous ne sommes pas encore sûrs de nous, ni l'un ni l'autre, et, au fond, nous sommes trop jeunes et d'une nature trop tendre pour bien supporter les brusqueries de nos aînés. S'il m'arrive de devoir les subir, ma réaction est directe : je veux « m'en aller ». Puisqu'il est impossible de m'en aller, je me mets à simuler : je me démène et je fais un tel boucan que tout le monde voudrait me savoir à l'autre bout de la terre.

Lui, au contraire, se replie sur lui-même, ne parle presque pas, reste plutôt taciturne, rêve et se cache derrière sa timidité.

Mais où et comment allons-nous pouvoir enfin nous rejoindre?

Mon cerveau va-t-il pouvoir maîtriser mon désir? Et pour combien de temps encore?

A toi,

ANNE.

Lundi 28 février 1944.

Très chère Kitty,

La nuit comme le jour, c'est un cauchemar. Je le vois à toute heure, ou presque, sans pouvoir aller jusqu'à lui; il faut me garder de me trahir, avoir l'air gai, alors que tout en moi n'est que désespoir.

Peter Wessel et Peter Van Daan se sont fondus en un seul Peter, que j'aime et qui est bon, et que je veux uniquement pour moi seule.

Mère me gêne, Père est gentil et me gêne donc davantage; quant à Margot, elle me gêne plus que mes parents, car elle a des prétentions de beauté, et je voudrais avoir la paix.

Peter ne m'a pas rejointe au grenier; il est allé à la mansarde pour un petit travail de menuiserie. A chaque grincement, à chaque coup de marteau tombait un morceau de mon courage, et je devenais plus triste encore. Et au loin, un carillon jouait : *Rechtop van lijf, rechtop van ziel.* (Le corps droit et l'âme droite.) Je suis sentimentale, je le sais. Je suis désespérée et pas raisonnable – ça, je le sais aussi.

Oh! aide-moi.

A toi,

ANNE.

Chère Kitty,

Mes propres intérêts sont à l'arrière-plan, à cause... d'un cambriolage. Ce n'est pas drôle de se répéter, mais je n'y peux rien – les cambrioleurs prennent un certain plaisir à honorer Kraler et Cie de leur visite. Ce cambriolage est beaucoup plus compliqué que celui de juillet 43.

Hier soir, lorsque, comme d'habitude, M. Van Daan se rendit au bureau de Kraler à sept heures et demie, il vit que les portes vitrées et la porte du bureau étaient ouvertes. Etonné, il décida d'inspecter les lieux et eut d'autres surprises : les portes du vestiaire étaient également ouvertes et il y avait un désordre effarant dans le bureau de devant. Sa première pensée fut : « Un voleur. » Pour en avoir le cœur net, il descendit jusqu'à la porte d'entrée, l'examina : tout était fermé et la serrure de sûreté intacte. « Bah », se dit-il, « Peter et Elli n'ont pas remis le bureau en ordre après leur travail du soir. » Il resta un bon moment dans le bureau de Kraler, éteignit la lampe avant de monter, sans se creuser la tête sur le mystère des portes ouvertes et du désordre.

Ce matin, Peter, après avoir frappé à notre porte, nous annonça la nouvelle plutôt inquiétante d'avoir trouvé grande ouverte la porte de la rue. Il nous dit aussi que l'appareil de projection et la nouvelle serviette de Kraler avaient disparu du placard. Peter fut chargé de refermer la porte, et Van Daan raconta ses découvertes de la veille au soir, nous rendant tous très inquiets.

Toute l'histoire se résume à ce que le voleur devait avoir en sa possession un double de la clé de sûreté, car la porte avait été ouverte normalement. Il doit être venu très tôt dans la soirée et l'avoir fermée. Puis, dérangé par Van Daan, il s'est sans doute caché jusqu'à ce que celui-ci parte; après quoi, il s'est enfui avec son butin, en toute hâte, oubliant de refermer la porte. Qui peut avoir un double de notre clé? Pourquoi le voleur n'est-il pas allé au magasin? Un de nos hommes du magasin serait-il coupable? Et ne va-t-il pas nous dénoncer, puisqu'il a entendu et même peut-être vu Van Daan?

C'est horrible de ne pas savoir si le cambrioleur va s'arrêter là ou s'il va avoir l'idée d'ouvrir notre porte une fois de plus. Ou peut-être a-t-il pris peur en voyant un homme se promener librement dans les bureaux?

A toi,

ANNE.

Mardi 2 mars 1944.

Chère Kitty,

Aujourd'hui, j'ai passé avec Margot un bon moment au grenier. Bien que ce plaisir ne fût pas ce que j'en attendais, je me rends compte que, le plus souvent, sa sensibilité correspond exactement à la mienne.

Pendant la vaisselle, Elli a parlé de son découragement avec Mère et Mme Van Daan. Comment celles-ci pourraient-elles lui être de quelque secours?

Je te donne en mille le conseil de Mère : Elli n'avait qu'à penser à tous les gens qui meurent tous les jours sur la terre. Comment réconforter un malheureux avec ses propres pensées de malheur? Ceci, je l'ai dit, et je reçus comme réponse : « Tu ne peux pas encore parler de ces choses-là. »

Ce que les grands peuvent être stupides et idiots. Comme si Peter, Margot, Elli et moi, nous n'avions pas tous les mêmes sentiments, appelant à l'aide l'amour d'une mère, ou l'amour de très, très grands amis. Or, nos deux mères n'ont pas le moindre grain de compréhension vis-à-vis de nous. Peut-être Mme Van Daan en serait-elle plus capable que Mère. Oh! j'aurais tant aimé dire à Elli quelque chose qui la réconforte, sachant par expérience ce que l'on espère entendre! Mais Père est intervenu en m'écartant.

Qu'ils sont bêtes, tous. Ils ne nous demandent jamais notre avis. Bien sûr, ils se piquent d'être ultra-modernes. Selon eux, nous n'avons pas d'opinion. Tiens ta langue – on peut toujours dire ça, mais n'avoir pas d'opinion, ça n'existe pas. On peut avoir son opinion, aussi jeune que l'on soit : personne ne peut vous l'enlever.

Ce qui nous aiderait vraiment, nous aussi bien qu'Elli, c'est un amour dévoué, dont chacun de nous est privé. Personne et surtout les philosophes idiots d'ici n'est capable de nous comprendre; car nous sommes infiniment plus sensibles et plus avancés dans nos idées qu'aucun d'eux – bien plus qu'ils ne s'en doutent, et de très loin.

En ce moment, Mère boude, pour changer. Elle est visiblement jalouse de Mme Van Daan, avec qui je bavarde plus qu'avec elle ces derniers temps.

Cet après-midi, j'ai attrapé au vol Peter, et nous avons bavardé ensemble au moins trois quarts d'heure. Peter a eu un mal fou à parler de lui-même; c'est venu petit à petit. Les fréquentes querelles de ses parents à propos de la politique, des cigarettes et de toutes sortes de choses – il m'a tout raconté. Il était très timide.

A mon tour, je lui ai parlé de mes parents. Il a défendu Père, disant qu'il était un charmeur et qu'on ne pouvait s'empêcher de l'aimer. Ensuite sont revenues sur le tapis sa famille et la mienne. Il fut tant soit peu étonné d'apprendre que ses parents n'étaient pas toujours *persona grata* chez nous. « Peter », dis-je, « tu sais que je suis franche; pourquoi ne pas te le dire alors, puisque nous connaissons leurs défauts? » Entre autres, je dis encore : « Peter, j'aimerais tant t'aider, du moins si tu le veux. Tu es toujours coincé entre les deux; tu ne dis jamais rien, mais tu prends tout ça à cœur, je le sais. »

« En effet, tu pourrais m'être d'un grand secours. »

« Tu ferais peut-être mieux de parler à Père. Tu peux tout lui dire, ça n'ira pas plus loin, tu sais! »

« Oui, un vrai copain, ton père. »

« Tu l'aimes beaucoup, n'est-ce pas? » Peter opina de la tête, et j'ajoutai : « Eh bien, lui aussi, il t'aime beaucoup. »

Il leva rapidement les yeux et rougit; c'était vraiment émouvant de voir l'effet de ces quelques mots.

« Vraiment? » demanda-t-il.

« Bien sûr », dis-je, « une allusion par-ci, une allusion par-là, je me rends très bien compte de ce qu'il veut dire! »

Peter, comme Père, est un charmeur : on ne peut s'empêcher de l'aimer!

A toi,

ANNE.

Vendredi 3 mars 1944.

Chère Kitty,

Ce soir, en regardant la flamme de la bougie (1), je me sentis toute calme et heureuse. A vrai dire, j'y vois Grand-Mère. C'est Grand-Mère qui me garde et me protège, et qui me rend ma joie.

Mais... il est un autre qui domine tout mon être. Cet autre, c'est... Peter. Tout à l'heure, lorsque je suis allée chercher les pommes de terre, il m'a arrêtée sur l'escalier, avec ma casserole pleine, pour me demander : « Qu'est-ce que tu as fait cet après-midi? »

Je suis descendue et me suis assise sur les marches, après avoir posé la casserole par terre, et on s'est mis à bavarder. Ce n'est qu'une heure après que les pommes de terre sont arrivées à destination.

Peter n'a plus dit un mot de ses parents; nous avons parlé seulement de livres et d'autrefois. Quel regard ardent il a, ce garçon; je vais tomber amou-

_____
(1) Tradition juive : le vendredi soir, on allume les bougies.

184

reuse de lui, je crois – il s'en faut de très peu. D'ailleurs, ce soir, il a laissé échapper un mot à ce sujet, lorsque je suis entrée chez lui, après avoir fini de peler les pommes de terre.

« J'ai chaud. Il suffit de nous regarder, Margot et moi, pour connaître la température. Quand il fait froid, nous sommes pâles, quand il fait chaud, nous sommes rouges. »

« Amoureuse? » demanda-t-il.

« Pourquoi serais-je amoureuse? » Plutôt niaise, ma réponse.

« Pourquoi pas? » dit-il. Puis il a fallu se joindre aux autres pour manger.

Qu'a-t-il voulu dire? Ce soir, je me suis arrangée pour lui demander enfin si mes bavardages ne le dérangeaient pas, à quoi il répondit simplement : « Mais pas du tout... »

A-t-il dit ça par timidité? Je n'en sais rien.

Kitty, je suis exactement comme une amoureuse qui ne sait parler de rien d'autre que de son amour. D'ailleurs, Peter est un vrai chéri. Quand pourrai-je jamais lui dire ça? Pas avant qu'il m'appelle sa chérie, naturellement. Mais il lui faudra mettre des gants pour apprendre à me connaître, je ne le sais que trop. Et il est jaloux de sa solitude, je ne peux donc pas très bien me rendre compte à quel point je lui plais. En tout cas, nous commençons à nous connaître un peu; mais oser dire les choses que nous brûlons de nous dire... je voudrais déjà en être là. Ça viendra peut-être plus tôt que je ne pense, qui sait? Plusieurs fois par jour, il me jette un regard d'intelligence, auquel je réponds par un clin d'œil, et nous en sommes tous les deux ravis.

Ça semble fou d'employer le mot « ravi » en parlant de lui, mais il pense exactement comme moi, je le sens irrésistiblement.

A toi,

ANNE.

Chère Kitty,

Enfin, j'ai passé un samedi moins ennuyeux, moins triste et monotone que d'habitude, ce qui ne m'est pas arrivé depuis des mois et des mois. Peter en est la cause, personne d'autre.

Ce matin, lorsque j'ai voulu aller pendre mon tablier au grenier, Père m'a demandé si je ne voulais pas rester pour une conversation en français. J'étais trop contente de pouvoir expliquer quelque chose en français à Peter; ensuite, nous avons passé à l'anglais. Père a lu Dickens à haute voix. Assise sur la même chaise que Père, et blottie contre Peter, le ciel semblait s'ouvrir à moi.

A onze heures, je suis allée dans ma chambre. A onze heures et demie, au moment de remonter, il était déjà dans l'escalier à m'attendre. Nous avons bavardé jusqu'à une heure moins le quart. Chaque fois que je m'absente, après le repas par exemple, il me dit sans se faire entendre des autres : « A tout à l'heure, Anne. »

Oh! je suis si heureuse! Commence-t-il à m'aimer, après tout? En tout cas, c'est un chic type et nous allons peut-être avoir des conversations magnifiques, qui sait?

Mme Van Daan semble consentir à mes bavardages avec son fils, mais aujourd'hui elle m'a taquinée en disant : « Puis-je vous laisser seuls, là-bas, au grenier, tous les deux? »

« Evidemment », dis-je en protestant. « Voudriez-vous m'offenser, par hasard? »

Du matin au soir, je me réjouis de voir Peter.

A toi,

ANNE.

Lundi 6 mars 1944.

Chère Kitty,
Je lis sur le visage de Peter qu'il en a la tête pleine

autant que moi. Et hier soir, Madame m'a agacée avec sa raillerie en disant : « Le penseur. » Peter a rougi, et, moi, je suis devenue comme une pile électrique.

Ils ne peuvent donc pas se taire, ces gens-là!

Tu ne peux pas savoir à quel point c'est moche de voir comme il se sent seul, et de ne rien pouvoir y faire. Je me rends compte, comme si moi-même j'étais passée par là, combien les perpétuelles querelles et les démonstrations d'affection de ses parents doivent l'exaspérer. Pauvre Peter, il a besoin d'amour, lui aussi!

Il m'a dit qu'il pouvait très bien se passer d'amis : mes oreilles résonnent encore de la dureté de ces mots. Oh! comme il se trompe! Moi, je pense qu'au fond il n'en croit rien.

Il s'accroche à sa solitude, il simule l'indifférence et joue à la grande personne, parce qu'il s'est imposé ce rôle et parce qu'il ne veut pas se livrer, jamais. Pauvre Peter, combien de temps tiendras-tu encore? Cet effort surhumain ne va-t-il pas entraîner tôt ou tard une réaction terrible?

O Peter! si tu me laissais t'aider... A nous deux, nous pourrions vaincre notre solitude commune.

Toutes mes pensées, je n'en dis rien. Je suis heureuse quand je le vois, et quand le soleil brille par-dessus le marché. Hier, en me lavant les cheveux, j'ai fait un tapage de tous les diables; je savais qu'il était dans la chambre à côté. C'était plus fort que moi, comme toujours. Plus je sens en moi une certaine gravité, plus j'agis comme une folle.

Qui, le premier, découvrira cette armure et la brisera? Il est encore heureux que les Van Daan n'aient pas eu de fille. Jamais ma conquête n'aurait été si difficile, si belle et si splendide qu'avec un garçon.

A toi,

ANNE.

P.-S. – Tu sais bien que je t'écris en toute franchise; c'est pourquoi je veux ajouter qu'au fond je ne vis que de rencontres. Toujours, j'espère voir qu'il m'attend, lui aussi, et je suis transportée de joie lorsque j'aperçois l'une de ses timides avances. Je parie qu'il a autant envie que moi de trouver ses mots. Il ignore que, justement, ce sont ses efforts désemparés qui me touchent le plus.

A toi,

ANNE.

Mardi 7 mars 1944.

Chère Kitty,

Quand je commence à réfléchir sur ma petite vie de 1942, tout me semble irréel. Cette petite vie bénie était vécue par une Anne toute différente de celle qui, maintenant, a acquis quelque sagesse. C'était bien une vie bénie. Des admirateurs à chaque coin de rue, une vingtaine d'amies, pas toutes intimes, il est vrai, être la favorite de la plupart de ses professeurs, et gâtée on ne peut plus par ses parents de bonbons, d'argent de poche – que veux-tu de plus?

Tu te demanderas comment j'ai pu embobeliner les gens à ce point? Ce que dit Peter : « Le charme », ne me semble pas tout à fait juste. Chaque professeur trouvait drôles mes reparties et mes observations; mon visage était riant, mon sens critique original et charmant. J'étais un flirt incorrigible, coquette et amusante, sans plus. Quelques-unes de mes qualités faisaient ma popularité, c'est-à-dire le zèle, l'honnêteté et la franchise, la générosité. Jamais je n'aurais refusé à un camarade de classe de copier un de mes devoirs; les bonbons, je les partageais généreusement; et je n'ai jamais été vaniteuse.

Toute cette admiration n'aurait-elle pas fait de moi une crâneuse? J'ai eu une chance, celle d'être brusquement jetée dans la réalité, et il m'a fallu plus d'un an avant de m'habituer à une vie dépourvue de toute admiration.

Ma réputation à l'école? La voici : toujours la

première à plaisanter et à faire des farces, l'éternel boute-en-train, jamais pleurnicheuse ni boudeuse. Pour me faire accompagner à bicyclette ou être l'objet d'une attention quelconque, je n'avais qu'à lever le petit doigt.

Anne, l'écolière d'alors, je la vois avec le recul du temps comme une fillette charmante, mais très superficielle, n'ayant plus rien de commun avec moi. Peter, très à propos, a dit de moi : « Chaque fois que je te voyais, tu étais encadrée de deux garçons ou plus, et d'une bande de filles. Tu riais toujours et tu étais toujours le centre de la bande. »

Qu'en reste-t-il, de cette fillette ? Je n'ai pas désappris le rire ni les reparties, et je ne me lasse pas de critiquer les gens aussi bien qu'autrefois, peut-être mieux même; je suis encore capable d'être flirt, si... je veux. Voilà le hic, j'aimerais encore, l'espace d'une soirée, quelques jours ou une semaine, être celle de jadis, gaie, apparemment insouciante. Mais au bout d'une semaine, j'en aurais par-dessus la tête, et je verrais avec reconnaissance le premier venu capable de parler de quelque chose qui en vaille la peine. Je n'ai plus besoin d'adorateurs ou d'admirateurs séduits par un sourire flatteur, mais bien d'amis séduits par mon caractère et ma façon d'agir. Je me rends compte que ces exigences réduiraient de beaucoup mon cercle d'intimes, mais qu'est-ce que ça peut faire – pourvu que je garde quelques personnes sincères autour de moi.

En dépit de tout, mon bonheur en 1942 n'était pas plus intact. Souvent je me sentais abandonnée. Mais remuer du matin au soir m'empêchait de trop y penser, et je m'amusais tant que je pouvais. Consciemment, ou inconsciemment, je tentais d'ignorer le vide que je ressentais en m'amusant ainsi. Alors que maintenant je regarde les choses en face et je travaille. Cette période de ma vie est close, irrévocablement close. Les années d'école, leur tranquillité et leur insouciance, ne reviendront plus jamais.

Je les ai dépassées et je ne les désire plus; je ne

pourrais plus songer uniquement au plaisir; une petite partie de moi demandera toujours à être grave.

Ma vie, jusqu'au nouvel an 1944, je la vois au travers d'une loupe impitoyable. D'abord, notre maison rayonnante de soleil, ensuite ici, depuis 1942, le brusque changement, les querelles, les réprimandes, etc. J'étais prise au dépourvu, comme si j'avais reçu un coup de massue, et, pour me donner une contenance, je suis devenue insolente.

La première partie de 1943 : crise de larmes, solitude infinie, lente compréhension de tous mes défauts qui, graves déjà, semblaient s'aggraver encore doublement. Pendant la journée, je parlais à tort et à travers, essayant de mettre Pim de mon côté. Je n'y ai pas réussi. J'étais seule, devant la tâche difficile de me changer de façon à ne plus provoquer de reproches; car les reproches me déprimaient et me mettaient au désespoir.

La deuxième partie de l'année, ça allait un peu mieux; je suis devenue jeune fille et les grands ont commencé à me considérer plutôt comme l'un des leurs. Je me suis mise à réfléchir, à écrire des contes. Enfin, j'ai compris que les autres n'avaient plus le droit de se servir de moi comme d'une balle de tennis, m'envoyant à droite et à gauche. J'ai décidé de me changer et de me former selon ma propre volonté. Mais la chose qui m'a touchée le plus, c'est quand j'ai dû m'avouer que même Père ne serait jamais mon confident. Je ne pouvais plus avoir confiance en personne, sauf en moi-même.

Après le nouvel an : l'autre grand changement – mon rêve... C'était mon désir d'avoir un garçon pour ami, et non une fille. C'était aussi la découverte de mon bonheur, sous mon armure faite de superficiel et de gaieté. De temps à autre, devenant grave, j'étais consciente d'un désir sans bornes pour tout ce qui est beauté et bonté.

Et le soir, au lit, en finissant ma prière avec les mots : « Je te remercie, mon Dieu, de tout ce qui est Bon, Aimable et Beau », mon cœur jubile. Le

« Bon », c'est la sécurité de notre cachette, de ma santé intacte, de tout mon être. L ' « Aimable », c'est Peter, c'est l'éveil d'une tendresse que nous sentons, sans encore oser ni l'un ni l'autre la nommer ou même l'effleurer, mais qui se révélera : l'amour, l'avenir, le bonheur. Le « Beau », c'est le monde, la nature, la beauté, et tout ce qui fait la beauté.

Je ne pense plus à la misère, mais à la beauté qui survivra. Voilà la grande différence entre Mère et moi. Quand on est découragé et triste, elle conseille : « Pensons aux malheurs du monde, et soyons contents d'être à l'abri! » Et moi, je conseille : « Sors, sors, dans les champs, regarde la nature et le soleil, va au grand air et tâche de retrouver le bonheur en toi-même et en Dieu. Pense à la beauté qui se trouve encore en toi et autour de toi, sois heureuse! »

A mon avis, le conseil de Mère ne mène à rien, car que faut-il faire quand on se trouve dans le malheur? N'en pas sortir? Dans ce cas, on est perdu. Par contre, je trouve qu'en se tournant vers ce qui est beau – la nature, le soleil, la liberté, la beauté en nous – on se sent enrichi. En ne perdant pas cela de vue, on se retrouve en Dieu, et l'équilibre vous revient.

Celui qui est heureux peut rendre heureux les autres. Celui qui ne perd ni courage ni confiance ne périra jamais par la misère!

A toi,

ANNE.

Dimanche, 12 mars 1944.

Chère Kitty,

Ces derniers jours, ma chaise est abandonnée, je ne m'assieds plus; c'est un va-et-vient perpétuel de ma chambre au grenier.

Je suis trop contente de parler avec Peter; mais j'ai une peur bleue de le déranger. Il m'a encore parlé de choses d'autrefois, de ses parents et de lui-même. Ça ne me suffit pas du tout, et je me demande pourquoi j'en désire davantage. Au début, il m'a trouvée insupportable, c'était réciproque. Maintenant, j'ai changé d'avis : a-t-il aussi changé le sien?

Je pense que oui, mais ça ne veut pas dire que nous soyons déjà copains-copains, ce qui pour moi rendrait notre séjour ici infiniment plus supportable. Je ne devrais pas me faire de mauvais sang; je m'occupe de lui assez souvent, je n'ai donc pas besoin de t'attrister de mon chagrin. Mais je t'avoue que je me sens bien mal fichue.

Samedi après-midi, après avoir appris du dehors une série de mauvaises nouvelles, j'en étais tellement retournée que je me suis étendue sur mon divan pour dormir un peu. Je ne demandais qu'à dormir afin de ne pas y penser. Sommeil profond jusqu'à quatre heures, après quoi il a fallu rejoindre les autres. J'ai eu beaucoup de mal à répondre à toutes les questions de Mère; pour Père, j'ai dû prétendre des maux de tête afin d'expliquer ma sieste. En somme, je n'ai pas menti – j'avais un mal à la tête moral.

Les gens normaux, les jeunes filles normales de ma catégorie trouveraient que je suis piquée à m'apitoyer ainsi sur moi-même. Mais justement, j'ai pris l'habitude de te dire tout ce que j'ai sur le cœur; et le reste de la journée, je suis aussi gaie, sûre de moi et aussi insolente que possible, afin d'éviter les interrogatoires et de n'avoir pas à m'énerver.

Margot est très gentille, et ne demande pas mieux que d'être ma confidente, mais il m'est impossible de tout lui dire. Elle est mignonne, belle et bonne, mais elle manque d'un certain détachement pour les choses profondes. Elle me prend au sérieux, beaucoup trop, et, sans doute, elle se creuse la tête à propos de sa petite sœur, m'examinant du regard à chaque chose que je dis, comme si elle pensait : « Est-ce vrai ou joue-t-elle la comédie? » Nous sommes tout le temps ensemble, voilà le mal, car je n'aimerais pas avoir ma confidente constamment autour de moi.

En sortirai-je jamais de ce labyrinthe de pensées, et y verrai-je clair un jour, pour avoir la paix?

A toi,

ANNE.

Mardi 14 mars 1944.

Chère Kitty,

Ça pourrait te divertir – pas moi – d'entendre ce que nous allons manger aujourd'hui. La femme de ménage étant au bureau, je suis installée en ce moment à la table des Van Daan. Je me bouche le nez avec un mouchoir trempé de parfum d'avant-guerre. Tu ne piges pas encore, mais ça va venir.

« Commencez par le début, s. v. p. »

Nos fournisseurs de fausses cartes d'alimentation se sont fait pincer. En dehors de nos rations, nous n'avons plus de haricots, ni de matières grasses. Miep et Koophuis étant malades, Elli ne peut pas faire les courses; la mélancolie règne dans la maison, et forcément les repas s'en ressentent. A partir de demain, nous n'aurons pas un gramme de graisse, ni de beurre, ni de margarine. Le petit déjeuner ne consiste plus en pommes de terre sautées (pour économiser le pain), mais en gruau au lait; Madame, ayant crié famine, nous a fait acheter du lait complet au marché noir. Alors, aujourd'hui on prépare pour le dîner des pommes de terre et des choux frisés du tonneau de conserve, dont l'odeur exige la protection de mon mouchoir. La puanteur de ces choux, en tonneau depuis un an, est absolument incroyable. Toute la chambre en est empestée, on dirait un mélange de prunes gâtées, d'un désinfectant énergique et d'œufs pourris. Pouah! Rien que l'idée d'avoir à manger ce gâchis me donne un haut-le-cœur.

Ajoute à cela les maladies étranges que les pommes de terre ont attrapées ici – sur deux seaux de patates, il y en a un qui va au poêle. Nous nous sommes amusés à faire le diagnostic de ces maladies, et nous avons trouvé le cancer, la variole et la rougeole à tour de rôle. Ce n'est pas drôle du tout, loin de là, de vivre dans une cachette pendant la quatrième année de guerre. Est-ce que ça finira jamais, toute cette charogne !

A vrai dire, je m'en fiche un peu, de ce problème de nourriture. Si seulement les autres choses pouvaient rendre la vie plus agréable ! La monotonie commence à nous mettre à bout. Tous, nous en avons marre.

Voici les opinions des cinq adultes présents sur la situation actuelle :

Mme Van Daan :

« La carrière de Cendrillon ne me dit plus rien. Rester assise à me tourner les pouces m'ennuie, alors je me remets à cuisiner. Non sans me plaindre, car il est impossible de faire la cuisine sans matières grasses et toutes ces petites odeurs douteuses me donnent mal au cœur. Et comme récompense, je dois l'accommoder pour ma peine de cris et d'ingratitude – c'est toujours ma faute – je suis le bouc émissaire. Puis, je trouve que la guerre n'avance pas beaucoup; les Allemands vont finir par remporter la victoire. J'ai une frousse terrible de nous voir mourir de faim, et je maltraite tout le monde quand je suis de mauvaise humeur. »

M. Van Daan :

« D'abord, fumer, fumer, fumer. A côté de ça, la boustifaille, la politique et les humeurs de Kerli ne sont pas si graves que ça. Kerli est vraiment très gentille. »

Mais quand il n'a plus rien à fumer, tout va mal. On n'entend que : « Je vais tomber malade, on se nourrit trop mal, il me faut de la viande. Kerli, elle n'y comprend rien, elle est stupide. » Après quoi, on peut s'attendre à une engueulade entre époux.

Mme Frank :

« La nourriture, ça n'a peut-être pas beaucoup d'importance, mais j'aimerais quand même avoir une petite tranche de pain de seigle, car j'ai terriblement faim. Si j'étais Mme Van Daan, il y a longtemps que j'aurais freiné cette manie de fumer perpétuellement comme le fait son mari. Mais il me faut une cigarette tout de suite, car mes nerfs vont avoir raison de moi.

« Les Anglais se trompent souvent, mais la guerre avance quand même; j'ai encore le droit de bavarder et je suis bien contente de ne pas être en Pologne. »

M. Frank :

« Tout va bien, et je n'ai besoin de rien. Un peu de patience encore, nous pouvons tenir. Tant que j'ai des pommes de terre, je ne dis rien. Il faut que je pense à donner une partie de ma ration à Elli. La politique marche à souhait, je suis très, très optimiste! »

M. Dussel :

« Il s'agit de terminer ma thèse à temps. La politique se montre excellente, on ne nous pincera jamais, c'est impossible. Moi, je... »

« Je, je, je... »!

A toi,

ANNE.

Mercredi 15 mars 1944.

Chère Kitty,

Ouf! je me suis libérée un instant de la série noire.

Toute la sainte journée, on répète à peu près : « Au cas où ceci ou cela arrive, nous aurons des difficultés; ou si un tel tombe malade, nous serons seuls au monde, et si... » Enfin, tu commences à comprendre et à pouvoir deviner la fin des conversations de l'Annexe.

Les « Si, si... » *because* : M. Koophuis a été convoqué pour travailler la terre; Elli est affligée d'un rhume sérieux et sera probablement obligée de rester chez elle demain; Miep n'est pas encore guérie de sa grippe, et Koophuis s'est évanoui à cause d'une autre hémorragie de l'estomac. Une véritable série de calamités.

Demain, les hommes du magasin ont congé toute la journée. Au cas où Elli ne viendrait pas, la porte d'entrée restera rigoureusement fermée; nous serons obligés de faire très attention aux bruits, pour que les voisins n'entendent personne. Henk viendra voir les fauves à une heure, et jouera donc le rôle de gardien du Jardin zoologique. Pour la première fois depuis longtemps, il nous a parlé un peu de ce qui se passe dans le monde extérieur. Il fallait nous voir, assis en cercle autour de lui – exactement comme une image portant la légende : « Quand Grand-Mère raconte une histoire. » Il a parlé, parlé, devant un public excellent, du ravitaillement bien entendu, et, sur notre demande, du médecin de Miep. « Le médecin! Ne me parlez pas de ce médecin! Je lui ai téléphoné ce matin, et j'ai dû me contenter de demander un remède contre la grippe à une petite assistante. Elle me répondit qu'il fallait venir chercher les ordonnances le matin, entre huit et neuf heures. Le médecin, lui, ne vient au téléphone qu'en cas de grippe fort sérieuse, et vous dit : « Montrez votre langue, et dites a-ah. Oui, « je l'entends, vous avez la gorge enflammée. Je « vous prépare une ordonnance; vous pourrez la « donner au pharmacien. Bonjour, monsieur. » C'est comme ça. Ça ne se dérange pas, les médecins : service exclusif par téléphone. »

Je ne veux rien reprocher aux médecins. En fin de compte, ils n'ont que leurs deux mains, comme nous, et par les temps qui courent leur nombre est restreint et ils sont débordés. Mais Henk nous a bien fait rire avec sa conversation téléphonique.

Je peux m'imaginer la salle d'attente d'un médecin en temps de guerre. Ce ne sont plus les malades pauvres que l'on méprise, mais ceux qui viennent pour le moindre bobo et que l'on toise, en pensant : « Qu'est-ce que vous venez chercher ici? Faites la queue, s'il vous plaît, à votre tour. Les malades sérieux ont priorité. »

A toi,

ANNE.

Jeudi 16 mars 1944.

Chère Kitty,

Il fait beau, indescriptiblement beau; il me tarde d'aller au grenier. C'est pour tout à l'heure.

Pas étonnant que Peter soit tellement plus calme que moi. Il a sa propre chambre, dans laquelle il travaille, réfléchit, rêve et dort; tandis que moi, je suis bousculée d'un coin à l'autre. Il est rare que je me trouve seule dans cette chambre obligatoirement partagée, alors que j'ai tant besoin d'être seule. De là mes fuites au grenier, où je me retrouve un instant, à part les moments passés avec toi. Fini de te raser avec mes gémissements. Au contraire, je veux absolument être courageuse. Dieu merci, les autres ne peuvent pas deviner ce qui se passe en moi; sauf que je suis de jour en jour plus distante avec Mère, moins câline avec Père, et que je n'ai plus envie de faire la moindre confidence à Margot. Je suis un vase clos. Avant tout, il s'agit pour moi de garder mon assurance extérieure, afin qu'on ignore ce conflit intérieur qui ne veut pas cesser. Conflit entre mon cœur et ma tête. Jusque-là, c'est cette dernière qui remporte la victoire. Mais le premier ne va-t-il pas se montrer le plus fort? Je le crains parfois, et je le veux souvent!

Oh! qu'il est difficile de ne rien laisser échapper devant Peter! Pourtant, c'est à lui de commencer. Il est si pénible, au bout de chaque journée, de ne jamais voir se réaliser toutes les conversations déjà matérialisées dans mes rêves. Oui, Kitty, Anne est bizarre, mais l'époque dans laquelle je vis est bizarre aussi, et les circonstances plus bizarres encore.

La chose la plus merveilleuse, et c'est déjà ça, c'est que je peux écrire tout ce que je ressens, sans cela j'étoufferais. J'aimerais savoir ce que Peter pense de toutes ces choses. Je n'ai pas cessé d'espérer qu'un jour nous pourrons en parler ensemble. Pourtant, il doit bien m'avoir devinée, aussi peu que ce soit, car Anne telle qu'elle se montre – et jusqu'ici il ne connaît qu'elle – il ne pourrait jamais l'aimer.

Comment pourrait-il, lui qui aime le calme et le repos, sympathiser avec moi, qui ne suis que tourbillon et tapage? Serait-il le premier et le seul au monde à avoir regardé derrière mon masque de béton? Et l'arrachera-t-il bientôt? Un vieux proverbe ne dit-il pas que souvent l'amour naît de la pitié, et que les deux font route ensemble, la main dans la main? C'est bien mon cas, n'est-ce pas? Car j'ai autant pitié de lui que j'en ai souvent de moi-même!

Je ne sais vraiment pas comment m'y prendre pour trouver les mots d'approche. Alors, comment les attendre de lui, qui a beaucoup plus de mal que moi à s'exprimer? Ah! si je pouvais lui écrire, du moins je le saurais fixé sur ce que je voudrais tant lui dire. Mais parler, c'est trop difficile, c'est atroce!

A toi,

ANNE.

Vendredi 17 mars 1944.

Chère Kitty,

Ouf! Un souffle de soulagement balaye l'Annexe. Kraler est exempté du travail obligatoire par la municipalité. Elli, s'adressant à son rhume, a donné une petite tape sur son nez et lui a interdit de la déranger aujourd'hui. Tout est de nouveau *all right*, sauf que nous en avons un peu assez de nos parents, Margot et moi. Je ne t'ai pas caché qu'en ce moment ça ne gaze pas très fort avec Mère; quant à Père, je l'aime toujours autant qu'avant, et Margot aime les deux; mais à notre âge, on voudrait parfois être libre de ses mouvements, et ne pas toujours dépendre de la décision de ses parents.

Lorsque je monte au grenier, on me demande ce que je vais faire; je ne peux pas me servir de sel à table; tous les soirs, à huit heures un quart, Mère me demande si ce n'est pas l'heure de me déshabiller; chaque bouquin que je lis passe par la censure – à vrai dire, la censure n'est pas du tout sévère; on me passe à peu près tous les livres. N'empêche que ça nous gêne toutes les deux, toutes ces observations et questions du matin au soir.

Autre chose qui les chiffonne en ce qui me concerne – je n'ai plus envie de petits baisers ou de petites embrassades comme ça, en passant; les tendres petits surnoms, je les trouve affectés – bref, j'aimerais pouvoir les plaquer, mes chers parents, ne serait-ce que peu de temps. Hier soir, Margot a dit encore : « Si j'ai le malheur de soupirer deux fois en me tenant le front, on me demande aussitôt si je n'ai pas mal à la tête ou si je ne me sens pas bien. »

En nous rendant compte, toutes les deux, du peu qui reste de notre ambiance familiale, jadis si harmonieuse et si intime, nous nous avouons que c'est un coup dur. Ce n'est pas étonnant, la plupart du temps nous sommes dans une fausse position. Je veux dire que l'on nous traite comme des enfants. Ça va de soi pour les choses physiques, mais on oublie que, moralement, nous sommes infiniment plus mûres que ne le sont généralement les autres jeunes filles de notre âge.

En dépit de mes quatorze ans, je sais exactement ce que je veux, je peux dire qui a tort ou raison, me former une opinion, je conçois les choses comme je les vois et, ce qui peut paraître drôle pour une écolière, je me sens plus près des adultes que des enfants. J'ai l'impression d'être absolument indépendante de tous ceux que je connais.

Si je voulais, j'aurais le pas sur Mère dans les discussions et les controverses, étant plus objective qu'elle, et exagérant moins. Je suis aussi plus ordonnée et plus adroite, ce qui me donne – oui, tu peux rire – une supériorité sur elle pour bien des choses. Pour aimer une personne, il faut tout d'abord que celle-ci m'inspire de l'admiration et du respect, surtout de l'admiration. Tout ira bien quand je pourrai gagner Peter, car je l'admire à pas mal de points de vue. C'est un chic type et il est beau!

A toi,

ANNE.

199

Chère Kitty,

La journée d'hier a été pour moi très importante. J'avais décidé d'en avoir le cœur net. Au moment de nous mettre à table, j'ai pu lui chuchoter : « Tu fais de la sténo, ce soir, Peter? » « Non », répondit-il. « J'ai à te parler tout à l'heure, ça va? » D'accord. Après la vaisselle, pour sauver les apparences, je suis d'abord restée avec ses parents, assis près de la fenêtre. Peu après, je suis allée rejoindre Peter dans sa chambre; il était resté debout, à gauche de la fenêtre ouverte; je me suis mise à droite et nous avons parlé. L'obscurité relative du dehors se prête mieux à la conversation que n'importe quelle lumière, facilitant les choses pour moi, et aussi pour Peter, si je ne me trompe.

Nous nous sommes dit tant et tant de choses que je ne pourrai jamais les répéter toutes, mais c'était merveilleux. La plus belle soirée que j'aie passée à l'Annexe. Je te dirai brièvement les différents sujets de notre conversation. D'abord les querelles : j'ai dit que j'y suis devenue moins sensible qu'à ce fossé qui est creusé entre nous et nos parents.

Peter a écouté mes histoires de famille.

A un moment donné, il demanda : « Vous vous embrassez tous les soirs, avant de vous coucher, n'est-ce pas? Un baiser sur chaque joue, sans doute? »

« Un seul? Non, beaucoup, beaucoup. Ce n'est pas ton cas, je parie? »

« Non, je n'ai presque jamais embrassé personne. »

« Pas même tes parents pour ton anniversaire? »

« Si, c'est vrai. »

Nous avons discuté sur la confiance, la confiance que nous n'avons pas donnée à nos parents; ses parents, à lui, l'avaient bien sollicitée, mais il n'avait pas voulu la leur accorder. Il se sauvait à la mansarde pour y jurer tout seul. Quant à moi, je lui ai dit comment le soir, au lit, je donnais libre cours à mes larmes. Je lui ai parlé aussi de l'amitié entre Margot et moi, toute récente après tout – ne pouvant pas tout nous dire, parce que nous sommes toujours ensemble. Nous avons parlé un peu de tout. Oh! je le savais – je l'ai trouvé exactement comme je me le suis imaginé!

Puis, parlant de 1942 – comme nous étions différents en ce temps-là! Tels que nous sommes, nous nous reconnaissons à peine. Au début, on ne pouvait pas se sentir, tous les deux. A m'entendre et me voir partout, il me trouvait gênante; et moi, j'avais vite fait de le taxer de nullité, ne voulant pas comprendre un garçon qui n'était pas flirt. Maintenant, je m'en réjouis. Lorsqu'il me parla de son isolement volontaire, je lui dis ne pas voir grande différence entre mon tapage et son calme; que, moi aussi, j'aime la tranquillité, mais qu'il ne me reste pour toute intimité que mon Journal. Il dit qu'il était reconnaissant à mes parents d'avoir avec eux leurs enfants; moi aussi, je suis heureuse qu'il soit là. On s'est dit tout ça, et encore combien je le comprenais de vouloir se retirer, n'ignorant pas les rapports entre lui et ses parents : « Je voudrais tant t'aider. » « Mais tu m'aides constamment », dit-il. « Comment ça? » demandai-je, très surprise. « Avec ta gaieté! » C'est la plus belle chose qu'il m'ait dite. C'était exquis. Il doit avoir commencé à m'aimer, comme camarade, et ça me suffit pour le moment. J'ai beau chercher les mots, je ne les trouve pas, tellement je suis heureuse. Toutes mes excuses, chère Kitty, mon style, aujourd'hui, est au-dessous de tout.

Je ne t'ai rapporté que quelques impressions sur le vif. J'ai la sensation de partager un secret avec Peter. Chaque fois qu'il me regarde avec ces yeux, ce sourire et ce clin d'œil, il semble allumer en moi une petite flamme. Pourvu que ça reste ainsi, pourvu que nous passions encore d'autres heures ensemble, des heures et des heures de bonheur!

A toi, reconnaissante et transportée,

ANNE.

Chère Kitty,

Ce matin, Peter m'a demandé pourquoi je ne venais pas plus souvent le soir, me disant que je ne le dérangeais pas du tout, vraiment pas, et que sa chambre était bien assez grande pour deux. Je lui fis remarquer qu'on ne me permettrait jamais de m'absenter tous les soirs, mais il trouva qu'il ne fallait pas y attacher trop d'importance. Alors, je lui ai proposé samedi soir – pourtant, s'il y avait clair de lune... « Dans ce cas-là, nous l'admirerons d'en bas plutôt que d'en haut », répondit-il.

Entre temps, une ombre est tombée sur notre bonheur. Je l'ai pensé plus d'une fois : Peter plaît à Margot aussi. Je ne sais pas si elle l'aime, mais ça me chiffonne. J'ai l'impression de lui faire du mal chaque fois que je rencontre Peter, et le plus joli de l'histoire, c'est qu'elle arrive à bien cacher ses sentiments.

A sa place, je serais malade de jalousie; Margot m'assure que je n'ai nul besoin d'avoir pitié d'elle.

« Ça doit être moche de se sentir une troisième roue à la charrette », ai-je ajouté. « Oh! je suis habituée », a-t-elle répondu non sans amertume.

J'avoue que je n'ai pas rapporté ça à Peter; plus tard, peut-être; nous avons encore un tas de choses à nous dire d'abord.

Hier soir, petite engueulade de Mère, bien méritée d'ailleurs. Je ferais mieux de faire attention à ne pas pousser trop loin mon indifférence envers elle. C'est donc à recommencer – tâchons d'être aimable en dépit de tout, et passons-nous d'observations.

Pim se montre moins affectueux, lui aussi. Ses efforts pour ne plus me traiter en enfant l'ont trop refroidi. Laissons venir.

Assez pour aujourd'hui, je ne fais rien d'autre que regarder Peter, et je suis comblée.

A toi,

Anne.

Voici une preuve de la bonté de Margot, une lettre que j'ai reçue aujourd'hui, 20 mars 1944 :

« Anne, en te disant hier soir que je n'étais pas jalouse de toi, je n'étais franche qu'à 50 %. Je veux plutôt dire : je ne suis jalouse ni de toi ni de Peter. Seulement, je trouve un peu dommage que moi, je n'aie pas encore rencontré jusqu'ici quelqu'un avec qui je pourrais parler de mes sentiments et de mes pensées – et je n'ai rien à espérer provisoirement. Il n'est pas question de dépit, je ne vous en veux ni à l'un ni à l'autre, au contraire : si vous avez confiance l'un dans l'autre et devenez de grands amis, tant mieux. Ici, tu n'es déjà que trop privée de ce qui devrait te revenir.

« D'autre part, je suis certaine que la personne à qui j'aimerais me confier, et avec qui je voudrais donc être intime, n'est pas Peter; j'avoue que je n'en serais jamais arrivée là avec lui. Ce quelqu'un devrait me deviner avant même que j'aie besoin de lui parler beaucoup de moi. C'est pourquoi je le vois supérieur à moi par l'esprit. Peter ne m'a jamais fait cette impression. Pourtant j'imagine très bien cette sorte d'intimité entre Peter et toi.

« Tu n'as donc rien à te reprocher; et ne pense surtout pas que tu m'enlèves quelque chose, rien n'est moins vrai. Si vous vous entendez bien, vous n'avez qu'à y gagner, Peter aussi bien que toi. »

Ma réponse :

« Chère Margot,

« Ta lettre est vraiment trop gentille, mais elle ne me rassure pas tout à fait.

« L'intimité entre Peter et moi, telle que tu la vois, il n'en est pas encore question, mais évidemment une fenêtre ouverte et l'obscurité se prêtent plus facilement à la conversation que la lumière du jour. Ainsi, on se murmure des sentiments qu'on ne crierait pas sur tous les toits. J'imagine que tu t'es prise pour Peter d'une sorte d'affection de sœur aînée, et qu'au moins tu aimerais l'aider autant que moi. Peut-être en auras-tu l'occasion un jour, sans que ce soit cette intimité dont nous rêvons. En pareil cas, la confiance devrait être réciproque; voilà pourquoi la brèche entre Père et moi s'est élargie, par manque de confiance mutuelle.

« N'en parlons plus, ni toi, ni moi. Si tu as besoin de savoir quelque chose, écris-le-moi, je t'en prie, je pourrai beaucoup mieux te répondre que verbalement.

« Tu ne peux t'imaginer combien je t'admire, et tant que je sentirai auprès de moi ta bonté et celle de Père – car, sur ce point, je ne vois plus grande différence entre vous deux – je garderai l'espoir de vivre. »

A toi,

ANNE.

Mercredi 22 mars 1944.

Chère Kitty,
Hier soir, j'ai encore reçu un mot de Margot :
Chère Anne,

« Ta petite lettre m'a donné l'impression désagréable que, pour toi, aller travailler ou bavarder chez Peter est un cas de conscience vis-à-vis de moi. Tu te trompes, je t'assure. Celui qui en aura le droit répondra un jour à la confiance que je lui porterai; pour le moment, je ne donnerais pas cette place à Peter. C'est net.

« Cependant, Peter est devenu pour moi une sorte de frère, exactement comme tu l'as dit dans ta lettre, mais... un frère plus jeune que moi. Peut-être tendons-nous nos antennes l'un vers l'autre, et trouverons-nous plus tard un terrain commun de frère et sœur; mais nous n'en sommes pas encore là, peut-être jamais.

« Vraiment, je le répète, n'aie pas pitié de moi. Profite tant que tu peux de la bonne compagnie de ton nouvel ami. »

En tout cas, je trouve la vie plus belle. Je crois, Kitty, que l'Annexe va être traversée par le souffle d'un grand amour, un vrai. Je ne pense nullement à l'épouser; je n'y songe pas, il est trop jeune encore, et je ne sais pas quel genre d'homme il sera plus tard. Pas plus que je ne sais si nous allons nous aimer assez pour vouloir nous marier tous les deux. En tout cas, je suis certaine d'une chose : il m'aime aussi, mais je ne saurais dire de quelle façon.

Ou bien il a besoin d'une bonne camarade, ou bien il a succombé à mes charmes de jeune fille, ou encore je prends la place d'une sœur; je n'arrive pas à m'en faire une idée très nette.

Lorsqu'il a dit, à propos des querelles entre ses parents, que je l'aidais toujours, il m'a comblée – c'était le premier pas de son amitié, à laquelle je veux croire. Hier, je lui ai demandé ce qu'il ferait si la maison se mettait à grouiller subitement d'une douzaine d'Annes, venant tout le temps le déranger. Il répondit : « Si elles étaient toutes comme toi, ce ne serait pas si terrible que ça! » Il est pour moi l'hospitalité même, il doit donc être content de me voir. Entre temps, il s'est mis à son français avec un zèle exemplaire; il travaille même au lit jusqu'à dix heures un quart. Oh! quand je pense encore à samedi soir, à nos paroles, aux délices du moment, je me sens contente de moi pour la première fois. En y songeant maintenant, je ne changerais pas un mot à tout ce que j'ai dit, ce qui ne m'arrive que rarement après réflexion.

Il est si beau, qu'il rie ou qu'il soit sérieux : il est tout gentillesse et bonté. A mon avis, ce qui l'a le plus frappé, c'est d'avoir découvert en moi, non pas cette petite Anne superficielle connue des autres, mais une créature totalement différente, un spécimen tout aussi rêveur que lui, et aux prises avec les mêmes difficultés.

A toi,

ANNE.

Ma réponse à Margot :

« Chère Margot,

« Il me semble que ce qui nous reste à faire, c'est de laisser venir les choses. Un accord entre Peter et moi ne peut tarder, ou bien nous resterons comme nous sommes, ou bien ça va changer. Je ne sais ce qui en sortira; dans ces choses-là, je ne vois pas plus loin que le bout de mon nez. Cependant, j'ai pris une décision et la voici : au cas où, Peter et moi, nous lierions d'amitié, je lui dirais que, toi aussi, tu l'aimes beaucoup, et qu'il peut faire appel à toi, s'il le juge nécessaire. Tu n'en voudras pas, je le sais, mais je m'en fiche. J'ignore absolument ce que Peter pense de toi, mais je ne manquerai pas de le lui demander.

« Rien de mal, j'en suis sûre, plutôt le contraire! Viens nous rejoindre au grenier ou ailleurs, où que nous soyons, tu ne nous dérangeras jamais; ne t'étonne pas de nous trouver dans l'obscurité; de commun accord, c'est à ce moment-là que nous parlons le mieux ensemble.

« Courage. Il m'en faut à moi aussi, et ce n'est pas toujours facile. Ton tour viendra, peut-être plus tôt que tu ne penses. »

A toi,

ANNE.

Jeudi 23 mars 1944.

Chère Kitty,

Autour de nous, ça va un peu mieux. Nos fournisseurs de fausses cartes ont été relâchés, grâce au ciel.

Miep est revenue depuis hier. Elli va mieux en dépit de sa toux persistante, mais Koophuis devra garder la chambre encore longtemps.

Hier, un avion a piqué dans le voisinage; les hommes de l'équipage ont pu sauter à temps et atterrir avec leurs parachutes. L'appareil est tombé sur une école vide, et a causé quelques morts et un léger incendie. Les Allemands ont mitraillé les aviateurs, c'est affreux. Les spectateurs hollandais, devant cette lâcheté, étaient près d'éclater de rage et ne pouvaient rien dire. Nous, c'est-à-dire les femmes de la maison, on a eu une peur bleue. Je trouve ces mitraillades abominables.

J'ai pris l'habitude de monter le soir dans la chambre de Peter pour y respirer l'air frais. Je me mets sur une chaise à côté de lui, et je suis contente en regardant au-dehors.

Qu'ils sont bêtes, Van Daan et Dussel, quand ils me voient disparaître dans sa chambre. Une des observations : « Anne et son nouveau foyer », ou une autre encore : « Les jeunes gens reçoivent les jeunes filles à cette heure-ci, dans l'obscurité – c'est convenable, ça? » A ces mots soi-disant spirituels, Peter montre une présence d'esprit étonnante.

D'ailleurs, Mère aussi a du mal à cacher sa curiosité; elle meurt d'envie de savoir de quoi nous parlons, mais elle n'ose rien demander, sachant qu'elle risque de tomber sur un bec. Peter, en parlant des grands, dit que tout ça, c'est de la jalousie : ils sont jaloux parce que nous sommes jeunes, et parce que nous nous fichons éperdument de leurs observations odieuses. Parfois, il vient me chercher et, malgré toutes ses bonnes intentions, il rougit alors comme un coquelicot et commence à bredouiller. Je ne rougis jamais et j'en suis ravie; ce doit être une sensation fort désagréable.

Père dit toujours que je suis poseuse – ce n'est pas vrai, mais je suis coquette. Je n'ai pas encore entendu beaucoup vanter ma beauté. Sauf un camarade de classe qui me disait que j'étais charmante lorsque je riais. Hier, Peter m'a fait un compliment sincère. Pour rire un peu, je vais te rendre à peu près notre conversation :

Peter a pris l'habitude de dire : « Allons, une risette! » A la longue, je lui demandai : « Pourquoi veux-tu que je rie toujours? »

« Parce que c'est charmant. En riant, tu as des fossettes, comment ça se fait? »

« Je suis née avec des fossettes aux joues et au menton. C'est le seul signe de beauté que je possède. »

« Pas du tout, ce n'est pas vrai. »

« Si. Je sais bien que je ne suis pas belle, je ne l'ai jamais été et je ne le serai jamais. »

« Je ne suis pas du tout de ton avis. Je te trouve très jolie. »

« Ce n'est pas vrai. »

« Si je le dis, c'est que c'est vrai, tu peux te fier à moi ! »

Naturellement, je lui ai rendu le compliment.

Tout le monde a son mot à dire sur l'amitié soudaine entre nous. Leurs petits potins ne nous intéressent pas beaucoup, et leurs observations ne sont vraiment pas originales. Les divers parents auraient-ils oublié leur propre jeunesse ? On dirait que oui. Ils nous prennent toujours au sérieux quand nous disons des choses pour rire, et ils rient quand nous avons l'air sérieux.

A toi,

ANNE.

Lundi 27 mars 1944.

Chère Kitty,

La politique joue un rôle capital dans notre histoire des clandestins et, comme ce sujet ne m'intéresse que vaguement, je l'ai beaucoup trop négligé ces temps derniers. Il est temps que je consacre une lettre à la politique.

Naturellement, toutes les opinions sur cette question diffèrent, et l'on ne parle que de ça en temps de guerre, c'est logique. Mais... pour les gens, c'est le sujet de disputes perpétuelles, voilà qui est stupide.

Qu'ils rient, parlent, jurent, boudent, qu'ils fassent ce qu'ils veulent, tant qu'ils mijotent dans leur propre jus, cela ne fait de mal à personne ; mais qu'ils s'abstiennent de s'engueuler, car ça, c'est moins drôle !

Les gens apportent du dehors beaucoup de fausses nouvelles; par contre, notre radio n'a pas encore menti jusqu'ici. Henk, Miep, Koophuis et Kraler sont lunés suivant la politique du jour : tantôt ils sont optimistes, tantôt pessimistes. Henk est le plus stable de tous.

Quant à l'Annexe, le climat politique général change fort peu. Les discussions innombrables sur le débarquement, les bombardements, les discours, etc., provoquent des exclamations telles que : « Impossible », « *Um Gottes Willen* s'ils n'en sont qu'aux préparatifs, qu'est-ce que nous allons devenir! » « Tout est pour le mieux, ça marche très bien, c'est excellent. » Optimistes et pessimistes, et n'oublions pas les réalistes, tous s'évertuent avec la même énergie infatigable à vous exposer leur opinion, et chacun croit être le seul à avoir raison, ce qui n'a rien de nouveau. Une certaine dame est constamment agacée par la confiance démesurée que son époux a vouée aux Anglais, et un certain monsieur attaque sa dame pour ses observations dédaigneuses à propos de son Angleterre bien-aimée.

Ils ne s'en lassent jamais. Je m'en sers même comme moyen, avec des résultats infaillibles – ils sursautent comme s'ils étaient piqués par une guêpe : je laisse tomber un seul mot, je pose une seule question, une phrase suffit pour faire perdre la tête à toute la famille.

Comme si nous n'étions pas déjà saturés avec les émissions allemandes de la Wehrmacht et la B.B.C. d'Angleterre, on nous afflige depuis quelque temps des émissions de la *Luftlagemeldung*. C'est bien beau, mais il y a le revers de la médaille. Les Anglais font de leur radio une arme de propagande constante – pour rivaliser uniquement avec les mensonges allemands en se servant des mêmes moyens. Depuis lors, on tourne le bouton aussitôt levé, ensuite à chaque heure propice, du matin au soir, jusqu'à neuf heures, et souvent jusqu'à dix ou onze.

Ce qui prouve que, aussi patients que soient les grands, ils semblent perdre la cervelle de temps à autre – sauf quelques exceptions, je ne veux offenser personne. Nous serions parfaitement renseignés pour la journée avec une seule émission, maximum deux. Mais ces vieux boucs... enfin, tu sais ce que j'en pense.

Le programme des Travailleurs, la Hollande d'outre-mer, Frank Phillips ou Sa Majesté Wilhelmine, chacun vient à son tour, on n'oublie personne. Et, quand ils ne sont ni à table, ni au lit, ils se tassent autour de la radio, à parler mangeaille, insomnies et politique.

Ouf! c'est long – il s'agit de ne pas devenir comme eux – prenez garde à la vieillesse. En tout cas, les vieux d'ici n'ont plus grand-chose à craindre!

Je te donne en exemple une scène pendant le discours de Winston Churchill, aimé de nous tous.

Dimanche soir, neuf heures. La théière est sur la table, et les invités font leur entrée. Dussel prend place à gauche de la radio, M. Van Daan devant, Peter de l'autre côté du poste, Mère à côté de Monsieur, Madame derrière; à la table, Pim, flanqué de Margot et de moi-même. Je m'aperçois que par écrit je n'ai peut-être pas désigné les places correctement. Les messieurs retiennent leur respiration. Peter ferme les yeux dans un effort de tout comprendre. Maman est vêtue d'un long déshabillé noir; se fichant du discours, les ronflements des avions en route pour Essen font frissonner Madame; Margot et moi sommes tendrement unies par Mouschi endormi sur deux de nos genoux, et Père buvote son thé. Margot a des bigoudis; je suis en chemise de nuit, beaucoup trop courte et trop étroite pour moi.

A nous voir, on se dit : quelle famille unie, quelle intimité, quelle paix – c'est vrai pour une fois. Mais je sens venir la fin du discours avec effroi. Eux, ils peuvent à peine l'attendre, trépignant déjà d'impatience de pouvoir discuter le coup. Kss, kss, kss – un courant de provocation, imperceptible encore; à suivre la discussion, la dispute, la discorde.

A toi,

ANNE.

Très chère Kitty,

Je pourrais écrire sur la politique des pages et des pages, mais j'ai un tas d'autres choses à te raconter. Aujourd'hui, Mère m'a fait remarquer que mes visites aux étages supérieurs se faisaient trop fréquentes; selon elle, je rendrais Mme Van Daan jalouse. Autre chose : Peter a invité Margot à se joindre à nous – par politesse? ou y tient-il vraiment? je l'ignore. Je suis donc allée demander à Père s'il trouvait que je devais compter avec la jalousie de Madame; il a trouvé que non. Alors quoi? Mère est fâchée, et peut-être jalouse, elle aussi. Père nous accorde de grand cœur, à Peter ct moi, nos soirées amicales; il est heureux de voir que nous nous entendons si bien. Margot aime Peter également, mais elle se sent de trop, sachant qu'à trois l'on ne se dit pas les mêmes choses qu'à deux.

Mère pense que Peter est amoureux de moi. Je ne demande pas mieux, franchement; dans ce cas, nous serions quittes et nous pourrions nous atteindre bien plus facilement. J'admets qu'en compagnie des autres nous nous lançons plus d'une fois des coups d'œil, et qu'il lui arrive de regarder mes fossettes, mais je n'y peux rien, n'est-ce pas?

Me voici dans une situation difficile. Mère est contre moi, et Père ferme les yeux sur le combat tacite entre Mère et moi. Elle est triste, parce qu'elle m'aime beaucoup; je ne suis pas triste du tout parce que je sais qu'elle l'est par manque de compréhension. Et Peter... je ne veux pas renoncer à Peter, il est la gentillesse même, j'ai tant d'admiration pour lui! Ce qu'il y a entre nous pourrait devenir tellement beau – pourquoi ces vieux viennent-ils y fourrer leur nez? Par bonheur je suis habituée à cacher mes sentiments, et je réussis admirablement à ne pas leur montrer que je suis folle de lui. Et lui, en parlera-t-il jamais? M'arrivera-t-il de sentir sa joue contre la mienne, comme j'ai senti celle de l'autre Peter dans mon rêve? O Peter et Peter, vous n'êtes qu'un, vous êtes le même Peter. Ils ne nous comprennent pas, ils ne pigeraient jamais qu'il nous suffit d'être seuls, assis l'un près de l'autre sans parler, pour être contents. Ils ne comprennent pas ce qui nous pousse l'un vers l'autre. Oh! ces difficultés, quand donc seront-elles vaincues? Pourtant, il fait bon les vaincre, la fin n'en sera que plus belle. Lorsque je le vois étendu, la tête sur ses bras et les yeux fermés, il n'est qu'un enfant, lorsqu'il joue avec Mouschi, il est un amour, lorsqu'il est chargé de pommes de terre ou d'autres choses lourdes, il est plein de force, lorsqu'il va regarder les bombardements ou guetter les voleurs dans le noir, il est courageux, et lorsqu'il est gauche et maladroit, il est tout simplement gentil.

J'aime beaucoup mieux recevoir de lui une explication, qu'avoir à lui apprendre quelque chose; je voudrais lui reconnaître la suprématie en tout, ou presque.

Qu'est-ce que tu veux que ça me fasse, toutes ces mères! Oh! si seulement il voulait parler!

A toi,

ANNE.

Mercredi 29 mars 1944.

Chère Kitty,

Hier soir, lors de l'émission de la Hollande d'outre-mer, le ministre Bolkestein a dit dans son discours qu'après-guerre l'on ferait une collection des lettres et des mémoires concernant notre époque. Naturellement, tous les yeux se sont tournés vers moi : mon Journal semblait pris d'assaut. Figure-toi un roman sur l'Annexe publié par moi, n'est-ce pas que ce serait intéressant! (Rien que le titre ferait croire à un roman policier.)

Mais parlons sérieusement. Dix ans après la guerre, ça pourrait faire un drôle d'effet, mon histoire de huit juifs dans leur cachette, leur façon de vivre, de manger et de parler. Bien que je t'en dise beaucoup, tu n'en sais que très, très peu, en réalité.

Toutes les angoisses des femmes pendant les bombardements sans répit! Celui de dimanche par exemple, lorsque 350 avions anglais ont déchargé un demi-million de kilos de bombes sur Ijmuiden, faisant frissonner les maisons comme des brins d'herbe dans le vent. Puis, le pays est infesté de toutes sortes d'épidémies. Tu ne sais rien de ces choses, car si je voulais tout te raconter dans les détails, je ne cesserais pas d'écrire de la journée. Les gens font la queue pour le moindre de leurs achats, les médecins sont incapables d'atteindre leurs malades quand leur véhicule leur est volé, et c'est courant; le vol et le cambriolage sont à l'ordre du jour, à tel point qu'on se demande ce qui les possède, nos Hollandais, à se révéler ainsi voleurs du jour aü lendemain. Les enfants de huit à onze ans brisent des vitres et volent ce qu'ils trouvent sous la main. Personne n'ose plus quitter sa maison cinq minutes, de peur que son bien ne disparaisse derrière son dos. Chaque jour il y a des annonces, offrant des récompenses pour le retour de machines à écrire volées, de tapis persans, de pendules électriques, d'étoffes, etc. On démonte les horloges électriques dans les rues et les téléphones des cabines jusqu'au dernier fil. Il n'est pas étonnant que la population soit houleuse : chacun a faim, les rations d'une semaine ne suffisant même pas à vivre deux jours, exception faite pour le succédané de café. Dans l'attente du débarquement, on envoie les hommes travailler en Allemagne. Les enfants sont malades ou sous-alimentés, tout le monde est mal chaussé et mal vêtu.

Un ressemelage coûte fl. 7,50; la plupart des cordonniers n'acceptent plus de clients, à moins d'attendre quatre mois, au bout desquels vos chaussures peuvent s'être égarées.

Une chose appréciable, c'est le sabotage contre les autorités, augmentant de jour en jour, en dépit de leurs mesures de plus en plus sévères contre le peuple, qui ne se contente pas d'une nourriture

constamment plus mauvaise. Le service de ration-
nement, la police, les fonctionnaires, ou bien se
rangent du côté des citoyens pour les aider, ou bien
font les mouchards et causent des arrestations.
Heureusement, très peu de Néerlandais sont du
mauvais côté.

A toi,

ANNE.

Vendredi 31 mars 1944.

Chère Kitty,
Il fait encore assez froid et la plupart des gens
sont sans charbon depuis un mois, tu te rends
compte? On est réchauffé par l'optimisme que nous
cause le front russe, les nouvelles sont sensationnel-
les. Je ne me lance pas dans la politique, mais je
vais te dire quand même où ils en sont : les Russes
se trouvent juste en face du G.Q.G. allemand, et
s'approchent de la Roumanie par le Pruth; ils sont
près d'Odessa; on s'attend chaque soir à un communiqué spécial de Staline.

Tout Moscou retentit de salves; je pense que la
ville en tremble. Ça doit leur rappeler le siège, cette
façon de montrer leur joie.

La Hongrie est occupée par les Allemands; il y a
encore un million de juifs qui, sans doute, vont y
passer, eux aussi.

On potine un peu moins sur Peter et moi. Nous
sommes de grands amis tous les deux, toujours
ensemble autant que possible, et parlant de tout et
de tous. Lorsque nous abordons des sujets délicats,
je n'ai jamais besoin d'avoir recours à la modéra-
tion, comme ce serait le cas si j'en parlais avec
d'autres garçons – c'est vraiment merveilleux.

Décidément, ma vie ici a changé, ça va beaucoup
mieux. Dieu ne m'a pas abandonnée, et ne m'abandonnera jamais.

A toi,

ANNE.

214

Chère Kitty,

Pourtant, je me trouve toujours devant les mêmes difficultés. Tu sais sans doute ce que je veux dire, n'est-ce pas? Je meurs d'envie d'un baiser, le baiser qui se fait attendre. Me considère-t-il toujours comme sa camarade? Ne suis-je rien de plus pour lui?

Tu sais aussi bien que moi que je suis forte, assez forte pour porter seule la plupart de mes ennuis. Je n'ai jamais eu l'habitude de les partager avec quelqu'un; je ne me suis jamais accrochée à Mère. Mais, près de lui, j'aimerais tant appuyer ma tête contre son épaule, et y trouver le repos.

Ce rêve de la joue de Peter ne me quitte jamais; impossible de l'oublier, cet instant où tout devenait infiniment bon. Et lui, ne le désire-t-il pas autant que moi? Ne serait-ce que timidité d'avouer son amour? Pourquoi me veut-il si souvent près de lui? Mon Dieu, pourquoi ne dit-il rien?

Mieux vaut me taire, je serai calme, je trouverai bien la force nécessaire et, avec un peu de patience, ça viendra peut-être tout seul. N'empêche que... et j'en suis mortifiée, je donne l'impression lamentable de courir après lui : toujours, c'est moi qui vais à lui, et non pas lui à moi.

Mais c'est à cause de nos chambres. C'est pour lui un obstacle dont il doit se rendre compte.

Bien sûr, il doit se rendre compte de pas mal de choses.

A toi,

ANNE.

Lundi 3 avril 1944.

Chère Kitty,

Contre toute habitude, tu vas avoir une lettre uniquement consacrée à la nourriture; car ce problème ne se pose pas seulement dans l'Annexe, mais dans toute la Hollande, dans toute l'Europe, partout, et il reste un facteur principal.

Depuis vingt et un mois que nous séjournons ici, nous avons fait l'expérience « d'une nourriture périodique », et nous en avons eu de nombreuses, tu vas savoir ce que c'est. Pendant une certaine période, on est bien obligé de manger tout le temps le même menu. Longtemps, nous avons eu successivement des endives au sable et sans sable, une purée de légumes aux pommes de terre, soit bouillie, soit au gratin, des épinards, des rutabagas, des salsifis, des concombres, des tomates, de la choucroute, etc.

Ce n'est vraiment pas drôle, par exemple, de manger de la choucroute tous les jours à déjeuner et à dîner, mais on se résigne quand on a faim. Actuellement, nous passons par la plus belle période, car les légumes frais sont devenus introuvables. Nos déjeuners de cette semaine se composent de haricots rouges, de pois cassés, de pommes de terre aux boulettes de farine, ou de pommes de terre tout court, de navets (par la grâce de Dieu) ou de carottes pourries, et l'on revient aux haricots rouges. Nous mangeons des pommes de terre à chaque repas, à commencer par le petit déjeuner, vu le manque de pain. Pour la soupe, nous nous servons de haricots blancs et rouges, et de pommes de terre, ou bien de paquets de potage Julienne, à la Reine, et encore de haricots rouges. Tout est bourré de haricots rouges, ainsi que le pain qui en contient une bonne partie.

Le soir, nous mangeons toujours des pommes de terre garnies d'une sauce fantaisiste avec, par bonheur, une salade de betteraves de notre réserve. Un petit mot sur les boulettes de farine, que nous fabriquons avec la farine du boulanger et de la levure; elles empâtent la bouche et sont si lourdes, qu'on a l'impression d'avoir des pierres sur l'estomac, mais passons.

Nos friandises, une fois par semaine, sont : une tranche de saucisson (de foie), et de la confiture sur du pain sec. Non seulement nous sommes encore en vie, mais il nous arrive même de nous délecter de notre repas frugal.

A toi,

ANNE.

Mardi 4 avril 1944.

Chère Kitty,

Pendant très longtemps, je ne savais plus pourquoi je travaillais; la fin de la guerre est encore si effroyablement éloignée, si irréelle, si féerique. Si elle ne finit pas en septembre, je ne retournerai plus à l'école. Car je ne pourrai jamais rattraper deux années. Mes journées n'ont été remplies que de pensées et de rêves de Peter; rien d'autre que Peter, à m'en donner un cafard dont tu n'as pas idée; samedi, c'était terrible. Chez Peter, j'ai passé mon temps à retenir mes larmes, peu après, j'ai ri avec un Van Daan égayé par le punch au citron, m'excitant moi-même d'une gaieté nerveuse. Mais, aussitôt seule, j'ai donné libre cours à mes pleurs. Pas tout de suite : après avoir mis ma chemise de nuit, je me suis laissé glisser par terre et j'ai fait ma prière, longue et intense, ensuite je me suis écroulée et j'ai pleuré. Un grand sanglot m'a ramenée à moi, et j'ai fait cesser mes larmes, pour qu'on ne m'entende pas. Puis j'ai essayé de reprendre courage, me disant : « Il le faut, il le faut, il le faut... » Complètement courbatue par ma position recroquevillée, je me suis couchée; il était près de onze heures et demie. C'était fini.

Et maintenant, c'est tout à fait fini. Il s'agit de travailler pour ne pas rester ignorante, pour avancer, pour devenir journaliste, car c'est ça que je veux. Je suis sûre de pouvoir écrire, d'en être capable; quelques-unes de mes nouvelles, ça peut aller, mes descriptions de l'Annexe ne manquent pas d'humour, il y a des passages éloquents dans mon Journal, mais... savoir si j'ai du talent.

Mon meilleur conte de fées est *Eva's Droom (Le Rêve d'Eve)*; je ne sais absolument pas où j'ai été chercher ça, c'est le comble. *Cady's Leven (La Vie de Cady)* n'est pas sans qualités par-ci par-là, mais l'ensemble ne rime à rien.

Ici, je suis ma seule critique, et la plus sévère. Je me rends compte de ce qui est bien ou mal écrit. Ceux qui n'écrivent pas n'en connaissent pas les merveilles; autrefois, je regrettais toujours de ne pas savoir dessiner, mais maintenant je suis aux anges de pouvoir au moins écrire. Et si je n'ai pas assez de talent pour devenir journaliste ou pour écrire des livres, eh bien! je pourrai toujours le faire pour moi-même.

Je voudrais avancer, faire quelque chose. Je ne peux pas m'imaginer vivre comme Mère, Mme Van Daan et toutes ces femmes qui font leur devoir et seront oubliées plus tard. En plus d'un mari et d'enfants, j'aurai besoin de me vouer à autre chose!

Je veux continuer à vivre, même après ma mort. C'est pourquoi je suis reconnaissante à Dieu qui, dès ma naissance, m'a donné une possibilité, celle de me développer et d'écrire, donc d'exprimer tout ce qui se passe en moi.

En écrivant, je me débarrasse de tout, mon chagrin disparaît, et mon courage renaît. Mais – voilà la question capitale – serai-je jamais capable d'écrire quelque chose de grand, pourrai-je jamais devenir journaliste, ou écrivain?

Je l'espère, oh! je l'espère tellement; car, en écrivant, je peux tout fixer – mes pensées, mon idéalisme et mes fantaisies.

Il y a longtemps que je n'ai plus travaillé à *Cady's Leven*; quoique j'en voie très bien la suite, ça a mal marché en travaillant, pas moyen d'avancer. Je n'en viendrai peut-être jamais à bout; cette histoire trouvera peut-être sa fin dans la corbeille à papiers, ou dans le poêle... Ça me fait mal au cœur, mais, en réfléchissant bien, « à quatorze ans, on a trop peu d'expérience pour se lancer dans la philosophie ».

Donc, en avant avec un nouveau courage! Ça viendra, car je suis décidée à écrire.

A toi,

ANNE.

Chère Kitty,

Tu m'as demandé à quoi je m'intéresse et quels sont mes dadas, et je m'empresse de te répondre. Ne t'effraye pas, il y en a beaucoup.

En premier lieu : écrire – mais, au fond, ça n'entre pas dans la catégorie des dadas.

N° 2 : les arbres généalogiques. Je suis en train de faire des recherches dans tous les documents, journaux et livres, sur la généalogie des familles royales de France, d'Allemagne, d'Espagne, d'Angleterre, d'Autriche, de Russie, des Pays nordiques et de Hollande. Je suis arrivée à un beau résultat pour la plupart, à force de lire et d'annoter les biographies et les livres d'histoire. J'en copie même de bonnes parties.

D'ailleurs, mon troisième dada est l'histoire, pour laquelle Père m'a déjà acheté nombre de livres. J'attends avec impatience le jour où je pourrai éplucher les rayons de la Bibliothèque publique.

N° 4 : Mythologie de Grèce et de Rome; je possède déjà plusieurs livres sur ce sujet.

Autres manies : les photos de famille et de vedettes de cinéma.

Je raffole de livres et de lecture. L'histoire de l'art et la littérature m'intéressent, surtout quand il s'agit d'écrivains, de poètes et de peintres. Les musiciens viendront peut-être un jour.

J'ai une antipathie nette pour l'algèbre, la géométrie et toute mathématique.

Toutes les autres matières scolaires, j'y prends grand plaisir, mais surtout l'histoire.

A toi,

ANNE.

Chère Kitty,

La tête me tourne, je ne sais vraiment par où commencer.

Vendredi (le vendredi saint), nous avons joué au jeu de société, samedi après-midi également. Ces jours ont passé bien vite, rien à signaler. Sur mon invitation, Peter est venu chez moi à quatre heures et demie; à cinq heures un quart, nous montâmes au grenier, où nous sommes restés jusqu'à six heures. De six heures à sept heures un quart, il y eut l'émission d'un beau concert de Mozart; j'ai surtout aimé *Kleine Nachtmusik*. La chambre me semblait presque trop étroite – la belle musique me fait toujours le même effet, elle me remue profondément.

Dimanche soir, à huit heures, je me suis installée avec Peter dans le grenier de devant; pour plus de confort, nous avions apporté de chez nous quelques coussins du divan pour convertir une caisse en siège. Sur les coussins, aussi étroits que la caisse, nous étions blottis l'un contre l'autre, appuyant nos têtes contre un tas d'autres caisses, et nous n'étions espionnés que par Mouschi.

Tout à coup, à neuf heures moins le quart, M. Van Daan nous siffla et vint nous demander si nous n'avions pas le coussin de Dussel. Nous avons bondi tous les deux, et sommes descendus avec le coussin, le chat et Van Daan.

Ce coussin a encore fait des histoires, car nous avions pris celui qui lui servait d'oreiller, et Dussel était furieux. Il avait peur des puces du grenier, et il a fait une scène devant tout le monde, à cause de ce seul coussin. Peter et moi, pour nous venger, avons caché deux brosses dures dans son lit, et ce petit intermède nous a bien fait rire.

Mais nous n'avons pas ri longtemps. A neuf heures et demie, Peter frappa doucement à notre porte et demanda à Père s'il voulait bien venir l'aider; il ne pouvait pas se sortir d'une phrase anglaise difficile. « Il y a quelque chose qui cloche », dis-je à Margot, « quel prétexte! c'est cousu de fil blanc. » J'avais raison : il y avait des cambrioleurs au magasin. En un minimum de temps, Père, Van Daan, Dussel et Peter se trouvèrent en bas, tandis que Margot, Mère, Madame et moi étions vouées à l'attente.

Quatre femmes, unies par l'angoisse, bavardent toujours, et nous nous y sommes livrées, jusqu'à entendre soudain un coup violent. Puis, silence absolu – la pendule marquait dix heures moins le quart. Chacune de nous devint livide, bien que restant calme en dépit de la peur. Qu'étaient devenus nos hommes? Que signifiait ce coup? Y avait-il un corps à corps avec les cambrioleurs? Dix heures, des pas dans l'escalier : Père, pâle et nerveux, entra, suivi de M. Van Daan. « Eteignez toutes les lumières, montez doucement, il faut s'attendre à ce que la police arrive. »

Pas le temps d'avoir peur – les lumières furent éteintes; j'ai tout juste pris une veste avant de monter avec les autres. « Qu'est-ce qui s'est passé? Vite, racontez! » Plus personne pour le faire, ils étaient redescendus. Ils ne réapparurent que dix minutes plus tard, tous les quatre; deux d'entre eux firent le guet à la fenêtre ouverte chez Peter; la porte du palier fut verrouillée, ainsi que celle de l'armoire tournante. On a jeté un lainage autour de la petite veilleuse, et nous fûmes tout oreilles :

Ayant entendu du palier deux coups secs, Peter, descendu au rez-de-chaussée, vit qu'une planche manquait au panneau gauche de la porte du magasin. Il fit demi-tour pour avertir le défenseur de la famille, et les hommes descendirent pour reconnaître le terrain. Arrivés au magasin, Van Daan perdit la tête et cria : « Police! »

Aussitôt après, pas pressés vers la sortie : les cambrioleurs étaient en fuite. Afin d'empêcher la police de voir le trou qu'ils avaient fait dans la porte, nos hommes tentèrent de remettre la planche en place, mais un coup de poing de l'autre côté la fit voler par terre. Pendant quelques secondes, les nôtres restèrent perplexes devant tant de toupet; Van Daan, ainsi que Peter, sentirent monter en eux l'instinct du meurtre; Van Daan frappa quelques coups sur le sol avec une hache – silence de mort. Nouveaux efforts pour boucher le trou. Nouvelle interruption : un couple flânant sur le quai s'était arrêté et envoyait la lumière aveuglante d'une lampe de poche à l'intérieur du magasin. Avec un : « Tonnerre » d'un de nos hommes, ce fut à leur tour de se sauver comme des voleurs. Avant de rejoindre les autres derrière la porte camouflée, Peter ouvrit vite les fenêtres de la cuisine et du Bureau privé, et envoya le téléphone par terre.

Fin de la première partie de l'aventure.

Nous supposions que le couple à la lampe irait avertir la police. C'était dimanche soir, premier jour de Pâques; le lendemain, lundi de Pâques, personne ne viendrait au bureau chez nous – on ne pourrait donc pas bouger avant mardi matin. Tu t'imagines ça, deux nuits et un jour à passer dans une telle angoisse! Tous et chacun on ne se faisait aucune illusion; Mme Van Daan, la plus peureuse, ne voulait même pas qu'on gardât la veilleuse, et l'on restait dans le noir à chuchoter et à dire : chut! chut! au moindre craquement.

Dix heures et demie, onze heures, pas un bruit. Père et M. Van Daan venaient nous voir à tour de rôle. Onze heures un quart : nous entendîmes du mouvement en bas. Chez nous, seule notre respiration était perceptible, car tous nous étions figés. On entendit des pas aux étages inférieurs, au Bureau privé, à la cuisine, puis... à l'escalier menant à la porte camouflée. Notre respiration était coupée, huit cœurs battaient à se briser, en percevant les pas sur l'escalier et les secousses à la porte-armoire. Cet instant est indescriptible. « Maintenant nous sommes perdus », dis-je, nous voyant tous emmenés par la Gestapo la nuit même. On tirait sur la porte-armoire, deux fois, trois fois. Quelque chose tomba et les pas s'éloignèrent. Jusque-là, nous étions sauvés. Un frisson nous parcourut; j'entendis claquer des dents, je ne sais où; personne ne dit mot.

Le silence régnait dans la maison, mais il y avait de la lumière de l'autre côté de la porte camouflée, visible de notre palier. Cette armoire leur avait-elle paru mystérieuse? La police avait-elle oublié d'éteindre la lumière? Nos langues se délièrent, il n'y avait plus personne dans la maison, peut-être un gardien devant la porte...

Je me souviens de trois choses : nous nous sommes épuisés en suppositions, nous avons tremblé de frousse, et chacun a eu besoin d'aller au w.-c. Les seaux étaient au grenier, et seule la corbeille à papiers de Peter, un truc en fer-blanc, pouvait nous servir de récipient. Van Daan a passé le premier, ensuite Pèrc; Mère était trop honteuse. Père a porté cette boîte dans la chambre, où Margot, Madame et moi, trop contentes, l'avons utilisée, et Mère aussi, en fin de compte. On demanda du papier à droite et à gauche, j'en avais dans ma poche, heureusement.

Puanteur de la boîte, chuchotements; il était minuit, et nous étions tous fatigués. « Etendez-vous par terre et allez dormir. » Margot et moi reçûmes chacune un coussin et une couverture; elle se mit devant l'armoire, et moi sous la table. Par terre, la puanteur était moins terrible; pourtant, Madame est allée doucement chercher un peu de poudre de chlore et un torchon pour couvrir la boîte.

Chuchotements, peur, puanteur, pets, et quelqu'un sur la boîte à chaque minute – essaie de dormir avec ça. Trop claquée, je me suis assoupie vers deux heures et demie et je n'ai rien entendu jusqu'à trois et demie. Je me suis éveillée avec la tête de Madame sur mon pied.

« J'ai froid. Avez-vous quelque chose à me mettre sur le dos, s'il vous plaît? » demandai-je. Ne demande pas ce que j'ai reçu : un pantalon de laine sur mon pyjama, un tricot rouge, une jupe noire et des chaussettes blanches. Ensuite, Madame a pris place sur la chaise, et Monsieur s'est étendu à mes pieds. A partir de ce moment, je me mis à penser, tremblant tout le temps, de sorte que Van Daan ne put dormir. La police allait revenir, j'y étais préparée. Il nous faudrait dire que nous nous cachions. Ou bien nous tomberions sur de bons Hollandais et nous serions sauvés, ou bien nous aurions affaire à des N.S.B. (1), que nous essayerions d'acheter.

« Cache donc la radio », soupira Madame. « Dans le four peut-être », répondit Monsieur. « Bah! s'ils nous trouvent, ils trouveront la radio aussi. »

« Dans ce cas, ils trouveront aussi le Journal d'Anne », ajouta Père. « Tu devrais le brûler », proposa la plus peureuse de nous tous.

Ces mots et les secousses à la porte-armoire m'ont fait passer les instants les plus poignants de ma vie. « Pas mon Journal, mon Journal ne sera brûlé qu'avec moi! » Père ne répondit plus rien, heureusement.

On a dit tant de choses. Répéter tout ça n'a aucun sens. J'ai réconforté Madame, morte de peur. Nous avons parlé de fuite, d'interrogatoires par la Gestapo, de se risquer ou non jusqu'au téléphone, et de courage.

« Maintenant, nous devons nous conduire en soldats, Madame. Si nous sommes faits, soit, nous nous serons sacrifiés pour la reine et la patrie, pour la liberté, pour la vérité et le droit, comme nous l'annonce constamment la Hollande d'outre-mer. Mais nous entraînons les autres dans le malheur, c'est ça qui est épouvantable. C'est atroce. »

Après une heure, M. Van Daan céda de nouveau sa place à Madame, et Père se mit près de moi. Les hommes fumaient sans arrêt, interrompus de temps à autre par un profond soupir, puis un petit besoin, et ainsi de suite.

Quatre heures, cinq heures, cinq heures et demie. Je me levai pour aller rejoindre Peter au poste de guet, devant sa fenêtre ouverte. Aussi près l'un de l'autre, nous pouvions sentir les frissons parcourant nos corps; de temps en temps, nous nous disions

---

(1) N. S. B. : civils au service de la Gestapo. Indicateurs.

quelques mots, mais surtout, on tendait l'oreille. A sept heures, ils voulurent téléphoner à Koophuis pour qu'il envoie quelqu'un ici. On inscrivit ce qu'on allait lui dire au téléphone. Le risque de se faire entendre par le gardien posté devant la porte du magasin était grand, mais le danger de l'arrivée de la police était plus grand encore.

On s'arrêta à :

Cambriolage : visite de la police qui a pénétré jusqu'à la porte-armoire, pas plus loin.

Cambrioleurs, vraisemblablement dérangés, ont forcé la sortie du magasin, et se sont enfuis par le jardin.

Entrée principale verrouillée, ayant obligé sans doute Kraler à sortir la veille par l'autre porte d'entrée. Les machines à écrire et la machine à calculer en sécurité dans le grand bahut du Bureau privé.

Tenter de prévenir Henk pour qu'il cherche la clé chez Elli, avant de se rendre au bureau où il entrera sous prétexte de nourrir le chat.

Tout a marché à souhait. On a téléphoné à Koophuis, et transporté les machines à écrire de chez nous dans le bahut. Puis, on s'est assis autour de la table à attendre Henk ou la police.

Peter s'est endormi. Van Daan et moi restâmes étendus par terre jusqu'à entendre un bruit de pas fermes. Je me levai doucement : « C'est Henk. »

« Non, non, c'est la police », répondirent les autres.

On frappa à notre porte, Miep siffla. Mme Van Daan n'en pouvait plus; elle était pâle comme la mort, inerte sur sa chaise, et se serait certainement évanouie si la tension avait duré une minute de plus.

Lorsque Miep et Henk entrèrent, notre chambre devait former un délicieux tableau; la table seule valait la peine d'une photo. Sur le *Cinéma et Théâtre* ouvert à une page consacrée aux danseuses, se trouvaient de la confiture et un médicament contre la diarrhée; puis, pêle-mêle, deux pots de confitures, un grand et un petit bout de pain, une glace, un peigne, des allumettes, de la cendre, des cigarettes, du tabac, un cendrier, des livres, une culotte, une lampe de poche, du papier de toilette, etc.

Naturellement, Henk et Miep furent accueillis avec des larmes de joie. Henk, après avoir arrangé le trou dans la porte, se mit en route pour prévenir la police du cambriolage. Ensuite, il voulait parler avec le gardien de nuit Slagter, qui avait laissé un petit mot trouvé par Miep, disant qu'il avait vu la porte endommagée et qu'il avait averti la police.

Nous avions donc une demi-heure pour nous rafraîchir. Jamais je n'ai vu se produire si grand changement en si peu de temps. Après avoir refait les lits, Margot et moi avons rendu visite chacune au w.-c.; puis nous nous sommes brossé les dents, lavées et coiffées. Ensuite, j'ai mis la chambre en ordre, et je suis vite montée chez les Van Daan. La table était déjà toute propre; on prépara le thé et le café, on fit bouillir le lait – c'était bientôt l'heure du déjeuner – et on mit la table. Père et Peter étaient occupés à vider les pots de nuit et à les nettoyer à la poudre de chlore.

A onze heures, Henk revenu, nous étions tous assis autour de la table, agréablement, et, petit à petit, on commençait à s'humaniser. Henk raconta :

Slagter dormait encore, mais sa femme répéta le récit de son mari : en faisant sa ronde sur les quais, il avait découvert le trou dans la porte; il était donc allé trouver un agent, et ensemble ils avaient parcouru l'immeuble; il viendrait voir Kraler mardi pour lui raconter le reste. Au poste de police, ils n'étaient pas encore au courant du cambriolage; ils en prirent note pour venir sur les lieux mardi. En passant, Henk s'était arrêté chez notre fournisseur de pommes de terre qui habite tout près d'ici, et lui avait parlé du cambriolage. « Je le sais », dit celui-ci laconiquement, « en rentrant hier soir avec ma femme, j'ai vu un trou dans la porte. Ma femme allait continuer sans y faire attention, mais j'ai sorti ma lampe de poche et j'ai regardé à l'intérieur – les voleurs étaient en train de se sauver. Pour toute sécurité, j'ai préféré ne pas téléphoner à la police, je pensais que c'était mieux pour vous. Je ne sais rien, et je ne me mêle de rien. »

Henk le remercia et partit. Cet homme se doute bien des clients à qui ses pommes de terre sont livrées, car il les apporte toujours à l'heure du déjeuner. Un chic type!

Après la vaisselle et le départ de Henk, il était une heure. Tout le monde est allé dormir. Je me réveillai à trois heures moins le quart et m'aperçus que Dussel avait disparu. Encore tout engourdie, j'ai rencontré par hasard Peter au cabinet de toilette, et nous avons pris rendez-vous au bureau.

J'ai vite fait un brin de toilette avant d'y aller. « Veux-tu te risquer dans le grenier de devant? » demanda-t-il. J'y consentis, pris mon oreiller en passant, et en route. Le temps était splendide, mais bientôt les sirènes se mirent à hurler; nous n'avons pas bougé. Peter mit son bras autour de mon épaule, j'en fis autant, et nous sommes restés ainsi dans les bras l'un de l'autre, très calmes, jusqu'à ce que Margot nous appelât pour le café de quatre heures.

Nous avons mangé notre pain, bu de la limonade et dit des blagues, comme si rien n'était arrivé, et tout est rentré dans l'ordre. Le soir, j'ai remercié Peter d'avoir été le plus courageux de nous tous.

Aucun de nous n'a jamais frôlé le danger d'aussi près que la nuit dernière. Dieu doit nous avoir particulièrement protégés. Songe un peu – la police devant la porte-armoire sous la lumière électrique, et notre présence restée inaperçue.

En cas de débarquement, tous et chacun trouveront le moyen de se défendre, mais ici, nous étions paralysés d'angoisse, non seulement pour nous-mêmes, mais aussi pour nos protecteurs innocents. « Nous sommes sauvés. Sauvez-nous encore! » C'est tout ce que nous pouvons dire.

Cette aventure a amené pas mal de changements : M. Dussel ne travaillera dorénavant plus dans le bureau de Kraler, mais dans le cabinet de toilette. Peter fera une ronde à huit heures et demie, une autre à neuf heures et demie du soir. Plus de fenêtre ouverte chez lui la nuit. La chasse du W.-C. interdite à partir de neuf heures et demie. Ce soir, on fera venir un menuisier pour renforcer les portes du magasin.

Les discussions à l'Annexe n'en finissent plus. Kraler nous a reproché notre imprudence. Henk aussi était d'avis que, dans un cas pareil, aucun de nous ne devrait se montrer aux étages inférieurs. On nous a rafraîchi la mémoire à propos de notre situation de « clandestins », de notre qualité de juifs cloîtrés, cloîtrés entre quatre murs, n'ayant aucun droit et mille obligations. Nous, juifs, n'avons pas le droit de faire valoir notre sentiment; il ne nous reste qu'à être forts et courageux, à accepter tous les inconvénients sans rouspéter, à nous en tenir à ce qui est en notre pouvoir, en faisant confiance à Dieu. Un jour, cette terrible guerre prendra fin, un jour nous serons des gens comme les autres, et non pas seulement des juifs.

Qui nous a marqués ainsi? Qui a décidé l'exclusion du peuple juif de tous les autres peuples? Qui nous a fait tant souffrir jusqu'ici? C'est Dieu qui nous a faits ainsi, mais aussi, ce sera Dieu qui nous élèvera. Si, en dépit de ce fardeau que nous portons, nombre d'entre nous survivent toujours, il faut croire que, de proscrits, les juifs deviendront un jour des exemples. Qui sait, un jour viendra peut-être où notre Ancien Testament enseignera le bien au monde, donc à tous les peuples – et c'est là la seule raison de notre souffrance. Nous ne pourrons jamais devenir les représentants d'un pays, quel qu'il soit; jamais nous ne serons des Hollandais, ou des Anglais tout court; nous serons toujours juifs par surcroît. Mais nous tenons à le rester.

Courage! Soyons conscients de notre tâche sans nous plaindre, et soyons sûrs de notre salut. Dieu n'a jamais laissé tomber notre peuple. Au cours des siècles, nous avons été obligés de souffrir et, au cours des siècles, nous avons aussi gagné en force;

les faibles tombent, mais les forts survivront et ne tomberont jamais!

L'autre nuit, je savais au fond de moi-même que j'allais mourir. J'attendais la police, j'étais préparée, prête comme le soldat au champ de bataille. Volontiers, j'allais me sacrifier pour la patrie. Maintenant que je suis sauvée, je me rends compte de mon premier désir après-guerre : devenir Hollandaise.

J'aime les Hollandais, j'aime notre pays, j'aime la langue, et je voudrais travailler ici. Quitte à écrire moi-même à la reine, je ne fléchirai pas avant d'avoir atteint ce but.

Je suis de plus en plus détachée de mes parents, de plus en plus indépendante. Aussi jeune que je sois, j'ai plus de courage de vivre et je me sens plus juste, plus intègre que Mère. Je sais ce que je veux, j'ai un but dans la vie, je me forme une opinion, j'ai ma religion et mon amour. Je suis consciente d'être femme, une femme avec une force morale et beaucoup de courage.

Si Dieu me laisse vivre, j'irai bien plus loin que Mère, je ne resterai pas insignifiante, j'aurai ma place dans le monde et je travaillerai pour mes semblables.

Je réalise à l'instant que le courage et la joie sont deux facteurs vitaux.

A toi,

ANNE.

Vendredi 14 avril 1944.

Chère Kitty,

L'atmosphère est toujours tendue. Pim a les nerfs à fleur de peau; Mme Van Daan est couchée avec un rhume et son nez est une vraie trompette; Monsieur est vert – pas une sèche à griller. Dussel, n'ayant pas oublié le sacrifice de son confort de l'autre nuit, râle et s'épuise en observations, etc. D'ailleurs, en ce moment, nous n'avons pas trop de chance. Il y a une fuite au W.-C., le caoutchouc du robinet étant usé; mais grâce à nos nombreuses relations, cela sera bientôt arrangé.

Parfois je suis sentimentale, je le sais bien, mais... parfois aussi, j'ai une raison de l'être. Quand, au milieu d'un fouillis insensé, n'importe où, je me trouve tout près de Peter, sur une caisse dure, son bras autour de moi, mon bras autour de lui, et qu'il joue avec une mèche de mes cheveux, quand au dehors les oiseaux font vibrer leurs chants, quand on voit les arbres verdir, quand le soleil vous appelle, quand le ciel est trop bleu, oh! alors, alors, mes désirs ne se comptent plus!

Je ne vois que visages mécontents et boudeurs, je n'entends que soupirs et plaintes réprimées – on dirait que brusquement ça va très mal chez nous. Vraiment, si ça va mal, ça ne tient qu'à eux. A l'Annexe, il n'y a personne pour nous servir de chef d'orchestre; chacun se bat avec ses nerfs, sans être capable d'en avoir raison. Chaque jour, on entend : « Si seulement c'était fini! »

Mon travail, mon espoir, mon amour, mon courage, tout ça me fait tenir la tête haute et me rend sage.

Je suis persuadée, Kit, d'être un peu piquée aujourd'hui; je ne sais vraiment pas pourquoi. Toutes les choses s'embrouillent, je n'arrive pas à enchaîner, et je doute fort sérieusement que, plus tard, quelqu'un puisse jamais s'intéresser à mes radotages.

« Les Confidences du Vilain Petit Canard », tel sera le titre de mes paperasses. M. Bolkestein et les collectionneurs de documents de guerre ne trouveront pas grand intérêt à mon Journal.

A toi,

ANNE.

Dimanche matin, avant 11 heures,
16 avril 1944.

Très chère Kitty,

Retiens bien le jour d'hier, car il est très important dans ma vie. N'est-ce pas un événement important pour chaque jeune fille de cueillir son premier baiser? Eh bien, c'est là la raison. Le baiser de Bram sur ma joue droite ne compte pas, pas plus que celui de M. Walker sur ma main droite.

Je vais te raconter comment le baiser m'est soudainement tombé du ciel.

Hier soir, à huit heures, j'étais chez Peter, assise à côté de lui sur le divan, et bientôt il m'avait entourée de son bras. « Si tu te poussais un peu plus loin », dis-je, « je ne me cognerais pas la tête contre tes livres. » Il recula presque jusqu'au bout, et j'ai passé mon bras derrière son dos pour bien me sentir enlacée, de sorte que j'ai été littéralement ensevelie.

Ce n'était pas la première fois que nous étions assis comme ça, mais jamais encore aussi près l'un de l'autre. Il m'a serrée fort contre lui; mon sein gauche touchant son cœur fit battre mon cœur à coups plus rapides – mais nous n'en étions pas encore là. Il n'avait de cesse que ma tête ne repose sur son épaule, et qu'il puisse y appuyer la sienne. Après cinq minutes environ, je me suis redressée, mais il prit aussitôt ma tête entre ses mains et la serra contre lui. Oh! c'était exquis, je n'ai presque pas parlé, tant mon plaisir était grand. Un peu maladroitement, il caressa ma joue et mon bras, joua avec mes cheveux, nos têtes l'une contre l'autre la plupart du temps. L'émotion qui s'est emparée de moi, je ne peux pas la décrire, Kitty. J'étais trop heureuse, et lui aussi, je crois.

Vers huit heures et demie, nous nous sommes levés; je regardai Peter mettre ses sandales de gymnastique pour faire la ronde de la maison le plus doucement possible. Je ne sais pas encore comment c'est arrivé, mais, avant de descendre, il m'embrassa tout à coup, sur la tempe gauche entre mes cheveux, un peu sur l'oreille. Je me suis sauvée comme un zèbre, sans me retourner, et je suis pleine d'espoir pour aujourd'hui.

      A toi,

ANNE.

Chère Kitty,

Crois-tu que mes parents me permettraient d'être avec un garçon sur un divan, à nous embrasser – un garçon de dix-sept ans et demi et une jeune fille de près de quinze? Au fond, je crois que non, mais cette petite affaire ne regarde que moi. Je me sens si calme et si sûre dans ses bras, avec tous mes rêves. Quels transports de sentir sa joue contre la mienne, et quelles délices de savoir que quelqu'un m'attend! Mais – en effet, il y a un mais – Peter s'en tiendra-t-il là? Pour sûr, je n'ai pas encore oublié sa promesse, mais... c'est un garçon!

Je sais bien que je m'y prends très tôt; pas encore quinze ans et déjà si indépendante – pour les autres ça pourrait être incompréhensible. Je suis presque certaine que Margot n'embrasserait jamais un garçon sans qu'il soit question de fiançailles ou de mariage; mais nous ne faisons pas de projets, ni Peter ni moi-même. Mère n'a sûrement pas touché un homme, elle non plus, avant de connaître Père. Que diraient mes amies, si elles me savaient dans les bras de Peter, mon cœur sur sa poitrine, ma tête sur son épaule, avec sa tête contre la mienne!

Voyons, Anne, c'est honteux. Mais vraiment, je ne trouve pas ça honteux pour nous qui sommes coupés de tout, coupés du monde et accablés de soucis et d'angoisses, surtout les derniers temps. Pourquoi nous, qui nous aimons, garderions-nous des distances? Pourquoi attendre jusqu'à l'âge convenable? Pourquoi trop demander?

J'ai pris sur moi de m'occuper de moi-même; il ne voudrait jamais me faire ni peine ni chagrin, raison de plus de n'écouter que mon cœur et de nous rendre heureux tous les deux, pourquoi pas? J'ai raison de croire, Kitty, que tu devines un peu mon hésitation qui, je pense, provient de ma franchise s'opposant à toute cachotterie. Trouves-tu qu'il est de mon devoir de raconter à Père ce que je fais?

Faut-il qu'un tiers partage notre secret, qu'en dis-tu? Il perdrait de sa magie, mais en le racontant, serais-je rassurée moralement? Je vais « lui » demander son avis.

Oh! oui, j'ai encore beaucoup de choses à lui dire, car les caresses seules, ce n'est pas tout. Nous confier nos pensées – pour cela, il faut être sûr l'un de l'autre. Reconnaître cette base de confiance nous rendra plus forts tous les deux.

A toi,

ANNE.

Mardi 18 avril 1944.

Chère Kitty,

Tout va bien ici. Père vient de dire que l'on peut sûrement s'attendre avant le 20 mai à des opéra-tions sur une grande échelle, aussi bien en Russie qu'en Italie et dans tout l'Occident; l'idée de sortir d'ici et de retrouver la liberté, je l'imagine de moins en moins.

Hier, j'ai eu avec Peter une conversation retardée depuis au moins dix jours. Je lui ai tout expliqué à propos des jeunes filles, et j'ai parlé sans scrupules des choses les plus intimes. La soirée a fini par un baiser réciproque, un peu près de ma bouche : c'est vraiment une sensation merveilleuse.

Je songe à apporter mon livre de belle prose un de ces jours, afin d'approfondir ensemble certaines choses. Je ne vois aucune satisfaction à nous retrou-ver journellement dans les bras l'un de l'autre, et j'aimerais croire qu'il en pense de même.

Après notre hiver clément, nous avons un prin-temps magnifique; le mois d'avril est splendide, ni trop chaud ni trop froid, avec une petite averse de temps en temps. La verdure de notre marronnier se déploie et l'on voit même ses petites bougies par-ci par-là.

Samedi, une charmante attention d'Elli : quatre petits bouquets de fleurs, trois bouquets de narcisses et un bouquet de jacinthes sauvages, le dernier pour moi.

Mon algèbre m'attend, Kitty, au revoir.

A toi,

ANNE.

Mercredi 19 avril 1944.

Chérie,

Qu'y a-t-il de plus beau au monde que de regarder la nature par une fenêtre ouverte, d'entendre siffler les oiseaux, les joues chauffées par le soleil, et d'avoir dans les bras un garçon que l'on aime?

Son bras autour de moi, je me sens si bien et si sûre, tout contre lui, sans dire un mot. Il n'est pas possible que ce soit mal, car cette tranquillité est bienfaisante. Oh! pourvu que rien ne vienne nous déranger, jamais, même pas Mouschi!

A toi,

ANNE.

Jeudi 27 avril 1944.

Chère Kitty,

Ce matin, Mme Van Daan a été de mauvaise humeur; des plaintes à n'en pas finir. D'abord à propos de son rhume : elle n'a pas de pastilles et elle est fatiguée de se moucher. Puis elle en veut au soleil qui ne brille pas, au débarquement qui ne vient pas, à la fenêtre camouflée, etc. Elle nous a tellement fait rire qu'elle a fini par rire avec nous.

En ce moment, je suis en train de lire *Keizer Karel V (l'Empereur Charles Quint)*, écrit par un grand professeur de l'Université de Göttingen; il a mis quarante ans à écrire ce livre. En cinq jours, je n'ai lu que cinquante pages, impossible d'en faire plus. Le bouquin contient cinq cent quatre-vingt-dix-huit pages, tu peux te rendre compte du temps que je mettrai, et il y a un second volume! Mais... c'est intéressant!

C'est fou ce qu'une écolière peut apprendre en un seul jour. Par exemple : aujourd'hui, j'ai commencé par traduire du hollandais en anglais un fragment de la dernière bataille de Nelson. Ensuite, j'ai poursuivi mon histoire des Pays nordiques, la guerre de 1700-1721, Pierre le Grand, Charles XII, Stanislas Leczinsky, Mazeppa, von Götz, le Brandebourg, la Poméranie et le Danemark – y compris les dates!

Puis, j'ai entrepris le Brésil : lecture sur le tabac de Bahia, l'abondance du café, les habitants (un million et demi) de Rio de Janeiro, de Pernambuco et de Sao Paulo, sans oublier ceux de l'Amazone. Leurs nègres, mulâtres, métisses, blancs, avec plus de 50 % d'analphabètes, et la malaria. Il me restait encore le temps de parcourir un arbre généalogique : Jean l'Ancien, Guillaume Louis, Ernest Casimir I, Henri Casimir I – jusqu'à la petite Margiet Franciska, née en 1943 à Ottawa.

Midi : au grenier, j'ai continué mon programme avec l'histoire des cathédrales... jusqu'à une heure. Ouf!

Après deux heures, la pauvre enfant (hum! hum!) se remet au travail, à commencer par les singes à nez écrasés ou pointus. Saurais-tu me dire combien d'orteils a un hippopotame?

Puis c'est au tour de la Bible – l'Arche de Noé, Sem, Cham et Japhet; ensuite Charles Quint. Chez Peter : *Henry Esmond* par Thackeray, en anglais; se reprendre pour les mots français et, pour finir, comparer le Mississipi avec le Missouri.

J'ai encore toujours le rhume, et je l'ai passé à Margot, ainsi qu'à Père et Mère. Pourvu que Peter ne l'attrape pas – il a insisté pour que je l'embrasse et il m'a appelée son « Eldorado ». Aucun rapport, pauvre garçon! Mais je l'aime quand même!

Assez pour aujourd'hui. Adieu!

    A toi,

                          ANNE.

Chère Kitty,

Je n'ai jamais oublié mon rêve à propos de Peter Wessel (voir début janvier). Encore aujourd'hui, en y pensant, je sens sa joue contre la mienne, me donnant cette sensation merveilleuse que tout est bon.

Avec mon Peter d'ici, il m'est parfois arrivé de ressentir la même chose, mais jamais avec la même force, jusqu'à... hier soir, alors que nous étions enlacés sur le divan comme d'habitude. Soudain, la petite Anne de tous les jours se transforma, et, à sa place, parut la deuxième Anne, celle qui n'est ni audacieuse, ni amusante, mais qui ne demande qu'à être tendre et à aimer.

J'étais blottie contre lui et, sentant l'émotion s'emparer de moi, les larmes me montèrent aux yeux, une tomba sur sa salopette tandis qu'une autre glissait le long de mon nez. S'en serait-il aperçu? Aucun mouvement ne le trahit. Avait-il la même émotion que moi? Il ne dit presque rien. Se rendait-il compte qu'il avait une autre Anne devant lui? Ces questions restent sans réponse.

A huit heures et demie, je me levai pour aller à la fenêtre, où nous nous disons toujours au revoir. Je tremblais encore, j'étais toujours l'Anne n° 2, lorsqu'il me rejoignit. Je mis mes bras autour de son cou et j'embrassai sa joue, et, au moment d'embrasser l'autre, nos lèvres se rencontrèrent et sa bouche se pressa sur la mienne. Pris d'un vertige, nous nous serrâmes fort l'un contre l'autre, et nous nous embrassâmes comme si jamais cela ne devait cesser.

Peter a besoin de tendresse. La jeune fille s'est révélée à lui pour la première fois de sa vie; pour la première fois aussi, il a vu que la plus espiègle d'entre elles cache un cœur et peut se transformer aussitôt que l'on est seul avec elle. Pour la première fois de sa vie, il a donné son amitié, il s'est livré.

Jamais encore il n'a eu un ami ou une amie. Maintenant, nous nous sommes trouvés; moi non plus, je ne le connaissais pas et n'avais jamais eu un confident, et voilà la conséquence...

Cette même question, qui ne me quitte pas : « Est-ce bien? Est-ce bien de céder si vite, avec la même intensité et le même désir que Peter? Ai-je le droit, moi, une jeune fille, de me laisser aller ainsi? » Il n'y a qu'une réponse : « J'ai ce désir... depuis si longtemps, je me sens si seule et j'ai enfin trouvé à me consoler! »

Le matin, nous nous tenons comme toujours, très bien; l'après-midi, assez bien, sauf une rare défaillance; le soir, le désir de la journée entière prend sa revanche, avec le bonheur et la fidélité de toutes les fois précédentes, l'un ne pensant qu'à l'autre. Chaque soir, après le dernier baiser, je voudrais pouvoir me sauver, ne plus le regarder dans les yeux, être loin, loin de lui, dans le noir, et seule.

Et où suis-je, après avoir descendu les quatorze marches? Dans la lumière brutale, parmi les rires et les questions des autres, ayant soin de ne rien leur montrer. Mon cœur est encore trop sensible pour supprimer net un choc tel que celui d'hier soir. La petite Anne tendre n'est que trop rare et ne se laisse pas chasser aussi facilement. Peter m'a émue, plus profondément que je ne l'ai jamais été, sauf dans mon rêve. Peter m'a remuée, il m'a retournée comme un gant – après cela, n'ai-je pas le droit, comme tout autre, de retrouver le repos nécessaire pour remettre en place le fond de mon être?

O Peter, qu'as-tu fait de moi? Que veux-tu de moi? Où cela va-t-il finir? Ah! avec cette nouvelle expérience, je commence à comprendre Elli et ses doutes. Si j'étais plus âgée, et s'il me demandait de l'épouser, que lui dirais-je? Sois honnête, Anne! Tu ne pourrais pas l'épouser, mais le lâcher, c'est difficile aussi. Peter a trop peu de caractère encore, trop peu de volonté, trop peu de courage et de force morale. Moralement, il n'est qu'un enfant, pas plus âgé que moi; il ne demande que le bonheur et l'apaisement.

N'ai-je donc vraiment que quatorze ans? Ne suis-je encore qu'une petite écolière stupide? Une petite personne sans expérience à tous les points de vue? Non, j'ai plus d'expérience que les autres, j'ai eu une expérience que peu de personnes de mon âge ont connue. J'ai peur de moi-même, j'ai peur que mon désir ne m'entraîne, et peur de ne pas rester droite, plus tard, avec d'autres garçons. Oh! que c'est difficile! Il y a le cœur et la tête, toujours là l'un et l'autre; chacun parle au moment voulu, mais comment savoir si j'ai bien choisi le moment?

A toi,

ANNE.

Mardi 2 mai 1944.

Chère Kitty,

Samedi, j'ai demandé à Peter s'il ne trouvait pas que je doive raconter quelque chose à Père; il a consenti après quelque hésitation. J'en étais heureuse, car j'avais la preuve d'un sentiment pur. En revenant chez nous, j'ai immédiatement proposé d'aller chercher l'eau avec Père. Sur l'escalier, je lui dis : « Père, tu comprends sans doute que lorsque je suis avec Peter nous ne sommes pas assis à un mètre de distance l'un de l'autre. Qu'en penses-tu, est-ce mal? » Père ne répondit pas tout de suite, puis il dit : « Non, je ne trouve pas ça mal, Anne, mais ici, dans cet espace restreint, tu ferais mieux d'être prudente. » Il dit encore quelque chose dans cet esprit pendant notre travail. Dimanche matin, il m'appela pour me dire : « Anne, j'ai réfléchi à ce que tu m'as dit » – je commençais à avoir peur. « Notre séjour à l'Annexe n'est pas très indiqué pour le flirt. Je vous croyais bons camarades tous les deux. Qu'est-ce qu'il a, Peter, il n'est pas amoureux? »

« Pas du tout, il n'en est pas question », répondis-je.

« Oui, bien sûr, je vous comprends très bien tous les deux, mais il vaut mieux garder un peu plus ses distances; ne va plus si souvent chez lui, tiens-toi un peu à l'écart, ça vaut mieux pour lui. Dans ces choses-là, l'homme est actif, et la femme peut lui résister. Dans la vie normale, quand on circule librement, c'est tout autre chose, tu vois forcément d'autres garçons et des amies, tu peux t'en aller, faire du sport, être en plein air; mais ici, en se voyant tout le temps, il peut t'arriver de vouloir t'en aller sans le pouvoir; si je ne me trompe, vous vous voyez à chaque heure. Sois prudente, Anne, et ne le prends pas trop au sérieux. »

« Je ne le prends pas au sérieux, Père, mais Peter est très convenable, et il est très gentil. »

« Oui, mais il n'est pas très fort de caractère. Il serait influençable aussi facilement du bon que du mauvais côté; j'espère pour lui qu'il restera droit, car son fond est bon. »

Nous avons continué à bavarder un peu, et je fus d'accord avec Père pour qu'il parle également à Peter.

Dimanche après-midi, au grenier, celui-ci me demanda : « Eh bien, Anne, as-tu parlé à ton père ? »

« Oui », dis-je, « j'allais te raconter ça. Père n'y voit aucun mal, mais il dit qu'ici, où nous sommes les uns sur les autres, ça pourrait facilement mener à des malentendus. »

« Il a été convenu entre nous de ne pas nous chamailler; j'ai la ferme intention de m'y tenir ! »

« Moi aussi, Peter, mais Père ne se doutait de rien, il nous croyait bons camarades. Est-ce que tu trouves que ce n'est pas possible entre nous ? »

« Mais si, et toi ? »

« Moi aussi. J'ai aussi dit à Père que j'ai entière confiance en toi. Car c'est vrai, Peter. J'ai la même confiance en toi qu'en Père, je t'estime autant, et je ne me trompe pas, n'est-ce pas ? »

« J'espère que non. » (Il était très timide, et rougit légèrement.)

« Je crois en toi, Peter », dis-je, poursuivant, « je

suis sûre que tu as du caractère et que tu feras ton chemin dans la vie. »

On a parlé de toutes sortes de choses; plus tard, je dis encore : « Quand nous sortirons d'ici, je sais bien que tu ne penseras plus à moi. »

Il prit feu : « Ce n'est pas vrai, Anne, oh! non, tu n'as *aucun* droit de penser cela de moi! »

On m'appela.

Père lui a parlé, il me l'a dit tout à l'heure : « Ton père croyait que cette camaraderie pouvait bien finir par l'amour », dit-il. « Mais je lui répondis que nous saurions faire attention tous les deux. »

Père m'a répété de me tenir plus à l'écart et d'espacer mes visites chez Peter, le soir, mais je n'y songe pas. J'ai dit que non seulement j'aime bien la compagnie de Peter, mais que j'ai confiance en lui; pour le lui prouver, je veux le rejoindre, sans cela mon absence serait une preuve de méfiance.

Naturellement, j'y vais.

A toi,

ANNE.

Mercredi 3 mai 1944.

Chère Kitty,

D'abord les petites nouvelles de la semaine. La politique est en vacances – rien, absolument rien à signaler. Petit à petit, je me mets à croire avec les autres qu'il y aura un débarquement; impossible de laisser les Russes se débrouiller tout seuls; d'ailleurs, eux non plus ne bougent pas en ce moment.

T'ai-je raconté que notre Boschi a disparu? Disparu sans laisser de trace depuis jeudi dernier. Ou bien il est déjà au ciel des chats, ou bien un amateur de viande en a fait un plat délicieux. Peut-être une jeune fille se coiffera-t-elle de sa peau. Cette idée attriste Peter.

Depuis samedi, nous prenons notre lunch à midi

et demi; par économie, le petit déjeuner ne se compose que d'une tasse de gruau. Les légumes sont encore difficiles à trouver : à déjeuner, on a eu de la salade cuite pourrie. De la salade crue ou cuite, des épinards, voilà nos menus; il n'y a rien d'autre, sauf les pommes de terre pourries : ça fait un micmac délicieux!

Il ne faut pas beaucoup d'imagination pour comprendre cette éternelle rengaine du désespoir : « A quoi sert cette guerre, à quoi sert-elle? Pourquoi les hommes ne peuvent-ils pas vivre en paix? Pourquoi cette dévastation? »

Question compréhensible, mais personne n'a encore trouvé la réponse finale. Au fait, pourquoi construit-on en Angleterre des avions toujours plus grands avec des bombes toujours plus lourdes et, à côté de cela, des habitations en commun pour la reconstruction? Pourquoi dépense-t-on chaque jour des millions à la guerre, et n'y a-t-il pas un sou disponible pour la médecine, les artistes, les pauvres?

Pourquoi y a-t-il des hommes qui souffrent de la faim, alors que dans d'autres parties du monde la nourriture pourrit sur place par surabondance? Oh! pourquoi les hommes sont-ils si fous?

Je ne croirai jamais que seuls les hommes puissants, les gouvernants et les capitalistes soient responsables de la guerre. Non, l'homme de la rue est tout aussi content de la faire, autrement les peuples se seraient révoltés il y a longtemps! Les hommes sont nés avec l'instinct de détruire, de massacrer, d'assassiner et de dévorer; tant que toute l'humanité, sans exception, n'aura pas subi une énorme métamorphose, la guerre fera rage; les reconstructions, les terres cultivées seront détruites à nouveau, et l'humanité n'aura qu'à recommencer.

Souvent, je me suis sentie abattue, mais jamais anéantie; je considère notre séjour ici comme une aventure dangereuse, le risque la rendant romanesque et intéressante. Je considère chaque privation comme une chose amusante à écrire dans mon

Journal. Je me suis mis en tête, une fois pour toutes, de mener une vie différente de celle des simples ménagères. Mes débuts ne manquent pas d'intérêt, ils sont bons, et c'est uniquement pour cela que je peux rire d'une situation comique au moment des plus grands dangers.

Je suis jeune, beaucoup de mes qualités dorment encore, je suis jeune et forte à vivre cette grande aventure qui fait partie de moi, et je refuse de me plaindre toute la journée. Je suis favorisée par ma nature heureuse, ma gaieté et ma force. Chaque jour, je me sens grandir intérieurement, je sens approcher la liberté, la nature qui est belle, la bonté de ceux qui m'entourent. Je sens à quel point cette aventure est intéressante! Pourquoi serais-je désespérée?

A toi,

ANNE.

Vendredi 5 mai 1944.

Chère Kitty,

Père n'est pas content de moi; il s'attendait à ce que, de moi-même, je ne monte plus chez Peter tous les soirs. Il commence à trouver cette *Knutscherei* mauvaise. Ce mot m'horripile, je ne peux pas l'entendre. Déjà, ce n'était pas drôle d'en parler, pourquoi alors se met-il à m'empoisonner? Je vais discuter ça aujourd'hui avec lui. Margot m'a très bien conseillée. Voici à peu près ce que j'ai l'intention de lui dire :

« Je crois, Père, que tu attends une explication de moi, la voici : tu es déçu parce que tu aurais voulu que je garde mes distances; tu veux sans doute qu'à mon âge je sois une jeune fille convenable, telle que tu t'en fais l'image, mais tu te trompes.

« Depuis que nous sommes ici, c'est-à-dire juillet 1942, et jusqu'à très récemment, je n'ai pas eu la vie facile. Si tu pouvais savoir combien de larmes j'ai versées le soir, combien j'étais malheureuse, toute seule, tu comprendrais mieux pourquoi je veux rejoindre Peter.

« Ce n'est pas venu du jour au lendemain. Je suis arrivée à vivre sans l'appui de Mère ou de qui que ce soit, au prix de luttes, de beaucoup de luttes et de larmes; ça m'a coûté cher de devenir aussi indépendante que je le suis maintenant. Tu peux rire et ne pas me croire, que veux-tu que ça me fasse? Je suis consciente d'avoir grandi seule, et je ne me sens pas le moins du monde responsable envers vous. Si je te dis tout ça, c'est parce que je ne veux pas que tu penses à moi comme à une cachottière; quant à mes actes, je n'en suis responsable qu'envers moi-même.

« Lorsque je me débattais toute seule, vous avez tous, et toi aussi, fermé les yeux et bouché vos oreilles; vous ne m'avez pas aidée, au contraire, je n'ai fait qu'encaisser parce que je faisais trop de vacarme. En me faisant remarquer ainsi, je pensais faire taire mon chagrin, je crânais pour faire taire cette voix intérieure. Pendant un an et demi et plus, j'ai joué la comédie, jour après jour, sans me plaindre, sans sortir de mon rôle, sans défaillir. Maintenant, la lutte est finie. J'ai gagné, j'ai pris le dessus. Je suis indépendante de corps et d'esprit, je n'ai plus besoin d'une mère; je suis devenue forte, à force de lutter.

« Et maintenant que j'ai la certitude d'avoir pris le dessus, je veux poursuivre seule mon chemin, le chemin qui me semble être le bon. Tu ne peux, tu ne dois pas me considérer comme une enfant de quatorze ans, car toutes ces misères m'ont vieillie; je compte agir selon ma conscience, et je ne regretterai pas mes actes.

« Raisonnablement, tu ne pourras m'interdire de rejoindre Peter. Ou bien tu me le défends de force, ou bien tu me feras confiance envers et contre tout, et tu me ficheras la paix! »

A toi,

ANNE.

Samedi 6 mai 1944.

Chère Kitty,

Hier, avant le dîner, j'ai mis dans la poche de Père une lettre contenant ce que je t'ai expliqué plus tôt. Il en a été bouleversé toute la soirée, selon Margot. (Je faisais la vaisselle là-haut.) Pauvre Pim, quel coup a dû lui porter cette lecture! Il est si sensible. J'ai immédiatement averti Peter pour qu'il ne lui dise et ne lui demande rien. Pim n'a plus cherché à discuter l'incident avec moi. Est-ce partie remise?

Ça va tout doucement. Les nouvelles du dehors sont incroyables : une demi-livre de thé coûte fl. 350, une livre de café fl. 80 – de beurre fl. 35 – un œuf fl. 1,45. On paye fl. 14 cent grammes de tabac bulgare! Tout le monde fait du marché noir, chaque gamin a quelque chose à offrir. Le garçon du boulanger nous a procuré un brin de soie à stopper au prix de fl. 0,90; le laitier s'occupe de fausses cartes d'alimentation, et un entrepreneur des pompes funèbres de fromage. Chaque jour il y a cambriolage, assassinat ou vol; des agents de police y participent comme des professionnels, chacun voulant remplir son estomac d'une façon ou d'une autre; toute hausse de salaires étant interdite, les gens sont réduits à l'escroquerie. La police en a plein les bras à dépister les enfants perdus; chaque jour disparaissent des jeunes filles de quinze, seize et dix-sept ans.

A toi,

ANNE.

Dimanche matin 7 mai 1944.

Chère Kitty,

Grande conversation avec Père, hier après-midi; j'ai terriblement pleuré et il a pleuré avec moi. Tu sais ce qu'il m'a dit, Kitty?

« J'ai reçu beaucoup de lettres dans ma vie, mais celle-ci est bien la plus vilaine! Toi, Anne, qui as été l'objet de tant d'amour de tes parents, des parents qui sont toujours prêts à te défendre et l'ont toujours fait, tu prétends ne pas être responsable envers nous? Nous t'aurions abandonnée, laissée seule, nous t'aurions fait du tort – non, Anne, c'est toi qui nous fais un grand tort en étant injuste comme tu l'es.

« Peut-être ne voulais-tu pas dire ça, n'empêche que tu l'as écrit. Non, Anne, nous n'avons pas mérité un tel reproche! »

Oh! c'est affreux de commettre une telle erreur, c'est la chose la plus ignoble que j'aie jamais faite de ma vie. Pour qu'il me respecte, je n'ai fait que crâner, en parlant de mes pleurs et de mes larmes avec la prétention d'une grande personne. J'ai eu beaucoup de chagrin, certainement, mais accuser de cette façon le bon Pim, lui qui a tout fait pour moi et continue à le faire, non, ça, c'était plus qu'ignoble.

Tant mieux, si l'on m'a fait sortir de ma tour d'ivoire, tant mieux, si mon orgueil a reçu un petit coup, car j'étais trop infatuée de ma personne. Mademoiselle Anne, ce que vous faites n'est pas encore toujours parfait, loin de là! Faire un tel chagrin à quelqu'un que l'on dit aimer, et intentionnellement par-dessus le marché, ce n'est autre qu'une bassesse, une grande bassesse!

Ce qui, plus que tout, me rend honteuse, c'est la manière dont Père m'a pardonné; il va brûler la lettre, et il est devenu tellement gentil avec moi qu'on croirait que c'est lui qui a tort. Non, Anne, tu as encore énormément à apprendre; au lieu de toiser et d'accuser les autres, tu ferais mieux de tout recommencer!

J'ai eu beaucoup de chagrin, mais tous ceux de mon âge passent par là, n'est-ce pas? Je jouais la comédie avant d'en être consciente, je me sentais seule, mais rarement anéantie. Il faut avoir honte, et j'ai honte, terriblement.

Ce qui est fait est fait, mais il y a moyen de se corriger. Reprendre depuis le commencement, je veux bien, et ce ne doit pas être trop difficile, puisque j'ai Peter. Avec lui comme appui, j'en serai capable!

Je ne suis plus seule au monde, il m'aime, je l'aime, j'ai mes livres, les contes que j'écris et mon Journal; je ne suis pas trop laide, ni trop bête; je suis gaie de nature – et il s'agit aussi d'avoir bon caractère. Aussi, c'est là mon ambition!

Oui, Anne, tu l'as bien senti, ta lettre était trop dure, et une grande erreur; et tu en étais fière par-dessus le marché! En prenant exemple sur Père, j'arriverai bien à me corriger.

A toi,

ANNE.

Lundi 8 mai 1944.

Chère Kitty,

Au fond, je ne t'ai encore rien raconté de mes origines, n'est-ce pas?

Je ne crois pas, c'est donc une raison pour commencer tout de suite. Les parents de mon père étaient très riches. Son père avait fait fortune tout seul, et sa mère venait d'une famille distinguée et fortunée. La jeunesse de Père était donc une vie de « fils à papa » : chaque semaine, soirée, bal ou fête, appartements somptueux, jolies filles, dîners, etc.

Tout cet argent s'est perdu avec la première guerre mondiale et l'inflation. Père, avec son éducation soignée, a dû bien rire hier, lorsque, pour la première fois de sa vie de cinquante-cinq ans, il a gratté le fond de la poêle à table.

Mère aussi vient de parents riches. Souvent, nous écoutons bouche bée ses histoires de fêtes de fiançailles avec deux cent cinquante invités, de dîners et de bals de société. L'on ne peut plus nous appeler riches, maintenant, mais j'espère en l'après-guerre pour nous refaire.

Contrairement à Mère et à Margot, je ne me contenterais pas d'une petite vie restreinte, je t'assure. J'aimerais aller un an à Paris, et un an à Londres, pour étudier les langues et l'histoire de l'art. A comparer avec Margot qui veut devenir sage-femme en Palestine! J'ai encore l'imagination remplie de belles robes et de gens intéressants. Je voudrais voir quelque chose du monde, avoir quelques expériences, je t'en ai déjà parlé. Un peu d'argent, dans ce cas, ne fera pas de mal.

Ce matin, Miep nous a parlé d'une fête de fiançailles à laquelle elle était invitée. Chacun des fiancés appartient à une riche famille, c'était donc particulièrement élégant. Miep nous a échauffés avec sa description du menu : potage aux légumes avec boulettes de viande, fromage, petits pains, hors-d'œuvre aux œufs, rosbif, gâteau, moka, vins et cigarettes, le tout à volonté (marché noir).

Miep a bu dix verres d'eau-de-vie – pas mal pour une antialcoolique, n'est-ce pas? Dans ce cas, je me demande de combien son époux l'a dépassée. Naturellement, tous les invités étaient un peu gris. Parmi eux, il y avait deux policiers militaires qui ont photographié les fiancés. On dirait que Miep ne peut oublier un instant ses protégés clandestins : sachant que c'étaient des « bons », elle a immédiatement noté le nom et l'adresse de ces hommes, au cas où l'on aurait besoin d'eux.

Elle nous a mis l'eau à la bouche, nous qui nous contentons pour le petit déjeuner de deux cuillerées de gruau, ayant l'estomac creux la plupart du temps, à ne manger que des épinards peu cuits (à cause des vitamines) et des pommes de terre pourries, salade crue ou cuite, et encore des épinards; on meurt de faim, en attendant de devenir aussi forts que Popeye – bien que je n'en aie pas la moindre preuve!

Si Miep avait pu nous emmener à cette fête de fiançailles, nous n'aurions certainement pas laissé de petits pains pour les autres invités. Je peux te dire que nous étions littéralement collés à elle, lui tirant les mots de la bouche, comme si jamais de la vie nous n'avions entendu parler de bonnes choses et de gens chics!

Cela dit pour les petites-filles d'un millionnaire. La fortune tourne drôlement!

A toi,

ANNE.

Mardi 9 mai 1944.

Chère Kitty,

Mon conte, *Ellen, la Bonne Fée*, est terminé. Je l'ai recopié sur du beau papier à lettres, avec quelques ornements à l'encre rouge, et j'ai cousu le tout. Ça ne se présente pas trop mal, mais n'est-ce pas trop peu pour l'anniversaire de Père? Je n'en sais rien. Margot et Mère ont chacune composé un compliment en vers.

Cet après-midi, M. Kraler est arrivé avec la nouvelle que Mme B..., qui autrefois travaillait dans l'affaire comme démonstratrice, a exprimé le désir de venir faire son café au bureau tous les jours à deux heures. Tu te rends compte! Aucun de nos protecteurs ne pourra plus monter chez nous, les pommes de terre ne pourront plus être livrées, le déjeuner d'Elli sera fichu, le w.-c. nous sera interdit, on n'aura pas le droit de bouger, etc.

Tous, nous nous sommes épuisés à trouver des prétextes qui la dégoûteraient de son projet. M. Van Daan a suggéré de mettre un laxatif énergique dans son café. « Ah! non », répondit M. Koophuis, « tout sauf ça, car elle ne décollerait plus de la boîte! » Éclats de rire. « De la boîte? » demanda Madame. « Qu'est-ce que ça veut dire? » Explication. « Peut-on toujours se servir de ce mot? » demanda-t-elle, très naïvement. « Quelle idée », dit Elli en riant, « si vous entriez dans un grand magasin et si vous alliez demander où se trouve la boîte, on ne vous comprendrait guère! »

Il fait beau, Kit, un temps splendide. Si seulement je pouvais sortir!

A toi,

ANNE.

Chère Kitty,

Hier après-midi, au grenier, nous étions à notre leçon de français, lorsque j'entendis tout à coup couler de l'eau. J'allais demander à Peter ce que c'était, mais déjà il s'était sauvé à la mansarde, où se trouvait la cause du désastre. Mouschi, trouvant sa boîte trop mouillée, faisait son petit besoin à côté, cependant que Peter, d'une main ferme, voulait mettre le chat à l'endroit voulu. Un vacarme s'ensuivit et le coupable, ayant fini, fila par l'escalier.

Mouschi avait pourtant essayé de se servir en partie de sa boîte à sciure. Son besoin a coulé de la mansarde, par une fuite dans le plafond du grenier et, malheureusement, tout droit sur les pommes de terre. Et comme le plafond du grenier n'est pas dépourvu de petits trous, des gouttes jaunes sont venues imbiber un tas de bas et quelques livres se trouvant sur la table. J'étais pliée en deux de rire, tellement le remue-ménage était drôle : Mouschi, tapi sous une chaise, Peter avec de l'eau de chlore et un torchon, et Van Daan en train de calmer tout le monde. Le désastre fut vite enrayé, mais personne n'ignore que le pipi de chat répand une puanteur épouvantable. Non seulement les pommes de terre d'hier nous en donnèrent la preuve flagrante, mais la sciure que Père a brûlée en était une autre. Pauvre Mouschi, privé de sa litière de tourbe.

A toi,

ANNE.

P.-S. — Hier et ce soir, émission de notre reine bien-aimée, qui prend des vacances afin de rentrer en Hollande avec de nouvelles forces. Elle a parlé de son retour dans un proche avenir, de libération, de courage héroïque et de lourdes charges.

Ensuite, un discours du ministre Gerbrandy. En dernier, un pasteur a prié Dieu pour qu'il veille sur les juifs et sur tous ceux qui se trouvent dans les camps de concentration, dans les prisons et en Allemagne.

A toi,

ANNE.

Jeudi 11 mai 1944.

Chère Kitty,

Cela peut paraître bizarre, mais je suis tellement occupée en ce moment que je manque de temps pour venir à bout du travail accumulé devant moi. Veux-tu savoir tout ce que j'ai à faire? Eh bien, j'ai jusqu'à demain pour finir la vie de Galilée, car il faut rendre le bouquin à la bibliothèque. Je ne l'ai commencé qu'hier, mais j'arriverai bien à le finir.

Pour la semaine prochaine, j'ai à lire *Palestina op de Tweesprong (la Palestine, un Carrefour)* et le deuxième volume de *Galilée*. Hier, j'ai fini la première partie de la *Vie de Charles Quint,* et j'ai grand besoin d'en débrouiller toutes les notes et les arbres généalogiques. Puis j'ai encore des notes d'autres livres, en tout trois pages de mots étrangers à recopier et à apprendre par cœur. Il y a aussi ma collection de vedettes de cinéma qui est devenue un tel fouillis, que je suis absolument obligée de la trier; mais ce chaos me prendrait quelques jours, et je crains bien qu'il ne soit encore abandonné à son sort pour le moment, car le professeur Anne, ainsi qu'on le dit, est débordé.

Thésée, Œdipe, Pelée, Orphée, Jason et Hercule m'attendent; ils attendent que ma tête se mette en ordre, car leurs actions s'y sont fourrées comme un tissage de fils embrouillés et multicolores; Myron et Phidias aussi ont un besoin urgent d'être entrepris, sans cela ils risquent de disparaître du cadre. C'est la même chose, par exemple, avec la guerre de Sept ans et celle de Neuf ans; j'en fais un mélange inextricable. Comment faire, avec une fichue mémoire comme la mienne! J'aime autant ne pas penser ce que ce sera quand j'aurai quatre-vingts ans !

Et j'oublie la Bible – je me demande combien de temps je mettrai pour arriver à Suzanne au bain ? Et que veulent-ils dire avec les crimes de Sodome et Gomorrhe ? Que de questions, et que de choses à apprendre ! J'ai complètement laissé tomber *Liselotte von der Pfalz*. Tu vois bien que je suis débordée, n'est-ce pas, Kitty ?

Maintenant, autre chose. Tu sais depuis longtemps quel est mon désir le plus cher : devenir un jour journaliste, et plus tard écrivain célèbre. Serai-je capable de réaliser mes ambitions (ou est-ce ma folie des grandeurs) ? C'est à voir, mais jusque-là les sujets ne me font pas défaut. En tout cas, après guerre, je voudrais publier un roman sur l'*Annexe*. Je ne sais pas si je réussirai, mais mon Journal me servira de document. A part l'*Annexe*, j'ai d'autres sujets en tête. Je t'en parlerai plus longuement, quand ils auront pris forme.

> A toi,
>
> ANNE.

> *Samedi 13 mai 1944.*

Très chère Kitty,

Hier, enfin l'anniversaire de Père, coïncidant avec ses dix-neuf ans de mariage. La femme de ménage n'était pas au bureau, et le soleil brillait comme il n'a encore jamais brillé en 1944. Notre marronnier est en pleine floraison, du haut en bas, ses branches lourdement chargées de feuillages, et il est bien plus beau que l'année dernière.

Koophuis a donné à Père une biographie de Linné, Kraler un livre sur la nature, Dussel *Amsterdam te Water;* Van Daan s'est présenté avec une énorme boîte, ornée d'un emballage ultra-artistique et contenant trois œufs, une bouteille de bière, une bouteille de yaourt et une cravate verte. A côté de cela, notre pot de sirop parut minable. Mes roses sentent délicieusement bon, et les œillets de Miep et d'Elli, bien que sans odeur, sont très beaux. Pim est bien gâté. On a fait venir cinquante petits gâteaux – exquis, merveilleux! Père a offert du pain d'épice, de la bière aux messieurs, et du yaourt aux dames. Tout le monde s'est régalé.

A toi,

ANNE.

Mardi 16 mai 1944.

Très chère Kitty,

Pour changer un peu, depuis le temps que je me tais à ce sujet, je te rapporte une petite discussion d'hier soir entre M. et Mme Van Daan.

Madame : « Les Allemands doivent avoir renforcé le Mur de l'Atlantique de façon inouïe, ils feront tout en leur pouvoir pour empêcher les Anglais de débarquer. C'est tout de même formidable, cette force des Allemands! »

Monsieur : « Oh! oui, colossal. »

Madame : « Oui... »

Monsieur : « A la longue, ils gagneront encore la guerre, ces Allemands. Ils sont si forts! »

Madame : « C'est très possible, je ne suis pas encore convaincue du contraire. »

Monsieur : « Je préfère ne plus répondre. »

Madame : « Mais tu ne peux pas t'en empêcher, c'est plus fort que toi. »

Monsieur : « Que veux-tu? je réponds pour ne rien dire. »

Madame : « Mais tu réponds quand même, ne serait-ce que pour avoir raison. Pourtant, tes prédictions sont loin d'être toujours justes! »

Monsieur : « Jusqu'ici, je ne me suis encore jamais trompé. »

Madame : « C'est faux! Selon toi, le débarquement était pour l'année dernière, la Finlande aurait déjà conclu la paix, l'Italie serait liquidée dans le courant de l'hiver, les Russes auraient pris Lemberg. Oh! non, décidément, tes prédictions ne valent pas cher. »

Monsieur *(se levant)* : « Veux-tu la fermer, enfin! Le jour où j'aurai raison, je t'en ferai bien voir! J'en ai par-dessus la tête de tes radotages stupides, et j'attends le moment de te fourrer tout ça sous le nez! »

Fin du premier acte.

J'aurais voulu pouffer de rire, Mère aussi, et Peter se mordit les lèvres. Oh! cette stupidité des grands! Avant de jeter leurs observations à la tête des enfants, ils feraient mieux de commencer par apprendre quelque chose.

A toi,

ANNE.

Vendredi 19 mai 1944.

Chère Kitty,

Depuis hier, je suis mal fichue, j'ai vomi. (Et ça, pour Anne!), j'ai eu mal au ventre et toutes les misères imaginables. Aujourd'hui, ça va un peu mieux, j'ai très faim, mais je préfère m'abstenir des haricots rouges ce soir.

Tout va bien entre Peter et moi. Le pauvre garçon a bien plus que moi besoin de quelque tendresse. Il rougit encore chaque soir au baiser d'adieu, et ne manque jamais d'en mendier un autre. Serais-je assez bonne pour le consoler de la perte de Boschi? Ça ne fait rien, il est si heureux depuis qu'il sait que quelqu'un l'aime!

Après ma conquête difficile, je domine un peu la situation, mais il ne faut pas penser que mon amour a faibli. Peter est un chou, mais en ce qui concerne le fin fond de moi, je l'ai vite refermé. S'il veut rompre l'armure encore une fois, il lui faudra une lance plus ferme.

A toi,

ANNE.

Chère Kitty,

Hier soir, en revenant de chez Peter et en rentrant chez nous, je vis le beau vase d'œillets par terre, Mère à genoux avec un torchon, et Margot en train de repêcher mes papiers.

« Que se passe-t-il? » demandai-je, avec appréhension, restant clouée sur place. Mon carton d'arbres généalogiques, mes cahiers, mes livres, tout flottait! J'étais prête à pleurer, et si émue que j'ai parlé à tort et à travers, je ne m'en souviens plus, mais Margot m'a répété des radotages tels que « irrévocablement perdu, épouvantable, affreux, irréparable », et Dieu sait quoi encore. Père éclata de rire, ainsi que Margot et Mère, mais moi, j'avais les larmes aux yeux en voyant perdus tout mon travail et mes notes minutieuses.

« L'irréparable dommage », vu de près, n'était pas si grave que ça. Au grenier, j'ai soigneusement décollé tous les papiers, et les ai pendus à sécher. En les voyant, je me mis à rire : Marie de Médicis pendait à côté de Charles Quint, et Guillaume d'Orange à côté de Marie-Antoinette, ce qui fit dire à Van Daan : *Rassenschande* (profanation de race). J'ai confié à Peter le soin de mes paperasses et je me suis sauvée.

« Quels sont les livres endommagés? » demandai-je à Margot, qui examinait mon trésor. « Algèbre », dit Margot. Je m'approchai vite pour voir, mais je regrette de dire que même mon livre d'algèbre n'était pas en trop mauvais état; jamais je n'ai autant détesté un livre que ce bouquin. Sur la feuille de garde, il y a les noms d'au moins vingt propriétaires précédents, il est vieux, jauni, couvert de griffonnages et de corrections. Un jour, je deviendrai vandale, et je déchirerai ce truc ignoble en mille morceaux!

A toi,

ANNE.

Chère Kitty,

Père a perdu, le 20 mai, un pari avec Mme Van Daan, à qui il a remis cinq pots de yaourt. Le débarquement n'a pas encore eu lieu; je puis dire en toute certitude que tout Amsterdam, toute la Hollande, oui, toute la côte occidentale de l'Europe jusqu'à l'Espagne ne fait que parler et discuter débarquement, parier, et... espérer.

L'atmosphère d'attente est on ne peut plus tendue. Une bonne partie de ceux que nous comptons parmi les « bons » Hollandais ont cessé de croire aux Anglais; tout le monde ne se contente pas du fameux bluff anglais, oh! non, loin de là, il leur faut enfin des preuves, des actes grands et héroïques. Personne ne regarde plus loin que le bout de son nez, personne ne pense aux Anglais comme à des gens qui se défendent et se battent pour leur pays, tout le monde croit qu'ils sont obligés de sauver la Hollande le plus rapidement et le mieux possible.

Quelles sont les obligations des Anglais envers nous? De quelle façon les Hollandais ont-ils mérité cette aide généreuse qu'ils attendent avec tant de certitude? Tant pis, les Hollandais peuvent s'attendre à des déceptions; en dépit de tout son bluff, l'Angleterre n'a pas plus à se blâmer que les autres grands et petits pays actuellement occupés. Les Anglais ne viendront certainement pas nous faire des excuses, car si nous pouvons leur reprocher d'avoir dormi pendant les années où l'Allemagne s'armait, nous ne saurions nier que tous les autres pays, surtout ceux limitrophes de l'Allemagne, ont dormi également. La politique de l'autruche ne nous servira à rien, l'Angleterre et le monde entier en savent long, c'est pourquoi les Alliés, tous et chacun, et surtout l'Angleterre, seront obligés de faire de lourds sacrifices.

Aucun pays ne voudra sacrifier ses hommes dans l'intérêt d'un autre, et l'Angleterre ne fera pas exception. Le débarquement, la libération et la liberté viendront un jour, mais l'heure sera fixée par l'Angleterre et l'Amérique, et non par un ensemble de territoires occupés.

Nous avons appris, à notre grand regret, et nous en sommes consternés, que bien des gens se sont retournés contre les juifs. Nous avons entendu dire que l'antisémitisme s'est emparé de certains milieux qui, jamais, n'y auraient songé autrefois. Tous les huit, nous en sommes profondément, très profondément émus. La cause de cette haine contre les juifs est plausible, quelquefois humaine même, mais c'est inadmissible. Les chrétiens reprochent aux juifs d'avoir, devant les Allemands, la langue trop longue, trahissant leurs protecteurs et faisant subir à des chrétiens, par leur faute, le sort affreux et la torture de tant des nôtres.

Tout cela est vrai, mais il faut voir le revers de la médaille, comme dans n'importe quel cas. Les chrétiens, à notre place, agiraient-ils différemment? Un homme, qu'il soit juif ou chrétien, peut-il se taire devant les moyens dont se servent les Allemands? Tout le monde sait que cela est presque impossible, pourquoi alors exiger l'impossible des juifs?

Un bruit court, dans les groupes de Résistance, à propos des juifs allemands jadis émigrés en Hollande, et actuellement dans des camps en Pologne : ceux-ci ne pourraient pas, après la défaite de Hitler, retourner en Hollande, où ils avaient le droit d'asile; on les obligerait à retourner en Allemagne.

En entendant cela, ne se demande-t-on pas logiquement pourquoi l'on mène cette guerre longue et pénible? Toujours, on nous répète que nous combattons ensemble pour la liberté, la vérité et le droit! Si la division déjà se déclare en plein combat, le juif en sortira-t-il inférieur à un autre, une fois de plus? Oh! comme il est triste de devoir admettre ce vieil adage : « La mauvaise action d'un chrétien, il en reste responsable lui-même – la mauvaise action d'un juif retombe sur tous les juifs. »

Franchement, je ne puis comprendre cela des Hollandais, ce peuple bon, honnête et loyal qui, nous jugeant ainsi, juge le peuple le plus opprimé, le plus malheureux et le plus pitoyable peut-être du monde entier.

Il ne me reste qu'à espérer que cette vague de haine contre les juifs ne sera que passagère, que les Hollandais se montreront bientôt tels qu'ils sont, gardant intacts leur sens de la justice et leur intégrité. Car l'antisémitisme est injuste.

Et si cette horreur devait s'avérer, la pauvre poignée des juifs restés en Hollande finirait par la quitter. Nous aussi, nous ferions nos paquets et reprendrions la route, abandonnant ce beau pays qui nous a si cordialement accueillis et qui pourtant nous tourne le dos.

J'aime la Hollande, j'ai même espéré qu'elle me servirait de patrie, à moi apatride, et je l'espère encore.

A toi,

ANNE.

Jeudi 25 mai 1944.

Chère Kitty,

Tous les jours, quelque chose se produit. Ce matin, notre marchand de légumes a été arrêté – il avait deux juifs chez lui. C'est un coup terrible pour nous, non seulement parce que deux pauvres juifs de plus se trouvent au bord de l'abîme, mais aussi parce que le marchand est dans le même bain.

Le monde est sens dessus dessous; des gens convenables sont envoyés dans les camps de concentration, dans les prisons, ou encore tremblent dans des cellules solitaires, tandis que la lie gouverne jeunes et vieux, riches et pauvres. L'un se fait pincer pour marché noir, un autre pour avoir abrité des juifs ou des résistants; celui qui n'est pas en contact avec la N. S. B. ne sait jamais ce qui arrivera demain.

Notre marchand de légumes va nous manquer terriblement. Miep et Elli ne pourraient se charger de tels sacs de pommes de terre sans se faire remarquer; la seule chose qui nous reste à faire, c'est de manger moins. Je te raconte donc comment nous allons nous y prendre, ce ne sera pas drôle. Mère a proposé de supprimer le petit déjeuner, de manger le gruau avec du pain à déjeuner, et des pommes de terre sautées le soir, une ou deux fois par semaine au maximum un légume ou de la salade. Ça veut dire la famine, mais toutes ces privations ne sont rien, en comparaison de l'horreur d'être découverts.

A toi,

ANNE.

Vendredi 26 mai 1944.

Chère Kitty,

Enfin un peu de loisir pour t'écrire tranquillement à ma petite table, devant une fenêtre à peine entrouverte.

J'ai un cafard comme je n'en ai pas connu depuis des mois; même après le cambriolage, je n'ai pas été dans cet état; tout à fait raplapla. D'une part, le marchand de légumes, le problème des juifs, dont tout le monde parle sans arrêt, le débarquement qui se fait attendre, la mauvaise nourriture, la tension nerveuse, l'atmosphère déprimante, ma déception à propos de Peter; et d'autre part, des histoires à faire rêver : les fiançailles d'Elli, réception le jour de la Pentecôte, fleurs, etc.; puis, l'anniversaire de Kraler, avec gâteaux, sorties aux cabarets, cinéma et concerts. Cette différence, cet énorme contraste – un jour nous rions du comique de notre habitation forcée, l'autre, ça veut dire bon nombre de jours, nous tremblons de peur; l'anxiété, l'attente et le désespoir sont visibles sur chaque visage.

Plus que les autres, Miep et Kraler sentent peser sur eux la charge de notre vie à l'Annexe – Miep interrompue dans son travail, et Kraler écrasé à la longue par la responsabilité colossale qu'il a prise sur lui; il reste encore maître de ses nerfs trop tendus, mais il y a des moments où il parvient à peine à prononcer une parole. Koophuis et Elli tout en s'occupant bien de nous, très bien même, ont cependant plus de répit, quelques heures d'absence – un jour, parfois deux jours – leur permettant d'oublier l'Annexe. Ils ont leurs propres soucis, Koophuis à propos de sa santé, et Elli qui vient de se fiancer en des jours qui ne sont pas roses et, à part ça, ils ont leurs excursions, leurs visites, toute une vie de gens libres. Ils ont, eux, la ressource de s'éloigner de l'atmosphère tendue, ne serait-ce que pour peu de temps; pour nous, la tension est toujours grandissante. Ça fait deux ans que ça dure, et combien de temps allons-nous pouvoir résister à cette pression insupportable et plus forte chaque jour?

Les égouts étant bouchés, nous devons faire écouler l'eau au compte-gouttes; on va au w.-c. armé d'une brosse, et l'on garde l'eau sale dans un énorme pot. Aujourd'hui, ça va encore, mais qu'allons-nous faire si le plombier ne peut s'en tirer tout seul? Le Service d'hygiène ne vient pas avant mardi.

Miep nous a envoyé un pain cramique portant l'inscription : « Heureuse Pentecôte. » Ça revient presque à une moquerie – comment être « heureux » dans l'état où nous sommes? Après l'arrestation du marchand de légumes, la peur règne de plus belle, des « chut! chut! » de tous les côtés, tout se fait plus doucement. La police a bien forcé la porte du marchand, nous sommes donc exposés autant que lui! Si nous... non, je n'ai pas le droit de l'écrire, mais aujourd'hui cette question ne veut pas me quitter, au contraire, toute l'angoisse par laquelle j'ai passé déjà s'impose de nouveau à moi dans toute son ampleur.

Ce soir, en allant au w.-c. vers huit heures, j'ai dû quitter l'étage des Van Daan, où tous étaient rassemblés autour de la radio; je voulais être courageuse, mais c'était difficile. Avec les autres, je me sens encore relativement en sécurité, mais toute seule, je sais la maison grande, abandonnée; les bruits d'en haut, assourdis, sont mystérieux; puis il y a les klaxons du dehors. Je tremble quand ça ne va pas assez vite, voyant encore notre situation se présenter à mon esprit.

Plus d'une fois, je me demande si, pour nous tous, il n'aurait pas mieux valu ne pas nous cacher et être morts à l'heure qu'il est, plutôt que de passer par toute cette misère, surtout pour nos protecteurs qui, au moins, ne seraient pas en danger. Même cette pensée nous fait reculer, nous aimons encore la vie, nous n'avons pas oublié la voix de la nature, nous espérons encore, envers et contre tout. Que quelque chose arrive bien vite, des bombes s'il le faut, car elles ne pourraient nous écraser plus que cette inquiétude. Que la fin vienne, même si elle est dure, du moins nous saurons si, au bout du compte, nous devons vaincre ou périr.

A toi,

ANNE.

Mercredi 31 mai 1944.

Chère Kitty,
Une nouvelle misère dans l'Annexe : les Frank se sont chamaillés avec Dussel à propos d'un rien, le partage du beurre.

Capitulation de Dussel. Grande amitié entre ce dernier et Mme Van Daan, flirt, petits baisers et sourires tout miel. Dussel a besoin d'une femme.

Rome est prise par la Cinquième Armée, sans dévastation ni bombardements.

Peu de légumes, peu de pommes de terre. Mauvais temps. Le pas de Calais et la côte française constamment sous les bombes.

A toi,

ANNE.

Chère Kitty,

« Aujourd'hui, D-Day », a dit la B. B. C. à midi et pour cause : *This is The day*, le débarquement a commencé!

Ce matin à huit heures, la B. B. C. annonça le bombardement lourd de Calais, Boulogne, Le Havre et Cherbourg, ainsi que du pas de Calais (comme d'habitude). Mesures de précaution pour les territoires occupés : tous les habitants dans la zone s'étendant à 35 km de la côte doivent s'attendre aux bombardements. Si possible, les avions anglais jetteront des tracts une heure à l'avance.

Selon l'émission allemande, des troupes anglaises auraient été parachutées sur la côte française. Combat entre les bateaux de débarquement anglais et la marine allemande, d'après la B. B. C.

Suppositions dans l'Annexe, dès neuf heures, au petit déjeuner : s'agit-il d'un débarquement d'essai, comme celui de Dieppe, il y a deux ans?

Emission anglaise en langues allemande, néerlandaise, française et autres à dix heures : *The invasion has begun.* Donc, le *vrai* débarquement. Emission anglaise en langue allemande à onze heures : discours du commandant en chef, le général Dwight Eisenhower.

A midi, en langue anglaise : *Stiff fighting will come now, but after this the victory. The year* 1944 *is the year of complete victory. Good luck!*

B. B. C. en langue anglaise une heure plus tard :

Onze mille avions parachutent constamment des troupes derrière les lignes. Quatre mille navires, plus des petits bateaux assurent le service constant de transport des troupes et du matériel entre Cherbourg et Le Havre. Les opérations des troupes anglaises et américaines ont commencé. Discours de Gerbrandy, du Premier ministre de Belgique, du roi Haakon de Norvège, de De Gaulle pour la France, du roi d'Angleterre, sans oublier celui de Churchill.

L'Annexe est un volcan en éruption. Cette liberté si longuement attendue approche-t-elle vraiment? Cette liberté dont on a tant parlé n'est-elle pas trop belle, trop féerique pour devenir jamais réalité? Cette année, 1944, va-t-elle nous donner la victoire? Nous ne le savons pas encore, mais l'espoir nous fait renaître, nous rend le courage, nous rend la force. Car il va falloir endurer courageusement bien des angoisses, des privations et des souffrances. Il s'agit de rester calmes et de tenir bon. Dès maintenant et plus que jamais, il va falloir s'enfoncer les ongles dans la chair plutôt que crier. C'est le moment pour la France, la Russie, l'Italie et aussi pour l'Allemagne de faire entendre leur misère; quant à nous, nous n'en avons pas encore le droit.

Oh! Kitty, la plus belle chose du débarquement, c'est la pensée de me rapprocher de mes amis. Ayant eu le couteau sur la gorge, ayant été opprimés depuis si longtemps par ces horribles Allemands, nous ne pouvons nous empêcher d'être imprégnés de confiance en pensant au salut et aux amis.

Il ne s'agit plus de juifs, maintenant il s'agit de toute la Hollande et de toute l'Europe occupée. Margot dit que, peut-être, je pourrai enfin aller à l'école en septembre ou en octobre.

A toi,

ANNE.

Vendredi 9 juin 1944.

Chère Kitty,

Le débarquement se porte comme un charme. Les Alliés tiennent Bayeux, un petit port sur la côte française, et l'on se bat pour Caen. Le but stratégique consiste à encercler la presqu'île de Cherbourg. Tous les soirs, les émissions des correspondants de guerre parlent des difficultés, du courage et de l'enthousiasme de l'armée, en citant des exemples des plus incroyables. Des blessés, revenus en Angleterre, ont aussi parlé au micro. La RAF n'interrompt pas son vol, en dépit du mauvais temps. Nous avons appris par la B. B. C. que Churchill voulait participer avec ses hommes au débarquement, mais a dû abandonner son projet sur le conseil d'Eisenhower et d'autres généraux. Quel courage pour un vieillard, il a soixante-dix ans!

Chez nous, on s'est un peu remis de l'émotion, mais nous espérons que la guerre sera finie avant la fin de l'année. Il est grand temps! Mme Van Daan nous ennuie avec ses bêtises; maintenant qu'elle ne peut plus nous rendre fous avec le débarquement, elle s'en prend au mauvais temps toute la sainte journée. Il faudrait la plonger dans un seau d'eau froide et la laisser à la mansarde.

A toi,

ANNE.

Mardi 13 juin 1944.

Chère Kitty,

Mon anniversaire est de nouveau passé, j'ai donc quinze ans. J'ai reçu pas mal de choses.

Kunstgeschiedenis (Histoire de l'art) de Springer, les cinq volumes; puis une parure, deux ceintures, un mouchoir, deux pots de yaourt, un petit pot de confiture, un pain d'épice et un livre sur la botanique, de Papa et Maman. Un bracelet double de Margot, un livre *(Patria)* des Van Daan, des pois de senteur de Dussel, des bonbons et des cahiers de Miep et Elli, et, la meilleure surprise, un livre : *Maria Theresia,* ainsi que trois tranches de vrai fromage de Kraler; un magnifique bouquet de pivoines de Peter – pauvre garçon, il s'est donné tant de peine pour trouver quelque chose, mais sans aucun succès.

Le débarquement se poursuit à souhait, malgré le mauvais temps, les tempêtes, les torrents de pluie et la mer démontée.

Churchill, Smuts, Eisenhower et Arnold ont visité

hier, en France, les villages conquis et libérés par les Anglais. Churchill a fait la traversée dans un sous-marin qui a torpillé la côte. C'est à croire que cet homme, comme tant d'autres, ne connaît pas la peur – c'est enviable!

De l'Annexe, nous ne pouvons sonder le moral des Hollandais. Aucun doute que les gens ne soient heureux d'avoir vu l'Angleterre « fainéante » (!) enfin retrousser ses manches. Tous les Hollandais qui osent encore prendre les Anglais de haut, qui continuent à calomnier l'Angleterre et son gouvernement de vieux messieurs, les appelant des lâches tout en haïssant les Allemands, devraient être secoués comme un oreiller – le cerveau dérangé a besoin de trouver un meilleur pli.

A toi,

ANNE.

Mercredi 14 juin 1944.

Chère Kitty,

Souhaits, désirs, pensées, accusations et reproches hantent mon cerveau comme une armée de fantômes. Je ne me fais pas un tas d'illusions, comme se l'imaginent les gens, je connais mes innombrables défauts mieux que quiconque; seulement, voici la différence : je sais, moi, que j'ai la ferme volonté de me corriger, et d'y parvenir, puisque je constate déjà un progrès sensible.

Alors, comment se fait-il que tout le monde continue à me trouver trop prétentieuse et si peu modeste? Suis-je si prétentieuse que ça? Le suis-je réellement, *moi*, ou les autres le sont-ils peut-être? Ça ne rime à rien, je m'en rends compte, mais je ne vais pas biffer la dernière phrase, si bizarre soit-elle. Mme Van Daan, ma principale accusatrice, est connue pour son manque d'intelligence et, je peux le dire en toute tranquillité, pour « sa bêtise ». La plupart du temps, les gens bêtes ne peuvent souffrir quelqu'un de plus intelligent ou de plus adroit qu'eux.

264

Madame me trouve bête, parce que je suis plus vive qu'elle à comprendre les choses; elle trouve que je manque de modestie, parce qu'elle en manque davantage; elle trouve mes robes trop courtes, parce que les siennes sont plus courtes encore. Aussi me trouve-t-elle prétentieuse, parce qu'elle se rend deux fois plus coupable que moi en parlant de sujets dont elle n'a aucune notion. Mais voici un de mes proverbes préférés : « Il y a quelque chose de vrai dans chaque reproche. » Et je suis prête à admettre que je suis prétentieuse.

Or, je n'ai pas un caractère commode, et je t'affirme que personne ne me gronde et ne me critique autant que moi-même. Alors, si Mère s'amène encore avec ses bons conseils, les prêchi-prêcha s'accumulent et deviennent tellement insurmontables que, de désespoir d'en jamais sortir, je redeviens insolente et me mets à la contredire. En fin de compte me revient la même rengaine : « Personne ne veut me comprendre! »

Cette idée est ancrée en moi, et, aussi discutable qu'elle puisse paraître, il y a quand même un brin de vérité, là aussi. Toutes les accusations infligées à moi-même prennent souvent de telles proportions que j'ai soif d'une voix réconfortante qui guérisse ces blessures, et qui s'intéresse un peu à ce qui se passe en moi. Hélas! j'ai beau chercher, je n'ai pas encore trouvé cette voix.

Je sais bien que ça te fait penser à Peter, n'est-ce pas, Kit? D'accord, Peter m'aime, non pas en amoureux mais en ami, son dévouement s'accroît tous les jours; cependant, ce qui nous arrête tous les deux, ce mystère qui nous sépare, je ne le comprends pas. Il m'arrive de penser que ce désir irrésistible qui me poussait vers lui était exagéré, mais ce ne peut pas être vrai : car s'il m'arrive de ne pas le rejoindre pendant deux jours de suite, mon désir est plus fort que jamais... Peter est bon et gentil, mais je ne puis nier que beaucoup de choses en lui me déçoivent. Je lui reproche surtout de renier sa religion; puis, ses conversations sur la nourriture et autres choses qui ne me plaisent pas ont révélé pas mal de divergences entre nous. Mais je reste persuadée que nous nous tiendrons à notre accord de ne jamais nous chamailler. Peter aime la paix, il est tolérant et très indulgent. Il ne permettrait pas à sa mère de lui dire toutes les choses qu'il accepte de moi, et il fait des efforts acharnés pour garder ses affaires en ordre. Pourtant, il reste seul maître de son âme : pourquoi ne puis-je jamais y toucher? Sa nature est bien plus renfermée que la mienne, c'est vrai – mais même les natures les plus renfermées éprouvent à un moment donné le besoin irrésistible de se livrer, autant et plus que les autres, je suis là pour le savoir.

Peter et moi avons passé tous les deux à l'Annexe les années où l'on se forme; nous parlons et reparlons toujours de l'avenir, du passé et du présent, mais, comme je l'ai déjà dit, l'essentiel me manque tout en sachant pertinemment qu'il existe.

A toi,

ANNE.

Jeudi 15 juin 1944.

Chère Kitty,

Il se peut que ce soit la nostalgie du grand air, après en avoir été privée depuis si longtemps, mais je raffole plus que jamais de la nature. Je me souviens encore très bien qu'autrefois je n'ai jamais été autant fascinée par un ciel bleu éclatant, des oiseaux piailleurs, le clair de lune, les plantes et les fleurs. Ici, j'ai changé.

Le jour de Pentecôte par exemple, lorsqu'il faisait si chaud, je me suis forcée à rester éveillée jusqu'à onze heures et demie, pour regarder toute seule, pour une fois, la lune par la fenêtre ouverte. Hélas! ce sacrifice n'a servi à rien, car la lune brillait d'une lumière trop forte pour que je risque d'ouvrir la fenêtre. Une autre fois, il y a des mois de cela, j'étais montée par hasard chez les Van Daan un soir où leur fenêtre était ouverte. Je ne les ai pas quittés avant qu'ils la referment. Soirée sombre et pluvieuse, orage, et nuages en fuite : pour la première fois depuis un an, face à face avec la nuit, j'étais sous l'empire de son charme. Après cela, mon désir de revivre un moment pareil dépassait ma peur des voleurs, des rats et du noir. Une fois, je descendis toute seule pour regarder par la fenêtre du Bureau privé et celle de la cuisine. Beaucoup de gens trouvent la nature belle, beaucoup passent parfois la nuit à la belle étoile, ceux des prisons et des hôpitaux attendent le jour où ils pourront à nouveau jouir du grand air mais il y en a peu qui soient comme nous cloîtrés et isolés avec leur nostalgie de ce qui est accessible aux pauvres comme aux riches.

Regarder le ciel, les nuages, la lune et les étoiles m'apaise et me rend l'espoir, ce n'est vraiment pas de l'imagination. C'est un remède bien meilleur que la valériane et le bromure. La nature me rend humble, et me prépare à supporter tous les coups avec courage.

Il était écrit, hélas! dirait-on, qu'en regardant – rarement, s'entend – la nature, je doive la voir à travers des vitres sales ou des rideaux chargés de poussière. Mon plaisir s'évanouit, car la nature est la seule chose qui ne souffre pas d'être déformée.

A toi,

ANNE.

Vendredi 16 juin 1944.

Chère Kitty,

Mme Van Daan est désespérée, et parle de prison, de se pendre, de suicide et de s'envoyer une balle dans le crâne. Elle est jalouse parce que Peter se confie à moi et non à elle. Elle est vexée parce que Dussel ne répond pas suffisamment à ses avances; elle a peur que son mari ne fume tout l'argent de son manteau de fourrure; elle passe son temps en querelles, insultes, pleurs, plaintes, rires, pour revenir aux querelles.

Que faire d'une toquée qui pleurniche sans arrêt?

Personne ne la prend au sérieux. Elle n'a aucun caractère, se plaint à tout le monde, provoque l'insolence de Peter, l'irritation de M. Van Daan agacé, et le cynisme de Mère – c'est une situation lamentable. Il n'y a qu'une chose à faire : prendre tout ça à la rigolade et ne pas faire attention aux autres. Ça semble égoïste, mais c'est vraiment le seul moyen de défense, quand on ne peut compter que sur soi.

Kraler est à nouveau convoqué pour un travail obligatoire de quatre semaines.

Il va essayer de se faire libérer par un certificat médical et par une lettre d'affaires. Koophuis songe à se décider pour l'opération de son ulcère. Hier, à onze heures, toutes les lignes téléphoniques particulières ont été coupées.

A toi,

ANNE.

Vendredi 23 juin 1944.

Chère Kitty,

Rien de spécial à signaler. Les Anglais ont commencé la grande offensive sur Cherbourg; Pim et Van Daan sont sûrs de notre libération avant le 10 octobre! Les Russes prennent part aux opérations; hier ils ont commencé l'offensive sur Witebsk, c'est-à-dire trois ans après l'invasion allemande.

Nous n'avons presque plus de pommes de terre; à l'avenir, chacun comptera sa part.

A toi,

ANNE.

Mardi 27 juin 1944.

Très chère Kitty,

Le moral a pris une meilleure tournure, tout va bien, très bien même. Cherbourg, Witebsk et Slobin sont tombées aujourd'hui. Nombreux prisonniers, gros butin. Les Anglais peuvent à présent faire débarquer ce qu'ils veulent, matériel et tout, car ils ont un port. Ils tiennent tout le Cotentin, trois semaines après le débarquement, ces Anglais! Quel résultat inouï! Durant les trois semaines depuis le D. Day, il n'y a pas eu un jour sans pluie ou tempête, aussi bien ici qu'en France; cependant cette déveine n'a pas empêché les Anglais et les Américains de montrer leur force, et comment! Bien que la V2, la fameuse arme secrète, soit entrée en action, cela ne signifie que quelques dégâts en Angleterre et de la copie pour la presse boche. D'ailleurs, les Boches trembleront plus encore en s'apercevant que le « danger bolchevique » n'est pas loin.

Toutes les femmes allemandes de la région côtière ne travaillant pas pour la Wehrmacht sont évacuées sur Groningue, Friesland et la Gueldre. Mussert a déclaré qu'en cas de débarquement chez nous il endossera l'uniforme de soldat. Va-t-il aller se battre, ce gros ballot? Il aurait pu s'y prendre un peu plus tôt, en Russie. La Finlande, qui avait refusé les offres de paix, a de nouveau rompu les pourparlers; ils auront de quoi se repentir, ces idiots.

Pourrais-tu me dire où nous en serons au 27 juillet?

A toi,

ANNE.

Vendredi 30 juin 1944.

Chère Kitty,

Mauvais temps, et la radio dit : *bad weather at a stretch to the 30 th of June.*

Ne suis-je pas calée? Bien sûr, je peux me vanter de mes progrès en anglais, la preuve, je suis en train de lire *An Ideal Husband* avec dictionnaire. Nouvelles excellentes : Bobroisk, Mogilef et Orsja sont tombées – nombreux prisonniers.

Chez nous, tout est *all right*, le moral sensiblement meilleur. Nos optimistes à tout crin triomphent. Elli a changé sa coiffure, Miep a une semaine de congé – voilà les dernières nouvelles.

A toi,

ANNE.

Chère Kitty,

J'ai le cœur serré lorsque Peter commence à dire que plus tard il pourrait bien devenir malfaiteur ou se lancer dans la spéculation. Bien que je sache qu'il veut blaguer, j'ai néanmoins l'impression que sa propre faiblesse de caractère lui fait peur. Aussi bien Margot que Peter me répètent toujours : « Ah! si l'on était aussi fort et aussi courageux que toi, aussi persévérant, si l'on avait ton énergie tenace... »

Je me demande si ne pas se laisser influencer est vraiment une qualité? A peu de chose près, je suis exactement le chemin de ma propre conscience; à savoir si j'ai tort ou raison.

En vérité, j'ai du mal à comprendre celui qui dit : « Je suis faible », et qui reste faible. Puisqu'on en est conscient, pourquoi ne pas remonter le courant et corriger son caractère? A cela Peter réplique : « Parce que c'est beaucoup plus facile », ce qui me décourage un peu. Facile? Cela veut-il dire qu'une vie paresseuse et malhonnête revient alors à une vie facile? Non, je refuse de le croire; il n'est pas possible d'être aussi vite séduit par la faiblesse et... l'argent.

J'ai longuement réfléchi à la manière de lui répondre, et d'amener Peter à avoir confiance en lui-même, surtout à se corriger, mais j'ignore si mon raisonnement est juste.

Posséder la confiance de quelqu'un, je m'en imaginais tant de merveilles, et maintenant que j'en suis comblée, je commence à voir combien il est difficile de m'identifier à la pensée de l'autre et de trouver le mot juste pour lui répondre. D'autant plus que les conceptions « facile » et « argent » me sont nouvelles et totalement étrangères. Peter commence à dépendre plus ou moins de moi, et je ne l'admettrai pas, quelles que soient les circonstances. Un type comme Peter a du mal à tenir sur ses propres jambes, mais il lui sera plus difficile encore de se tenir sur ses propres jambes en tant qu'homme conscient dans la vie. Comme tel, il est doublement dur de se frayer un chemin à travers l'océan des problèmes, tout en restant droit et persévérant. Ça me donne du fil à retordre; durant des journées entières, je cherche et recherche un moyen radical de le guérir de ce mot terrible : « facile ».

Ce qui lui paraît si facile et si beau l'entraînera dans un néant où ne se trouvent ni amis ni appui, et rien qui ressemble à la beauté, un gouffre dont il est presque impossible de remonter. Comment puis-je lui faire comprendre cela?

Tous, nous vivons sans savoir pourquoi ni dans quel but, et toujours à la recherche du bonheur; nous vivons tous ensemble et chacun de façon différente. Tous les trois, nous sommes élevés dans un bon milieu, nous avons des capacités pour les études, nous avons la possibilité d'accomplir quelque chose, et beaucoup de raisons d'espérer le bonheur, mais... il dépend de nous de le mériter. Accomplir une chose facile ne demande aucun effort. Il faut faire le bien et travailler pour mériter son bonheur, on n'y arrive pas par la spéculation et la paresse. La paresse *séduit*, le travail *satisfait*.

Je ne comprends pas les gens qui n'aiment pas travailler, mais ce n'est pas le cas de Peter; ce qui lui manque, c'est un but déterminé; il se trouve trop bête et trop inférieur pour arriver à un résultat. Pauvre garçon, il n'a jamais su ce que c'est que de rendre les autres heureux, et cela, je ne peux pas le lui apprendre. La religion n'est rien pour lui, il parle de Jésus-Christ en se moquant, et il blasphème; je ne suis pas orthodoxe, moi non plus, mais j'ai de la peine chaque fois que je m'aperçois de son dédain, de sa solitude et de sa pauvreté d'âme.

Ceux qui ont une religion peuvent s'en réjouir, car il n'est pas donné à tout le monde de croire aux choses célestes. Il n'est même pas nécessaire de craindre la punition après la mort; le purgatoire, l'enfer et le ciel ne sont pas admis par tous, mais une religion, n'importe laquelle, maintient les hommes dans le droit chemin. La crainte de Dieu revient à l'estime de son propre honneur et de sa conscience. Comme toute l'humanité serait belle et bonne si, le soir avant de s'endormir, chacun évoquait tout ce qui lui est arrivé dans la journée, et tout ce qu'il a fait, tenant compte du bien et du mal dans sa ligne de conduite, inconsciemment et d'emblée, on s'efforcerait de se corriger, et il est probable qu'après quelque temps l'on se trouverait devant un beau résultat. Tout le monde peut essayer ce simple moyen, qui ne coûte rien et qui sert incontestablement à quelque chose. « C'est dans une conscience tranquille qu'on puise sa force. » – Celui qui l'ignore peut l'apprendre et en faire l'expérience.

A toi,

ANNE.

Samedi 8 juillet 1944.

Chère Kitty,

Le fondé de pouvoir, M. B..., est revenu de la campagne avec une quantité industrielle de fraises, poussiéreuses, pleines de sable, mais des fraises. Pas moins de vingt-quatre caissettes pour le bureau et pour nous. Immédiatement, on s'est mis au travail, et le soir même, nous avions la satisfaction d'avoir six bocaux de conserves et huit pots de confiture. Le lendemain matin, Miep proposa de préparer la confiture pour le bureau.

A midi et demi, le terrain était libre dans toute la maison et la porte d'entrée fermée, il a fallu monter le reste des caissettes. Sur l'escalier, défilé de Père, Peter et Van Daan; à la petite Anne de s'occuper du chauffe-bain et de l'eau chaude, à Margot de chercher le seau – tous les hommes sur le pont! Je me sentais déplacée dans cette cuisine du bureau, pleine à craquer, et cela en plein milieu de la journée, avec Miep, Elli, Koophuis, Henk, Père : on aurait dit la cinquième colonne du ravitaillement.

Evidemment, les rideaux des fenêtres nous isolent, mais nos voix et les portes qui claquent me donnaient la chair de poule. L'idée me vint que nous n'étions plus cachés, une sensation comme si l'on avait le droit de sortir. La casserole pleine, vite la monter... Dans notre cuisine, le reste de la famille se trouvait autour de la table en train d'éplucher, mettant plus de fraises dans la bouche que dans les seaux. Bientôt, on réclama un autre seau, et Peter alla en chercher un dans la cuisine d'en bas – d'où il entendit sonner deux fois; laissant le seau, il s'élança derrière la porte-armoire, la fermant soigneusement. Nous étions impatients devant les robinets fermés et les fraises à laver, mais il fallait suivre la consigne : « Au cas où quelqu'un se trouverait dans la maison, fermer tous les robinets pour éviter le bruit de l'écoulement dans les tuyaux. »

Henk arriva à une heure et nous dit que c'était le facteur. Peter redescendit – pour entendre la sonnette une fois de plus et pour faire de nouveau demi-tour. Je me mis à l'écoute, d'abord à la porte-armoire, puis, doucement, je poussai jusqu'à l'escalier. Peter me rejoignit, et nous nous penchâmes sur la balustrade comme deux voleurs, pour entendre les voix familières des nôtres. Peter descendit quelques marches et appela : « Elli. » Aucune réponse – encore une fois : « Elli. » Le vacarme dans la cuisine dominait la voix de Peter. D'un bond, il s'y lança. Les nerfs tendus, je restai sur place à regarder, et j'entendis : « Fiche le camp, Peter, le comptable est là, tu ne peux pas rester ici. » C'est la voix de Koophuis. Peter revient en soupirant, et nous fermons la porte-armoire. A une heure et demie, Kraler apparaît chez nous, s'exclamant : « Sapristi, partout où je vais, je ne vois que des fraises – des fraises au petit déjeuner, Henk mange des fraises, je sens des fraises partout! Je viens ici pour me débarrasser de ces trucs rouges, et voilà qu'on les lave! »

On mit le restant des fraises en conserve. Le soir

même, les couvercles de deux bocaux ont sauté; Père en fabriqua vite de la confiture. Le lendemain matin, encore deux bocaux d'ouverts, et l'après-midi quatre, Van Daan ne les ayant pas suffisamment stérilisés. Et Père fait de la confiture tous les soirs.

Nous mangeons le gruau aux fraises, le yaourt aux fraises, le pain aux fraises, les fraises pour dessert, les fraises au sucre et les fraises au sable. Pendant deux jours, c'est la valse des fraises. Ensuite, finie la réserve, sauf celle des pots mis sous clef.

« Viens voir, Anne », appela Margot, « le marchand de légumes du coin nous a envoyé des petits pois frais, dix-neuf livres. » « Comme il est gentil », répondis-je. En effet, très gentil, mais le boulot de les écosser... Pouah!

« Tout le monde au travail demain matin, pour écosser les petits pois », annonça Mère. En effet, le lendemain matin la grande casserole en émail parut sur la table après le petit déjeuner, pour se remplir bientôt de petits pois jusqu'au bord. Les écosser est un boulot empoisonnant, et c'est plutôt un art de détacher la pelure intérieure de la cosse; peu de gens connaissent les délices de la cosse du petit pois une fois démunie de sa pelure. Le goût n'est pas tout, il y a encore l'énorme avantage d'avoir trois fois autant à manger.

Enlever cette pelure intérieure est un petit travail très précis et méticuleux, à réserver peut-être aux dentistes pédants et aux bureaucrates de précision; pour une impatiente comme moi, c'est un supplice. Nous avons commencé à neuf heures et demie, à dix heures et demie, je me lève, à onze heures et demie, je me rassieds. Bourdonnement dans les oreilles : casser les bouts, tirer les fils, enlever la pelure et la séparer de la cosse, etc. La tête me tourne. Verdure, verdure, petit ver, petit fil, cosse pourrie, cosse verte, verte, verte.

On devient cafardeux, il faut faire quelque chose, et je me mets à bavarder à tort et à travers de toutes les bêtises imaginables, je fais rire tout le monde et je me sens près de tomber d'abrutissement. Chaque fil que j'enlève me fait comprendre mieux encore que jamais, au grand jamais, je ne serai uniquement ménagère.

A midi, on déjeune enfin, mais après on reprend le boulot et l'on en a jusqu'à une heure un quart. En terminant, j'ai une sorte de mal de mer, les autres aussi plus ou moins. J'ai dormi jusqu'à quatre heures, et je suis encore abrutie par ces pois.

A toi,

ANNE.

Samedi 15 juillet 1944.

Chère Kitty,

Nous avons lu un livre de la bibliothèque au titre provocant : *Hoe Vindt U Het Moderne Jonge Meisje? (Que pensez-vous de la jeune fille moderne?)* J'aimerais te parler de ce sujet.

L'auteur (une femme) critique de fond en comble « la jeunesse d'aujourd'hui », sans toutefois la désapprouver tout à fait, ne disant pas par exemple : elle n'est bonne à rien. Au contraire, elle est plutôt d'avis que, si la jeunesse voulait, elle pourrait aider à construire un monde meilleur et plus beau, puisqu'elle en a les moyens; cependant elle préfère s'occuper de choses superficielles sans daigner jeter un regard sur ce qui est essentiellement beau.

Certains passages me donnèrent la forte impression d'être personnellement attaquée par l'auteur, c'est pourquoi je veux me défendre en m'ouvrant à toi.

Le trait le plus marquant de mon caractère – ceux qui me connaissent mieux l'admettront – est la connaissance de moi-même. Tous mes actes, je peux les regarder comme ceux d'une étrangère. Cette Anne de tous les jours, je me trouve devant elle sans parti pris et sans vouloir l'excuser d'aucune manière, afin d'observer si ce qu'elle fait est bien ou mal. Cette « conscience de moi-même » ne me quitte jamais; je ne peux rien prononcer sans qu'il me vienne à l'esprit : « J'aurais dû dire ça autrement », ou bien : « Ça va comme ça, c'est bien. » Je m'accuse de choses innombrables, et, de plus en plus, je suis convaincue de la vérité de cette parole de Père : « Chaque enfant fait sa propre éducation. » Les parents ne peuvent que nous conseiller et nous indiquer le chemin à suivre, mais la formation essentielle de notre caractère se trouve entre nos propres mains.

Ajoute à cela que j'ai un extraordinaire courage de vivre, je me sens toujours si forte, si prête à prendre sur moi n'importe quoi, je me sens si libre et si jeune! Lorsque je m'en rendis compte pour la première fois, j'en fus heureuse, car il me semble que je ne ploierai pas facilement sous les coups auxquels personne d'ailleurs n'échappe.

Mais ces choses-là, je t'en ai déjà parlé plusieurs fois. Je voudrais plutôt m'arrêter au chapitre « Père et Mère ne me comprennent pas. » Mes parents m'ont toujours choyée, ils m'ont montré beaucoup de gentillesse, ont toujours pris ma défense et ont fait tout ce qui était en leur pouvoir de parents. Pourtant, je me suis sentie affreusement seule pendant longtemps, seule, exclue, abandonnée et incomprise. Père a fait tout son possible pour tempérer ma révolte, cela n'a servi à rien; je me suis guérie moi-même, en reconnaissant mes torts et en me faisant la leçon.

Comment se fait-il que dans ma lutte Père n'a jamais pu être pour moi un appui, et que, me tendant pourtant une main secourable, il a manqué le coup? Père ne s'y est pas bien pris : il m'a toujours traitée comme un enfant qui passe par l'âge ingrat. Cela paraît bizarre, car Père est le seul à m'avoir toujours accordé beaucoup de confiance, et le seul aussi à me faire sentir que je suis intelligente. N'empêche qu'il a négligé une chose : mes luttes pour remonter le courant – c'était infiniment plus important pour moi que tout le reste – et il n'y a pas pensé. Je ne voulais pas entendre parler « d'âge ingrat », « d'autres jeunes filles », et de « ça passera », je ne voulais pas être traitée comme une-jeune-fille-comme-les-autres, mais comme Anne-telle-qu'elle-est. Pim ne comprend pas ça. D'ailleurs, je serais incapable de me confier à quelqu'un qui ne me dit pas tout de lui-même, et comme je sais fort peu de Pim, il m'est impossible de me hasarder toute seule sur le chemin de l'intimité.

Pim se place toujours au point de vue du père plus âgé, connaissant cette sorte de penchants parce qu'il a passé par là, donc les trouvant négligeables, de sorte qu'il est incapable de partager mon amitié, bien qu'il la recherche de toutes ses forces.

Tout cela m'a menée à la conclusion de ne jamais faire part à personne, si ce n'est à mon Journal, et une rare fois à Margot, de ma conception de la vie et de mes théories tant méditées. Tout ce qui m'émouvait, je l'ai caché à Père : je n'ai jamais partagé avec lui mes idéaux, et je me suis volontairement détachée de lui.

Je n'ai pas pu faire autrement; je me suis laissée entièrement guider par mes sentiments, et j'ai agi selon ma conscience pour trouver le repos. Car ma tranquillité et mon équilibre, je les ai construits sur une base instable, et je les perdrais complètement si je devais endurer des critiques sur cette œuvre encore inachevée. Même à Pim, je ne permettrais pas d'y toucher, aussi dur que cela puisse paraître, car non seulement je ne lui ai laissé prendre aucune part à ma vie intérieure, mais souvent je le rebute par mon irritabilité, l'éloignant de moi davantage encore.

Cette chose-là me fait beaucoup réfléchir : comment se fait-il que Pim m'agace tellement? Je n'apprends presque rien en travaillant avec lui, ses caresses me semblent affectées; je voudrais être tranquille et je voudrais surtout qu'il me fiche un peu la paix – jusqu'au jour où il verra devant lui une grande Anne plus sûre d'elle-même. Est-ce là la raison? Car le souvenir de son reproche à propos de ma vilaine lettre me ronge toujours. Oui, c'est très difficile d'être vraiment fort et courageux à tous les points de vue.

Cependant, là n'est pas la cause de ma déception la plus grande. Non, c'est Peter qui me préoccupe bien plus que Père. Je me rends fort bien compte que c'est moi qui l'ai conquis, et non vice versa : je l'ai idéalisé, le voyant effacé, sensible et gentil, un garçon ayant besoin d'amour et d'amitié. J'en étais au point où il me fallait quelqu'un pour vider mon sac, un ami qui me montrerait le chemin à suivre, et en l'attirant lentement mais sûrement vers moi, je l'ai conquis, quoique difficilement. Finalement, après avoir éveillé en lui son amitié pour moi, nous en sommes, malgré nous, venus à des rapports intimes qui, réflexion faite, me paraissent maintenant inadmissibles.

Nous avons parlé des choses les plus secrètes, mais jusque-là, nous nous sommes tus sur ce qui remplissait et remplit encore mon cœur. Je ne parviens toujours pas à me faire une idée exacte de Peter; est-il superficiel, ou sa timidité le retient-elle, même envers moi? Mais abstraction faite de cela, j'ai commis la grave erreur d'écarter toutes autres possibilités d'assurer notre amitié, en tentant de me rapprocher de lui par ces rapports intimes. Il ne demande qu'à aimer, je lui plais davantage chaque jour, je m'en aperçois fort bien. Quant à lui, nos rencontres lui suffisent, alors qu'à moi elles me produisent l'effet d'un nouvel effort à recommencer chaque fois, sans toutefois pouvoir me décider à toucher aux sujets que j'aimerais tant tirer au clair. J'ai attiré Peter de force, bien plus qu'il ne s'en rend compte. Or, il s'accroche à moi, et je n'ai pas encore trouvé le moyen radical de le détacher de moi pour le remettre sur ses propres pieds. Après m'être aperçue, assez rapidement d'ailleurs, qu'il ne pouvait être l'ami partageant mes pensées, je n'ai cessé d'aspirer à l'élever au-dessus de ses vues bornées, et à le magnifier dans la jeunesse.

« Car, au fond, la jeunesse est plus solitaire que la vieillesse. » Cette phrase, lue dans un livre dont je ne me souviens plus, m'est restée dans la tête, car je la trouve vraie.

Se pourrait-il que notre séjour ici soit plus difficile pour les grands que pour les jeunes? Non, ce n'est certainement pas vrai. Les gens plus âgés ont formé leur opinion sur tout, et n'ont plus cette hésitation devant leurs actes dans la vie. Nous jeunes, nous avons deux fois autant de peine à maintenir nos opinions, en un temps où tout idéalisme est écrasé et anéanti, où les hommes révèlent leurs qualités les plus laides, où *et* la vérité, *et* le droit, *et* Dieu sont mis en doute.

Celui qui prétend que les grands de l'Annexe ont la vie beaucoup plus difficile ne réalise sans doute pas à quel point nous sommes pris d'assaut par les problèmes – problèmes pour lesquels nous sommes encore trop jeunes peut-être, mais qui ne laissent pas de s'imposer à nous; jusqu'à ce que, après très longtemps, nous croyions en avoir trouvé la solution, généralement une solution qui ne semble pas résister aux faits, ceux-ci finissant par l'anéantir. Voilà la dureté de cette époque : à peine idéalismes, rêves, belles espérances ont-ils le temps de germer en nous, qu'ils sont aussitôt atteints et totalement dévastés par l'épouvante de la réalité.

Il est très étonnant que je n'aie pas encore abandonné tous mes espoirs, car ils paraissent absurdes et irréalisables. Pourtant, je m'y accroche, malgré tout, car je continue à croire à la bonté innée de l'homme. Il m'est absolument impossible de tout construire sur une base de mort, de misère et de confusion. Je vois le monde transformé de plus en plus en désert, j'entends, toujours plus fort, le grondement du tonnerre qui approche, et qui annonce probablement notre mort; je compatis à la douleur de millions de gens, et pourtant, quand je regarde le ciel, je pense que ça changera et que tout redeviendra bon, que même ces jours impitoyables prendront fin, que le monde connaîtra de nouveau l'ordre, le repos et la paix.

En attendant, il s'agit de mettre mes pensées à

l'abri, et de veiller sur elles pour le cas où, dans les temps à venir, elles seraient peut-être encore réalisables.

A toi,

ANNE.

Vendredi 21 juillet 1944.

Chère Kitty,

Il y a de plus en plus de raisons d'espérer, ça va. Oui, vraiment, ça va très bien! Des nouvelles incroyables! Tentative de meurtre contre Hitler, non pas par des juifs communistes, ou par des capitalistes anglais, mais par un général, de noblesse germanique, un comte, et jeune par-dessus le marché. La Providence divine a sauvé la vie du Führer, qui ne s'en est tiré, et c'est dommage, qu'avec quelques égratignures et brûlures. Plusieurs officiers et généraux de son propre entourage sont morts ou blessés. Le criminel principal a été fusillé.

Une bonne preuve, n'est-ce pas? que beaucoup d'officiers et de généraux en ont marre de la guerre et verraient avec joie et volupté Hitler descendre dans les gouffres les plus profonds. Après la mort de Hitler, les Allemands aspireraient à établir une dictature militaire, selon eux, un moyen de conclure la paix avec les Alliés, leur permettant de réarmer et de recommencer la guerre après une vingtaine d'années. Peut-être la Providence a-t-elle fait exprès de tarder un peu à nous débarrasser de lui, car ce sera beaucoup plus facile pour les Alliés, et plus avantageux aussi, si les Germains purs et sans tache se chargent eux-mêmes de s'entre-tuer; autant de travail en moins pour les Russes et les Anglais, qui pourront procéder d'autant plus vite à la reconstruction de leurs propres villes.

Mais nous n'en sommes pas encore là. Gardons-nous surtout d'anticiper. Pourtant, ce que j'avance n'est-il pas une réalité tangible, une réalité bien plantée sur ses deux pieds? Par exception, je ne suis pas en train de radoter à propos d'idéalismes impossibles. Hitler eut encore l'amabilité de parler à son peuple fidèle et dévoué, lui disant qu'à partir d'aujourd'hui tous les militaires auront à obéir à la Gestapo; en outre, chaque soldat sachant l'un de ses supérieurs impliqué dans cet attentat dégradant et lâche a le droit de lui envoyer une balle dans la peau sans autre forme de procès.

Ça va être du joli. Fritz a mal aux pieds après une marche trop longue, et son patron l'officier le réprimande. Fritz prend son fusil et crie : « C'est toi qui as voulu assassiner le Führer, salaud, voilà ta récompense! » Pan! et l'orgueilleux chef qui eut l'audace de gronder le petit Fritz a disparu à jamais dans la vie éternelle (ou dans la mort éternelle). Comment veux-tu que ça finisse autrement? De frousse, messieurs les officiers vont faire dans leurs culottes chaque fois qu'ils rencontreront un soldat ou prendront le commandement, leurs soi-disant inférieurs ayant l'audace de crier plus fort qu'eux. Tu piges, ou est-ce que je saute du coq à l'âne? Je n'y peux rien, je me sens trop gaie pour être logique, trop gaie en sentant l'espoir de pouvoir m'asseoir à nouveau sur les bancs de l'école en octobre! Oh! là là, n'ai-je pas dit à l'instant qu'il ne faut jamais anticiper? Pardon, pardon, ce n'est pas pour rien qu'on m'appelle « un fatras de contradictions ».

A toi,

ANNE.

Mardi 1er août 1944.

Chère Kitty,

« Un fatras de contradictions » sont les derniers mots de ma lettre précédente, et les premiers de celle-ci. « Fatras de contradictions », peux-tu m'expliquer ce que c'est au juste? Que signifie contradiction? Comme tant d'autres mots, il a deux sens : contradiction extérieure, et contradiction intérieure.

Le premier sens s'explique simplement : ne pas

se plier aux opinions d'autrui, savoir mieux que l'autre, avoir le dernier mot, enfin toutes les caractéristiques désagréables pour lesquelles je suis bien connue. Mais en ce qui concerne le second, je ne suis pas connue, c'est là mon secret.

Je te l'ai déjà dit, mon âme est, pour ainsi dire, divisée en deux. La première partie héberge mon hilarité, mes moqueries à propos de tout, ma joie de vivre et, surtout, ma tendance à prendre tout à la légère. J'entends par là : ne pas me choquer des flirts, d'un baiser, d'une embrassade ou d'une histoire inconvenante. Cette première partie est toujours aux aguets, repoussant l'autre, qui est plus belle, plus pure et plus profonde. Le beau côté de la petite Anne, personne ne le connaît, pas vrai ? C'est pourquoi si peu de gens m'aiment vraiment.

Bien sûr, je puis être un clown amusant pour un après-midi, après quoi tout le monde m'a assez vue pour un mois au moins. Au fond, un film d'amour représente exactement la même chose pour des gens profonds, une simple distraction amusante pour une fois, à oublier bien vite – pas mal ; quand il s'agit de moi, il n'est pas question de « pas mal », c'est moins bien que cela. Ça m'ennuie de te le dire, mais pourquoi ne le ferais-je pas, puisque je sais que c'est la vérité ? Ce côté qui prend la vie à la légère, le côté superficiel aura toujours le pas sur le côté profond, et sera par conséquent toujours vainqueur. Tu ne peux t'imaginer combien de fois j'ai essayé de la repousser, de la rouer de coups, de la cacher, celle qui, en réalité, n'est qu'une moitié de tout ce qui s'appelle Anne. Ça ne sert à rien, et je sais pourquoi.

Je tremble de peur que tous ceux qui me connaissent telle que je me montre toujours ne découvrent que j'ai un autre côté, le plus beau et le meilleur. J'ai peur qu'ils ne se moquent de moi, ne me trouvent ridicule et sentimentale, ne me prennent pas au sérieux. J'ai l'habitude de ne pas être prise au sérieux, mais c'est « Anne la superficielle » qui y est habituée et qui peut le supporter : l'autre, celle qui est « grave et tendre », n'y résisterait pas.

Lorsque, vraiment, je suis arrivée à maintenir de force devant la rampe la Bonne Anne pendant un quart d'heure, elle se crispe et se contracte comme une sainte nitouche aussitôt qu'il faut élever la voix, et, laissant la parole à Anne n° 1, elle a disparu avant que je m'en aperçoive.

Anne la Tendre n'a donc jamais fait une apparition en compagnie, pas une seule fois, mais dans la solitude, sa voix domine presque toujours. Je sais exactement comment j'aimerais être, puisque je le suis... intérieurement, mais hélas! je reste seule à le savoir. Et c'est peut-être, non, c'est certainement la raison pour laquelle j'appelle ma nature intérieure : heureuse, alors que les autres trouvent justement heureuse ma nature extérieure. A l'intérieur de moi, Anne la Pure m'indique le chemin; extérieurement, je ne suis rien d'autre qu'une biquette détachée de sa corde, folle et pétulante.

Comme je te l'ai déjà dit, je vois et sens les choses de façon totalement différente de celle dont je les exprime en parlant, c'est pourquoi l'on m'appelle tour à tour coureuse, flirt, pédante, romanesque. Anne la Gaie en rit, répond avec insolence, hausse les épaules avec indifférence, prétend qu'elle s'en fiche, mais malheur, Anne la Douce réagit exactement de la façon contraire. Pour être tout à fait franche, je t'avouerai que je ne m'en fiche pas du tout, que je me donne un mal infini pour me changer, mais que je me bats toujours contre des armées plus fortes que moi.

Celle que l'on n'entend pas sanglote en moi : « Voilà, voilà où tu en es : mauvaises opinions, visages moqueurs ou consternés, antipathies, et tout ça parce que tu n'écoutes pas les bons conseils de ton propre bon côté. » Ah! j'aimerais bien l'écouter, mais ça ne sert à rien. Lorsque je suis grave et calme, je donne l'impression à tout le monde de jouer une autre comédie, et vite j'ai recours à une petite blague pour m'en sortir; je ne parle même pas de ma propre famille qui, persuadée alors que je suis malade, me fait avaler des cachets contre les maux de tête et les nerfs, regarde ma gorge, me tâte le front pour voir si j'ai la fièvre, me demande si je ne suis pas constipée et finit par critiquer ma mauvaise humeur. Je ne peux plus le supporter; quand on s'occupe trop de moi, je deviens d'abord hargneuse, puis triste, retournant mon cœur une fois de plus de façon à montrer le côté mauvais et à cacher le côté bon, et je continue à chercher le moyen de devenir celle que j'aimerais tant être, celle que je serais capable d'être, si... il n'y avait pas d'autres gens dans le monde.

A toi,

ANNE.

ÉPILOGUE

Ici se termine le Journal d'Anne Frank. Le 4 août 1944, la Feld-Polizei fit une descente dans l'Annexe. Tous les habitants, ainsi que Kraler et Koophuis, furent arrêtés et envoyés dans des camps de concentration.

La Gestapo pilla l'Annexe, laissant par terre, pêle-mêle, vieux livres, revues et journaux, etc., parmi lesquels Miep et Elli trouvèrent le Journal d'Anne. Sauf quelques passages ne présentant aucun intérêt pour le public, le texte original est publié intégralement.

De tous les habitants de l'Annexe, seul Père est revenu. Kraler et Koophuis, ayant résisté aux privations des camps hollandais, sont retournés dans leurs familles.

En mars 1945, Anne mourut dans le camp de concentration de Bergen-Belsen, deux mois avant la libération de la Hollande.

IMPRIMÉ EN FRANCE PAR BRODARD ET TAUPIN
Usine de La Flèche (Sarthe), le 03-02-1989.
6233A-5 - N° d'Éditeur 2202, février 1986.

PRESSES POCKET - 8, rue Garancière - 75006 Paris
Tél. 46.34.12.80